L'ART

DU

DISTILLATEUR

D'EAUX-FORTES, &c.

Par M. DEMACHY, de l'Académie des Curieux de la Nature, de celles des Sciences de Berlin & de Rouen; & Me Apothicaire de Paris.

M. DCC. LXXIII.

AVERTISSEMENT.

Sous le titre unique d'*Art du Diſtillateur d'Eaux-fortes*, le Lecteur trouvera dans cet Ouvrage la Deſcription d'un nombre aſſez conſidérable d'Arts iſolés, qu'il eût peut-être été embarraſſant de publier chacun dans un cahier ſéparé.

Ces Arts ſont pour la plupart connus dans un petit nombre de Fabriques ; il y en a tel, comme celui de faire l'huile de Vitriol, dont je ne connois que deux Fabriques ; une à Nantes, & une autre à Rouen : tel autre, comme celui de faire le ſel Ammoniac, n'exiſte qu'à Charenton, près Paris ; la Fabrique de Verdet diſtillé n'a lieu qu'à Grenoble ; & comme je l'obſerve dans le corps de l'Ouvrage, chaque Fabriquant ne connoît que ſon travail, & n'a aucune communication avec ſon plus analogue.

Cependant tous ces Arts ſont des démembrements de la Chimie proprement dite, à laquelle ils doivent leur premiere exiſtence ; ils ne s'en ſont écartés dans la pratique, que parce que leurs Fabriquants ont dû avoir recours, pour travailler en grand, à d'autres reſſources que celles des Chimiſtes. Ceux-ci non-ſeulement travaillent ſur de beaucoup moindres maſſes, mais encore ſont ſpécialement occupés du ſoin de ſaiſir tous les phénomenes nouveaux qui peuvent ſe rencontrer dans leur travail. Le premier but de nos Fabriquants, au contraire, eſt l'abondance ; le ſecond, la vénalité de leur produit, ſans ſonger beaucoup à la plus grande perfectibilité, tant qu'elle n'eſt pas compatible avec la plus grande économie. Comme d'autre part, les plus répandus de ces Fabriquants d'opérations de Chimie, ceux qui en exécutent une plus grande quantité, ceux qui exiſtent en plus grand nombre ſous un nom connu, ſont les *Diſtillateurs d'Eaux-fortes*, j'ai pris leur travail pour ſervir de baſe à la Deſcription que je me propoſois de donner de toutes les Fabriques de Préparations Chimiques qui ſont à ma connoiſſance.

Pour exécuter cette Deſcription, je me ſuis permis de ne faire entrer dans le texte aucune mention des Planches ou Figures qui doivent éclaircir mes Deſcriptions ; j'ai cru rendre, par ce moyen, la lecture de l'Ouvrage moins coupée, & j'y ai ſuppléé par l'Explication détaillée de ces Planches & Figures miſes à la ſuite de l'Ouvrage, avec le foin d'indiquer dans cette Explication , à quelle page de l'Ouvrage ces Planches & Figures ont rapport.

J'ai pu omettre quelques fabrications, quelques pratiques particulieres ; mais je puis affurer que ce n'eft pas faute de m'être informé de tout ce qui pouvoit entrer dans mon plan : on eft fouvent arrêté pour les chofes de la moindre conféquence. Croiroit-on bien que j'ai été refufé , dans Paris même , pour la fabrique de Noir de fumée , & que les deux feuls Particuliers qui en faffent dans cette Capitale , m'ont fait entendre qu'il y alloit de leur fortune à laiffer voir leur Fabrique; comme fi c'étoit un fecret. A plus forte raifon, les Fabriques éloignées , des manipulations étrangeres , ont-elles pu, ou m'être cachées , ou n'être pas parvenues à ma connoiffance. Du moins puis-je affurer que j'ai le plus fouvent acquis par mes propres expériences, la certitude des Procédés que je n'ai pu vérifier , avant de les configner dans ma Defcription. Je n'exalterai ici , ni le nombre de ces expériences , ni leur exactitude ; encore moins parlerai-je de mes démarches , de mes peines de tout genre, des refus, toujours mortifiants, que j'ai effuyés. Il m'eft plus commode , il eft plus dans mon inclination, d'être reconnoiffant envers ceux qui, comme MM. Charlard , Prozet , Bomare & autres , que je n'ai jamais manqué de citer dans l'occafion , m'ont prêté des fecours efficaces & nombreux.

TABLE
DES CHAPITRES ET ARTICLES
DE L'ART
DU DISTILLATEUR.

INTRODUCTION. Page 1

PREMIERE PARTIE. *De la Préparation des Eaux-fortes, & autres
acides.* 3

CHAPITRE PREMIER. *Des Attelier,
Fourneaux & Uſtenſiles du Diſtillateur
d'Eaux-fortes.* ibid.

CHAPITRE II. *Des matieres employées par
les Diſtillateurs d'Eaux-fortes, pour tirer
les acides, & de leur choix.* 8
    Des Argilles. ibid.
    Des Vitriols. 10
    De l'Alun. 11
    Du Salpêtre. ibid.
    Du Bois. 12

CHAPITRE III. *Du Gouvernement d'une
Galere, & des trois Procédés d'uſage pour
retirer l'Eau-forte.* 14
    Premier Procédé. ibid.
    Second Procédé. 18
    Troiſieme Procédé. 20

CHAPITRE IV. *Des différentes eſpeces
d'Eaux-fortes, de leurs choix, purification,
épreuve, & préparations.* 21

CHAPITRE V. *De quelques appareils uſités
ailleurs qu'à Paris, pour obtenir l'Eau-forte,
& du moyen dont on retire à l'affinage celle
qui a ſervi au départ.* 27

CHAPITRE VI. *Des Préparations en grand
de l'Eſprit de ſel.* 31

CHAPITRE VII. *De la diſtillation du
Vinaigre.* 35

CHAPITRE VIII. *Expoſé de ce qu'on ſait
ſur la Préparation de l'huile de Vitriol par
le Soufre.* 37

CHAPITRE IX. *Obſervations & expériences
ſur les corrections & améliorations économiques, & autres dont eſt ſuſceptible l'Art des
Eaux-fortes.* 42

SECONDE PARTIE. *De la Préparation en grand des Produits chimiques fluides.* 47

CHAPITRE I. *Du Laboratoire, Alambics
& Uſtenſiles, propres à la diſtillation en
grand.* ibid.
    Fourneaux pour les Alambics. 48
    Fourneaux à bain de ſable. 51

    Fourneaux à baſſine. 53
    Fourneaux de fuſion & de forge. 54
    Des Alambics. 57
    Des Serpentins. 59

CHAPITRE II. *Gouvernement d'un Alambic pour la diſtillation de l'Eſprit-de-vin.* 61
    Eſprit-de-vin ordinaire. 62
    Eſprit-de-vin de mélaſſe. 64

CHAPITRE III. 67
SECTION I. *De la Préparation en grand des Eſprits
Aromatiques.* ibid.
    Eau-de-vie de Lavande. 68
    Eau des Dames de Treſnel. ibid.
    Eau ou Eſprit d'Anis. 69
    Eau de Méliſſe compoſée. 70
    Eau Vulnéraire ſpiritueuſe. 71
    De l'Ether & liqueur anodine minérale
    d'Hoffmann, préparés en grand. 72
SECTION II. *De la Préparation en grand de certai-
nes Huiles eſſentielles.* 76
    Huile eſſentielle d'Anis. ibid.
    Huiles de Canelle & de Gérofle. ibid.
    De la purification du Camphre. 78
    De l'extraction en grand de l'huile d'Aſ-
    pic. 81
    De l'huile de Cade. 82

CHAPITRE IV. *Diſtillation en grand des
Eaux Aromatiques.* 82
    Eau Roſe. ibid.
    Eau de fleurs d'Orange. 85

CHAPITRE V. *Des moyens imaginés pour
maſquer les Eſprits-de-vin, & leur rendre
leur premiere pureté.* 87

CHAPITRE VI. *Accidents qui peuvent arriver dans les travaux précédents, & moyens
d'y remédier.* 91

CHAPITRE VII. *Des épreuves par leſquelles
on s'aſſure dans le commerce des degrés de
force des Eſprits-de-vin, & de ce qu'on pourroit faire pour le mieux.* 94

TABLE *de comparaiſon pour jauger les Eſprits, & autres liqueurs avec tel Aréometre qu'on voudra.* 100

TROISIEME PARTIE. *De la Préparation en grand des Produits chimiques ſolides.* 101

SECTION I. *Préparations chimiques en grand de ſub-
ſtances terreuſes.* 102
ARTICLE PREMIER. *Du Ciment.* ibid.
ART. II. *De la Terre à polir.* 103
ART. III. *De la Magnéſie blanche.* 104
ART. IV. *Des yeux d'Ecreviſſe.* 106

Art. V. De la corne de Cerf. 108
SECTION II. *De la Préparation en grand de plu-*
sieurs Sels. 109
Art.I.Du sel retiré du ciment d'Eaux-fortes. *ibid.*
Art. II. Du Tartre vitriolé tiré des Eaux-fortes.
110
Art. III. Du sel de Glauber. 112
Art. IV. Du Cryftal minéral. 114
Art. V. Fabrique de l'Alkali fixe. 116
Art. VI. Fabrique du sel de Seignette. 118
Art. VII. Fabrique du sel Ammoniac. 120
Art. VIII. De l'Efprit & du Sel volatils Ammo-
niac. 124
Art. IX. Fabriques du Sucre de lait & du Sel
d'Ofeille en Suiffe & en Lorraine. 128
Art. X. Fabrique du Sel de Succin par les Hol-
landois. 130
Art. XI. Raffinerie du Borax. 132
SECTION III. *Fabrique d'Antimoine.* 136
Art. I. Uftenfiles propres à la fabrique de l'An-
timoine. *ibid.*
Art. II. Calcination de l'Antimoine. 140
Art. III. Régule d'Antimoine. 141
Art. IV. Du Verre d'Antimoine & du Tartre
émétique. 142

Art. V. Du *Crocus metallorum.* 144
Art. VI. Fabrique du Kermès minéral. 146
SECTION IV. *Fabrique de quelques Préparations de*
Mercure. 148
Art. I. Du Mercure. *ibid.*
Art. II. Fabrique du Cinabre & du Vermillon.
150
Art. III. Du Sublimé corrofif. 152
Art. IV. Fabrique du Précipité rouge. 157
Art. V. Fabrique du Précipité blanc. 158
SECTION V. *Fabrique de quelques Préparaions de*
Plomb, &c. 160
Art. I. Fabrique du Minium & du Mafficot.
ibid.
Art. II. Fabrique de la Litharge. 162
Art. III. Fabrique de la Cérufe. 164
Art. IV. Fabrique du Sucre de Saturne. 166
Art. V. Fabrique du Verd diftillé. 168
ADDITIONS. 170
1. De l'Alun brûlé. 171
2. Du Noir de fumée. 172
3. Obfervations fur l'huile de Vitriol.
Conclufion. 175

Fin de la Table des Matieres.

EXTRAIT DES REGISTRES

DE L'ACADÉMIE ROYALE DES SCIENCES.

Du 16 Décembre 1772.

MESSIEURS MALOUIN ET MACQUER, qui avoient été nommés pour examiner la Defcription de l'*Art du Diftillateur d'Eaux-fortes*, par M. DEMACHY, en ayant fait leur rapport, l'Académie a jugé que cet Ouvrage étoit travaillé avec tout le foin, tout le zéle & toutes les connoiffances qu'il exigeoit pour être bien fait, qu'il méritoit fon approbation & fes éloges, & qu'il tiendroit un rang diftingué dans la fuite de la Defcription des Arts, dont elle a entrepris la publication. En foi de quoi j'ai figné le préfent Certificat. A Paris, le 2 Mars 1773.

GRANDJEAN DE FOUCHY,

Secrétaire perpétuel de l'Académie Royale des Sciences.

Fautes à corriger.

PAGE 6, *lignes 7 & 14*, lames; *lifez*: barres.
Page 7, *ligne 21*, terreufes; *lifez*: poreufes.
Page 21, *ligne 34*, confumée; *lifez*: employée.
Page 39, *ligne 26*, rempli de vapeurs rouges, &c; *lifez*: rempli de vapeurs blanches qui le rendent opaque, comme dans le Procédé de l'Efprit de fel fumant.
Page 45, *ligne 33*, pefe-liqueur; *lifez*: pefe-liqueurs, & de même par-tout où ce mot fe trouve.
Page 47, *ligne 9*, Touris; *lifez*: Touries.
Ibid. *ligne 31*, & toutes garnies; *lifez*: & toutes font garnies.
Page 53, *ligne 4*, Pots à able; *lifez*: Pots à fable.
Page 61, *ligne 1*, *suppléez au commencement de la ligne ces mots*: les chapiteaux.
Page 69, *ligne 31*, fix-onces; *lifez*: fix-onze.

Page 76, *ligne derniere*, le tirer; *lifez*: les tirer.
Page 89, *ligne 34*, fur cett enouvelle; *lifez*: fur cette nouvelle.
Page 97, *ligne 17*, Hygrometres; *lifez*: Hydrometres.
Page 100, *dans la Table, à la colonne intitulée* Baumé, *le huitieme numero*; *lifez*: $20\frac{1}{2}$, *au lieu de* $30\frac{1}{2}$.
Page 107, *ligne 33*, plus longue; *lifez*: plus long.
Page 152, *ligne 34*, courant; *lifez*: coulant.
Page 157, *ligne 12*, une jarre; *lifez*: un jarre, & de même par-tout où ce mot fe trouve.
Page 159, *ligne 2*, Langenfatza; *lifez*: Langenfaltza.
Page 165, *ligne 14*, cent foixante; *lifez*: feize cents.
Ibid. *ligne 32*, converti en cendre; *lifez*: converti en cérufe.
Page 177, *ligne 3*, les premiers; *lifez*: ces premiers.

L'ART

L'ART
DU DISTILLATEUR
D'EAUX-FORTES, &c.

Par M. DEMACHY.

INTRODUCTION.

LE commerce des Eaux-fortes étoit depuis long-temps une branche de celui des Hollandois & de quelques villes Flamandes. On ignore abfolument le nom du premier Artifte qui en introduifit la Fabrique en France ; il paroîtra même par ce que je dirai par la fuite que ce n'a pas été par imitation du travail des Hollandois que fe font établies les Manufactures Françoifes.

Bien-tôt les premiers Fabriquants d'Eaux-fortes, étendirent les objets de leurs travaux ; ils fe chargerent de fournir aux différents Ouvriers les liqueurs fpiritueufes & les autres préparations chimiques, que ces Artiftes, ou ne fe procuroient qu'à grands frais, ou compofoient plus ou moins mal-adroitement. De-là la diftribution naturelle de l'Art que je décris, en trois Parties.

Dans la premiere que j'intitule, *Préparation des Eaux-fortes & autres acides,* je traite de tout ce qui eft néceffaire pour fe procurer en grand, les Eaux-fortes, l'efprit-de-fel, l'huile de vitriol & même le vinaigre. Les laboratoires, fourneaux, uftenfiles, matériaux, manipulations, y font décrits, ainfi que le choix, les moyens d'éprouver & de reconnoître les chofes mal préparées, fans omettre de parler des fignes qui caractérifent la bonne marchandife, dans le fens que l'entendent toutes les efpeces d'acheteurs.

Je traite dans la feconde Partie, avec le même ordre & dans le même détail, de la diftillation des Eaux-de-vie pour les convertir en Efprit-de-vin. J'y décris les procédés d'ufage pour préparer & diftinguer les efprits & eaux aromatiques ; ce qui me donne occafion de parler des méthodes fingulieres & peu connues pour l'extraction de certaines huiles, & notamment du rafinage du camphre par les Hollandois. Je n'omets pas les accidents auxquels ces travaux

DISTILLATEUR, &c. A

en grand font sujets, ni les moyens, ou de les prévenir, ou d'y remédier : j'intitule cette Partie, *Préparation des produits Chimiques fluides.*

La troisieme Partie, que j'appelle *Préparation des produits Chimiques folides*, contenant une très-grande quantité de travaux de nature abfolument différente, fe trouve divifée en plufieurs Sections. Dans la premiere, il s'agit des
fubftances falines que les Diftillateurs d'Eaux-fortes, ou retirent de leurs premiers
travaux, ou font dans l'ufage de préparer en grand, que ces fubftances foient
neutres ou alkalines. Les produits terreux de ces mêmes Artiftes, tels que le
ciment, la terre à polir, &c. occupent la feconde Section : je parle dans la
troifieme des travaux en grand fur l'antimoine, & dans les fuivantes des mêmes travaux, fur le mercure, le plomb, le cuivre, &c.

En exécutant chacune de ces parties, je ne me fuis pas contenté d'expofer
ce que chaque Artifte a pu me dire, ou ce que j'ai pu voir dans leurs laboratoires & vérifier par mes propres travaux ; j'ai dû rendre compte à ceux pour
qui cet Ouvrage eft deftiné, de tout ce qui peut les éclairer. Ainfi les Savants
s'apperçevront que j'ai développé les motifs phyfiques de quelques manipulations
fecretes ; les Artiftes verront peut-être avec plaifir des moyens de perfectionner ou d'économifer leurs travaux ; les Ouvriers des différents genres me fau-
gré, je l'efpere, de leur avoir indiqué à quels fignes reconnoître la bonne
qualité des marchandifes dont ils ont befoin.

J'aurois cru ne pas entrer dans les vues de l'Académie fous les aufpices de
laquelle doit paroître cet Ouvrage, fi je m'étois borné à la defcription fimple
de l'Art du Diftillateur d'Eaux-fortes. L'invention eft fon point de vue, la perfection eft fon occupation journaliere ; prefque tout ce que j'ai à dire étant
inventé, il ne me refte que l'avantage de bien voir, de décrire clairement, &
de fournir des vues nouvelles ; & c'eft à quoi j'ai mis toute mon attention.

PREMIERE PARTIE.

De la Préparation des Eaux-fortes & autres acides.

CHAPITRE PREMIER.

Des Atteliers, Fourneaux & Uftenfiles du Diftillateur d'Eaux-fortes.

On ne peut rien dire de déterminé fur la grandeur de l'emplacement où l'on veut établir une Manufacture d'Eaux-fortes, parce que cette grandeur dépend de la quantité de fourneaux ou *Galeres* qu'on a deffein d'y conftruire, & de celle des galeres même. Il fuffit que ce lieu foit affez efpacé pour que les Ouvriers puiffent, fans fe gêner mutuellement, tourner autour de leurs fourneaux & y manipuler : ainfi un laboratoire dans lequel on voudroit, par exemple, conftruire fix galeres, doit être un quarré long, ayant pour longueur deux fois & demi celle d'une galere, & pour largeur fix fois l'épaiffeur de ce fourneau. On fait en forte que la porte foit ouverte dans le milieu d'une des faces, afin que les bouches ou têtes des galeres, qui font toutes alignées vers le milieu de l'attelier, reçoivent uniformément l'air de dehors : on dreffe fur les quatre murs une fimple charpente recouverte de tuiles, en forte que le faîte foit à fix ou huit toifes au-deffus du fol. Cette proportion eft effentielle, non qu'on ne puiffe l'exhauffer davantage, mais parce que fi le toît étoit plus bas, les fumées plus rapprochées incommoderoient les Ouvriers.

Dans quelques laboratoires on ouvre fur le mur oppofé à celui où eft la porte une fenêtre de chaque côté, à laquelle on donne huit à dix pieds en quarré ; dans d'autres on ne ménage aucune efpece d'ouverture que celle de vaftes tuyaux de cheminées conftruits le long des deux murs latéraux ; mais ces conftructions ne valent pas celle qui eft le plus en ufage & qui confifte à ouvrir fur le toît une douzaine de faîtieres environ vers chacune des extrêmités du toît : par ce moyen les fumées ont une iffue fuffifante, & le paffage de l'air extérieur par la porte pour fe diftribuer enfuite dans les fourneaux allumés eft modifié de maniere à ne pas donner au feu plus d'activité qu'on n'en défire.

Le fol du laboratoire eft ordinairement de terre battue. On fufpend au milieu, c'eft-à-dire, vis-à-vis la porte, une petite lampe de cuivre à deux meches qui fuffit pour éclairer les Ouvriers lorfque le travail eft continué dans la nuit.

J'ai vu dans quelques laboratoires des efpeces de hottes renverfées, de tôle, avec leurs tuyaux placés au-deſſus de chaque galere, à deſſein de recevoir les fumées ; mais ces mêmes laboratoires m'ont toujours paru plus enfumés que les autres.

Il eſt avantageux pour la facilité du travail que le bâtiment ſoit dans une vaſte cour, & qu'aux environs il y ait quelques autres petits bâtiments pour y tenir les différents matériaux dont je parlerai plus bas.

Le fourneau dans lequel ſe traitent les Eaux-fortes eſt appellé *Galere*, vraiſemblablement à cauſe de la reſſemblance que les premiers Conſtructeurs ont cru appercevoir entre ce fourneau lorſqu'il eſt garni de droite & de gauche de ſes récipients, & le bâtiment marin de ce nom dont toutes les rames ſeroient actuellement en montre.

On trouve un modele de Galere dans un Livre Italien intitulé *la Pyrotechnia di Biringuccio*, volume *in-4°*. imprimé à Veniſe en 1550. On voit dans le Frontiſpice que l'Auteur étoit Noble Siennois ; ſon ouvrage a été traduit en François par feu Maître Jacques Vincent en 1552, date du Privilege, quoique celle de l'Epître Dédicatoire ſoit de 1555, & celle du Frontiſpice de 1556. Ce Livre précieux eſt ſupérieurement bien fait pour ſon temps, & on tient de lui beaucoup de choſes qu'on a voulu donner depuis pour des nouveautés.

Comme la grandeur & la capacité des Galeres varient au point qu'il y en a telles qui ne porte que vingt-quatre vaiſſeaux, douze de chaque côté ; d'autres qui en portent trente-deux ; d'autres enfin où on en place juſqu'à quarante-quatre ; je vais prendre pour modele de conſtruction une Galere de trente-deux, parce que c'eſt celle dont les Artiſtes de cette Capitale ſe ſervent plus volontiers.

On établit ſur le ſol du laboratoire un premier maſſif en moëlons ou en pierre de tuf & ciment ; on lui donne trois pieds de profondeur en terre, & lorſqu'on eſt au niveau du ſol on acheve de l'élever en pierres taillées à un demi-pied au-deſſus. C'eſt ſur ce maſſif que ſe conſtruit enſuite le fourneau en briques de bon choix. Ce maſſif porte quatre pieds ſix pouces de face, afin qu'il y ait de droite & de gauche de la Galere un trottoir d'un bon pied de large ; ainſi cette dimenſion varieroit, ſi, de hazard, le Conſtructeur donnoit moins d'épaiſſeur à ſa Galere.

Sur ce maſſif ou immédiatement au niveau du ſol, ſi on ne ſe ſoucie pas de ménager un trottoir, on range un premier lit de briques auquel on donne douze pieds de long ſur vingt-huit à trente pouces de face : ſur ce premier lit agencé à chaux & ciment, on en établit un ſecond en poſant les briques debout au lieu de les poſer à plat, ce qui doit donner à-peu-près neuf à dix pouces d'élévation au-deſſus du maſſif ou du ſol ; parce que dans la ſuppoſition où les briques poſées debout par leur largeur ne donneroient pas la hauteur déſirée, on les placeroit debout par leur longueur.

A cette hauteur de neuf à dix pouces on diviſe la largeur de la Galere en

trois

trois parties égales dont le milieu doit reſter vuide. On y place ſur la face un chaſſis de fer fondu auquel ſont attachés à droite deux forts pitons pour y ſuſpendre úne porte de tôle garnie d'un loquet qui va ſe fermer dans une mentonniere placée à gauche. Ce chaſſis porte dix pouces de haut ſur onze de large , il détermine juſqu'à quelle hauteur on doit exhauſſer les deux parties latérales, qui ſe bâtiſſent, ainſi que le reſte du fourneau, à briques & ciment. Lorſqu'on eſt parvenu à la hauteur du cadre de fer, on bâtit en plein ſur la face, de l'épaiſſeur de trois briques , & on donne neuf à dix pouces d'élévation ; mais le reſte, c'eſt-à-dire , les deux murs latéraux du fourneau, s'élevent, avec cette attention d'en diminuer l'épaiſſeur de celle d'une brique ou même de deux pouces de chaque côté ; & on met le tout de niveau.

Si l'on veut donner plus de ſolidité à la Galere , on en garnit la tête & les côtés avec des bandes de fer ſcellées de diſtance en diſtance. Quelques Conſtructeurs font au-deſſus de la porte ou bouche de la Galere une eſpece de parapet ceintré , dont l'inutilité eſt abſolument démontrée ; il nuit même dans certains cas au gouvernement de la Galere.

Le fond de la Galere s'appuie toujours contre le mur de l'attelier, où elle eſt terminée par un contre-mur en briques, dont les proportions ſont les mêmes que celles de la tête. Le ſieur Damois, Diſtillateur d'Eaux-fortes, eſt un des plus intelligents Conſtructeurs de Galeres que je connoiſſe ; on peut en juger par celles de ſon laboratoire rue de la Lune , & par celles de l'affinage de la Monnoie, qu'il a conſtruites depuis peu.

Une Galere eſt , comme on voit, un quarré long compoſé d'un maſſif ou ſol , de deux murs latéraux, d'un mur de face dans lequel eſt ménagée la porte, & d'un mur de fond. La Galere qui réſulte de cette bâtiſſe ſe diviſe naturellement en deux parties, dont la plus profonde, juſqu'à la hauteur de la porte, a quatre pouces de moins large que la partie ſupérieure. Telle eſt la portion demeurante de ce qu'on appelle *une Galere* ; mais cette Galere a une partie eſſentielle qui ſe conſtruit à chaque fois qu'on la fait travailler, & qu'on détruit à la fin du travail.

Une Galere neuve bien conſtruite , garnie ſuffiſamment de bandes de fer, y compris ſon maſſif , les briques, les journées d'Ouvriers , eſt un objet d'environ 450 liv. de dépenſe, & le moins qu'on puiſſe en avoir eſt le couple, ce qui fait une avance de 900 livres; elles ne travaillent chacune qu'un tiers de l'année , & leur entretien annuel eſt de douze francs au moins ; à l'aide de cet entretien elles peuvent durer vingt ans ſans qu'il ſoit beſoin de les reconſtruire à neuf.

On étoit autrefois dans l'uſage de ſceller de diſtance en diſtance & tranſverſalement des barreaux de fer, à la hauteur où j'ai dit qu'on diminuoit l'épaiſſeur des murs de deux pouces pour chaque. On en a ſenti l'inconvénient, parce qu'à meſure que le feu venoit à détruire quelques barreaux , il falloit

Distillateur , &c.   B démolir une partie de la Galere pour en replacer d'autres , ce qui rendoit la réparation difpendieufe & longue. On y fubftitue maintenant des efpeces de chaffis de fer fondu , qui portent onze pouces de long fur quatre de large , & qui font traverfés par une bande dans le milieu. Ces efpeces de chaffis font d'un feul jet & ont à-peu-près un pouce d'équarriffage, de maniere à avoir les quatre angles de cet équarriffage en lofange , placés haut & bas , & latérale-ment. Les premiers qu'on ait fait conftruire n'étoient que deux lames jointes par le milieu à l'aide d'une traverfe. Il réfultoit de cette forme que le feu les amol-liffoit affez pour fe chantourner ou perdre leur parallélifme. On ne craint plus cet inconvénient maintenant qu'ils ont trois traverfes , une au milieu & une autre à chaque extrêmité. Outre l'avantage de les remplacer facilement en cas de befoin , les Ouvriers y trouvent celui de pouvoir les placer à leur gré à des diftances variées que déterminent la capacité des *Cuines* ou *Bêtes* qu'elles doivent fupporter.

On fe précautionne encore de fers pareillement fondus qui portent environ neuf pouces de long fur deux pouces d'équarriffage , & qui font montés à la hauteur de trois pouces fur quatre petits pieds de fer ; le tout eft fondu d'un feul jet & porte le nom de *Chevrettes*. Leur ufage eft d'être placées tranfver-falement à la tête de la Galere , à peu de diftance de la porte pour recevoir les bûches & les foutenir au-deffus du fol ; car on a pu obferver que nos Galeres différent des autres fourneaux en ce qu'elles n'ont abfolument rien qui faffe fonction de cendrier. Il y a quelques Artiftes qui trouvent plus d'avantage à placer une feconde chevrette à deux pieds de diftance de la premiere.

Pour le fervice de la Galere , il eft encore befoin d'avoir une lame de fer d'une longueur proportionnée à celle de la Galere , emmanchée par une de fes extrêmités , qui fait la douille, à un morceau de bois rond , léger , facile à empoigner & de la longueur de deux pieds environ. L'autre extrêmité de cette barre eft terminée en crochet formant une courbure de dix bons pouces. On connoît cet inftrument dans d'autres atteliers fous le nom de *Fourgon* ; mais nos Diftillateurs le nomment *le Rable*. On trouve auffi chez quelques-uns une autre tige de fer de même longueur , & pareillement emmanchée , dont l'ex-trêmité fupérieure, au lieu d'être en crochet, eft garnie d'un morceau de fer plat, de fept pouces de long fur deux pouces de large & un peu tranchant par fes bords ; on peut l'appeller *le Rateau* : nous verrons en traitant du gouverne-ment de la Galere , de quel ufage font ces deux inftruments.

J'ai parlé ci-devant des *Cuines* ou *Bêtes* , ce font les deux noms que don-nent les Diftillateurs d'Eaux-fortes à un vafe de grès fait en forme de poire, fermé de toutes parts , & ayant latéralement vers fon extrêmité la plus large une efpece de goulot d'un pouce de long fur un grand pouce de diametre, dont la direction eft de bas en haut. Ces cuines ont leur bafe moins large , toute plate , & elles fe pofent droites par cette bafe fur les traverfes de fer fondu.

La capacité de ces cuines eſt ordinairement de cinq pintes , elles portent 15 pouces de haut ſur 6 pouces de plus grande largeur. On les fabrique pour Paris au village de Savigny près Beauvais , lieu où la Poterie de grès eſt ſupérieure à celle de tous les autres endroits connus du Royaume.

Les Ouvriers qui les fabriquent ont ſoin de les mettre deux fois au four ; ce qui n'empêche pas qu'il ne s'en caſſe toujours quelqu'une durant le travail. Les Diſtillateurs ont en conſéquence le ſoin de luter ou garnir ces cuines avec une pâte mêlée de terre à four & de crotin de cheval ; & on les fait ſécher immédiatement ſur la Galere tandis qu'elle travaille , ou ſur des planches dreſſées au-deſſus. Lorſque j'indique la terre à four & le crotin , ce n'eſt pas à dire qu'on ne puiſſe ſe ſervir d'autre lut ; toute terre un peu tenace étant très-ſuffiſante pour cet uſage ; ni même qu'il ſoit néceſſaire de luter. M. Charlard , par exemple , ne lute jamais ; mais il a grande attention à choiſir des cuines non-ſeulement bien ſeches , mais encore qui n'ayent point été mouillées. C'eſt en effet un abus , que l'uſage où ſont pluſieurs Artiſtes d'eſſayer les cuines , cornues & cucurbites de grès qu'ils veulent acheter , en y introduiſant de l'eau & ſoufflant fortement par l'orifice. Il eſt vrai que s'il y a quelque trou , fêlure ou accident pareil , l'eau en s'y inſinuant à l'aide du ſouffle , les fait appercevoir ; mais les vaiſſeaux de terre ainſi mouillés ſe fêlent ſi-tôt qu'on les chaufe aſſez fortement pour réduire en vapeurs l'eau qui eſt demeurée comme cachée dans les parois terreuſes du vaſe.

Quelques Diſtillateurs ſont dans l'uſage de recommander dans la Fabrique de Savigny , qu'on faſſe les cols des cuines longs juſqu'à trois & quatre pouces , pour éviter de ſe ſervir des *Goulots* , qui ſont de petits vaſes de terre pareille , d'à-peu-près trois pouces de long , évaſés en forme de godet à deux pouces de diametre juſque vers le milieu de leur longueur , en formant pour le reſte un petit canal de demi-pouce de diametre. On ajuſte la portion la plus large aux cols des cuines , pour rendre plus facile la jonction de ces cuines avec les *Pots* ou *Récipients*. D'autres Diſtillateurs prétendent au contraire avoir appris par l'expérience que l'uſage des goulots étoit préférable aux cols longs. J'aurai par la ſuite occaſion d'expoſer leurs raiſons réciproques.

Les *Pots* ou *Récipients* ne different point des cuines pour la forme ; ils ſont ſeulement moins ventrus , toute proportion égale ; mais au lieu d'un col latéral , c'eſt une ouverture ronde de trois pouces de diametre : on ſe diſpenſe de luter ou garnir ces derniers. On achete les cuines & les pots trente-cinq livres le cent l'un dans l'autre , & les goulots ſe fourniſſent par-deſſus le marché & ſans compte.

Un laboratoire d'Eaux-fortes eſt encore garni de différents uſtenſiles , tels qu'une pelle de forte tôle large & plate , emmanchée dans un manche de bois , des étouffoirs à braiſe , des marmites de fer , une hache à fendre du bois , des coins , un maillet , des marteaux , des ciſeaux , une auge à Maçon , une truelle de fer, de la terre à four, un panier ou corbeille d'ofier ferré, longue & à anfes, un crible pareillement d'ofier, des battes à ciment, qui font des billots ronds garnis de clous fur une de leurs faces & emmanchés de biais par l'autre face. Tous ces inftruments qui font trop connus n'ayant rien de particulier pour les Diftillateurs, je ne dois pas m'arrêter à les décrire.

Enfin on trouve dans les laboratoires d'Eaux-fortes, un petit inftrument de fer de demi-pouce d'équarriffage, finiffant en pied de biche, & s'aminciffant tant pour la largeur que pour l'épaiffeur; les Ouvriers lui donnent auffi le nom *de Batte.* Il leur fert foit à réparer le dôme, dont je vais parler au Chapitre troifieme, lorfqu'il vient à fe crevaffer dans le travail, foit à le percer lorfqu'ils veulent donner de l'évent, foit enfin à le détruire lorfque leur opération eft finie.

<hr>

CHAPITRE SECOND.

Des matieres employées par les Diftillateurs d'Eaux-fortes pour tirer les acides, & de leur choix.

S A N S entrer encore dans le détail des circonftances où le Diftillateur d'Eaux-fortes emploie chacune des matieres dont je vais parler, ce que je dois faire dans le Chapitre fuivant, je me contenterai dans celui-ci d'expofer ces matieres, en indiquant les fignes auxquels on les reconnoît, les lieux ou magafins qui les fourniffent à nos Artiftes, & le choix qu'ils en font pour le travail dont ils s'occupent. Ces matieres font les argilles, les vitriols, l'alun, le falpêtre, l'huile de vitriol & le bois ou fubftance combuftible.

Des Argilles.

A U T A N T qu'on peut le conjecturer en lifant Libavius, Agricola, Rubæus, Biringuccio, l'Auteur des fecrets & fraudes de la Chimie dévoilés, & en un mot, la plûpart des Ecrivains Chimiftes, il paroît que les Eaux-fortes fe trai-toient autrefois rarement par les argilles. On trouve même quelques Auteurs affez modernes qui en blâment l'ufage, fous le prétexte que l'Eau-forte qui en réfulte eft trop foible. J'ai fous les yeux une lettre de M. Roland de la Platiere, Infpecteur des Manufactures à Amiens, qui me marque, qu'au contraire une Fabrique d'Eaux-fortes traitées par le vitriol avoit paru donner de l'Eau-forte trop foible; mais il paroît que c'eft moins la faute de la chofe que celle de l'Entrepreneur, qui avoit déja échoué dans le Brabant.

Quoi qu'il en foit, l'expérience a démontré à nos Diftillateurs François qu'ils devoient préférer les argilles, puifqu'il y a tel Art pour lequel l'Eau-forte

traitée

traitée autrement eft abfolument rejettée ; j'en ferai plus longue mention en parlant du choix des Eaux-fortes.

L'argille qu'emploient nos Diftillateurs d'Eaux-fortes eft plus connue des Naturaliftes fous le nom de *Glaife*, & le village de Gentilly près Paris, en fournit non-feulement aux Diftillateurs de la capitale, mais encore à ceux de plufieurs Provinces éloignées. Ce n'eft pas que les villages de Vaugirard & d'Iffy, ne fourniffent auffi de la glaife qui pouroit entrer en concurrence avec celle de Gentilly ; mais comme elle s'émiette, tandis que celle de Gentilly refte en maffes, elle fait trop de déchet dans le tranfport.

Quoique abfolument parlant l'argille grife ou bleue, cette argille qui fert à la conftruction de nos fourneaux portatifs, puiffe, à défaut de toute autre, être employée par nos Diftillateurs, ils ne s'en chargent pas volontiers, à caufe de la quantité de pyrites qui s'y rencontrent : les pyrites, autrement appellées par les Ouvriers *feramines*, y font pour la plupart dans un état de décompofition qui fourniroit peut-être un acide étranger à l'Eau-forte. Ce font les raifons que donnent les Artiftes intelligents dans cette partie pour ne pas s'en fervir ; ils donnent la préférence à une glaife dont le lit eft au-deffous de celle dont je viens de parler ; elle eft d'un gris plus blanc, abondamment marbrée de rouge, plus compacte & par conféquent plus denfe.

Les Diftillateurs achetent cette argille à la voiture compofée de cinquante-deux cubes d'un pied de large & d'épaiffeur, fur un pied & demi de long, & qui pefent de cinquante à foixante livres chaque. Il n'en eft livré que cinquante pour le compte du vendeur, les deux autres font le *pour-boire* du voiturier ; on les lui paye à part, & la voiture complette coûte onze livres ; favoir, dix livres dix fols pour le vendeur, & dix fols pour le voiturier.

Cette terre arrivée, refte dans un hangar jufqu'à ce qu'on en ait befoin ; & voici comme on la prépare.

A la fin du travail d'une Galere, ce qui arrive ordinairement vers les cinq heures du foir quand le travail a commencé à cinq heures du matin, après qu'on a retiré toute la braife, on enfourne les mottes d'argille, coupées feulement en deux, & on les laiffe jufqu'au lendemain matin, qu'on acheve de dégarnir la Galere. Cette terre fe trouve affez feche pour être brifée avec les battes à ciment en poudre groffiere qu'on paffe au crible d'ofier, pour être mélangée & empotée dans la journée. Cette defficcation de la glaife lui fait perdre près d'un tiers de fon poids. On étoit autrefois dans l'ufage, avant de la faire fécher, d'y mêler le falpêtre dans la proportion d'une partie contre fix ; on formoit des boules du total en les humectant avec de l'eau ; mais on a reconnu que cette manipulation confumoit inutilement du temps, & que d'autre part l'Eau-forte qu'on obtenoit n'avoit jamais une force égale ; on fe contente donc de la préparation de l'argille marbrée que je viens de décrire.

Des Vitriols.

On donne le nom de *Vitriol* à la diffolution du fer, du cuivre & de zinc par l'acide vitriolique. Lorfque cette diffolution eft réduite en cryftaux, le premier fe nomme *Vitriol martial* ou *verd*, le fecond *Vitriol bleu* ou *de Chypre*, & le troifieme *Vitriol blanc* ou *de Goflard*. On les connoît encore mieux dans le commerce fous le nom de *Couperofes*; & indépendamment de leur couleur qui les diftingue fuffifamment, les Négociants les défignent quelquefois par le nom des pays d'où ils les tirent, ainfi ils difent, *Couperofe d'Angleterre*, *d'Allemagne*, *de Dantzick*, *&c.*

De ces trois couperofes ou vitriols, le verd eft celui dont fe fervent plus ordinairement les Diftillateurs d'Eaux-fortes. Si quelquefois ils emploient le vitriol de cuivre, ce n'eft que pour fatisfaire quelques Particuliers qui le leur commanderoient; le troifieme n'eft jamais en ufage dans l'Art dont il s'agit.

Le vitriol ou couperofe verte eft une maffe faline, verdâtre, tranfparente, compofée de cryftaux plats, amoncelés les uns fur les autres. Lorfqu'il eft fec & un peu ancien, fa furface jaunit, &, foit l'intenfité de cette couleur, foit fa quantité, peuvent fervir à déterminer fon degré de féchereffe & de vétufté. Je décris ici ce vitriol moins en Chimifte qu'en Marchand, parce que les Diftillateurs ont plus d'intérêt à le connoître fous la forme qu'il a dans les magafins que fous la configuration réguliere que lui donnent les Chimiftes dans leurs laboratoires; fi l'on défiroit connoître cette derniere configuration, on peut confulter la Cryftallographie de M. Romé de Lifle, & mes Procédés Chimiques.

La faveur du vitriol verd eft acerbe fuivie d'un goût d'encre infupportable. On le trouve dans le commerce venant en tonneaux de différentes capacités d'Angleterre, d'Italie, d'Allemagne & de quelques-unes de nos Provinces, entre autres du Lyonnois. Il importe peu aux Diftillateurs de quelle contrée vienne leur couperofe, pourvu qu'elle foit à bon compte: fon prix courant eft, pour l'inftant où j'écris, de 12 liv. le quintal. Il ne leur eft pas également indifférent que cette couperofe foit pure, & ne contienne pas de cuivre; on en fentira la raifon lorfque je parlerai de la terre à polir

Pour s'affurer de cette pureté, on frotte un échantillon du vitriol fur une lame de fer fraîchement récurée, & il eft pur lorfqu'il ne laiffe aucune trace de cuivre fur le fer. Ce vitriol fe conferve tel qu'on l'achete dans les magafins, & l'on a foin de le tenir dans un lieu qui ne foit ni trop fec ni trop humide. Dans le premier cas il perdroit trop d'eau, dans le fecond il en conferveroit trop.

Comme il peut arriver, ainfi que je le difois il n'y a qu'un inftant, qu'on fe ferve de vitriol bleu ou de cuivre pour la diftillation des Eaux-fortes, il eft bon d'obferver que ce vitriol doit être d'un bleu d'azur, en petites pierres les moins poudreufes poffibles , & fur-tout abfolument exempt de teinte verte ; ce dernier vitriol dont la faveur eft corrofive tient beaucoup moins d'humidité que celui de fer.

Comme il y a dans cet Ouvrage un Chapitre entier deftiné à décrire la fabrication de l'Huile de Vitriol & fon choix, il feroit inutile d'en parler pour le préfent ; il fuffit qu'on fache ici que cet acide eft un des intermedes dont nous aurons befoin dans le prochain Chapitre.

De l'Alun.

C'est encore plutôt par une fuite du caprice de quelque particulier que par un ufage habituel que fe fait la diftillation des Eaux-fortes par l'intermede de l'alun. Ce fel eft une quatrieme efpece de vitriol , qui eft en maffes blanches, tranfparentes comme du cryftal, qui fe prépare dans le Nord , & qui vient abondamment de Dantzick & d'Angleterre. Il a une faveur fucrée d'abord , puis auftere & nauféabonde. Il eft reconnoiffable à la propriété qu'il a de fe bourfoufler fur le feu.

On choifit par préférence celui qu'on appelle dans le commerce *Alun de roche*, qui eft de toute blancheur, à moins qu'on ne défire particuliérement l'*Alun de Rome*, qui eft caractérifé par une légere teinte rouge.

Le prix de ces différentes fubftances eft trop fujet à variations pour donner ici aucun tarif. Il n'en eft pas de même du falpêtre dont nous allons parler.

Du Salpêtre.

Du travail des Salpêtriers réfulte un fel roux qu'ils font obligés de porter aux Arfenaux. Les prépofés aux poudres & falpêtres ont feuls le droit de vendre & de rafiner ce fel. Dans fon état roux on le connoît fous le nom de *Salpêtre de premiere cuite* ; lorfqu'il eft rafiné & purifié, il porte le nom de *fel de nitre* ou de *falpêtre de feconde & de troifieme cuite*. Sans prétendre entrer ici dans aucun détail fur l'Art du Salpêtrier ou du Rafineur de Salpêtre, il eft cependant effentiel de faire quelques remarques principales fur leur travail.

On fait que lorfque le Salpêtrier cuit fes eaux ou leffives, il y a un inftant où il fe précipite durant l'ébullition une fubftance grenue, que même ils appellent *le grain*. Ce n'eft autre chofe que du fel marin uni prefque toujours à un peu de *fchlot*. Tout le fel marin n'eft pas enlevé dans cette opération. Le nitre rapproché trop précipitamment, non-feulement en conferve dans les interftices de fa cryftallifation confufe , mais même dans fa combinaifon. Il conferve outre cela une quantité confidérable d'une liqueur rouffe, épaiffe qui falit fes cryftaux, & dont il s'agit de les débarraffer, ainfi que du fel marin.

C'eft ce falpêtre chargé de fel marin , roux à caufe d'une faumure dont nous

exposerons la nature incessamment, que les Salpêtriers prennent par préférence. Il est taxé à dix sols la livre, & comme ils n'ont pas le droit de choisir,
il y a tel salpêtre qui n'a pas été assez dégraissé par le Salpêtrier, & qui fournit quelque chose d'ammoniacal. Le Distillateur qui s'en apperçoit dès le commencement de son travail, est alors obligé de *déflegmer au vent* ; je dirai dans
le Chapitre suivant en quoi consiste cette manipulation.

Le bon marché de ce salpêtre a pu, pour les premiers Artistes, être la plus
forte considération dans le choix qu'ils en font ; mais l'expérience leur a démontré que cette espece étoit plus aisée à décomposer que ceux des seconde &
troisieme cuites, exigeoit moins de feu, & fournissoit un résidu de défaite ; tous
avantages qu'ils croyent ne pas trouver dans les autres salpêtres.

Les Ouvriers des Arsenaux retirent par la premiere purification du salpêtre
dont il s'agit une *eau mere* moins épaisse & moins brune, que les Distillateurs
d'Eaux-fortes achetent à très-bas prix ; il ne passe pas un sol la livre. Quelques-
uns arrosent de préférence avec cette eau mere leur mélange pour la distillation
d'Eaux-fortes, & tous s'en servent pour tirer l'esprit de sel par l'argille. On
croit communément que cette eau mere qu'ils appellent entr'eux, *eau sure* ou
aigre, ne tient que du sel marin *à base terreuse* ; mais ils savent très-bien qu'elle
contient aussi du nitre *à base terreuse*. C'est le nom que portent ces deux sels,
lorsqu'au lieu d'un alkali fixe ils ont une terre pour base ; dans cet état, ils ne
cryfallisent jamais, & voilà pourquoi ils se trouvent dans cette eau mere. Comme leur combinaison est plus lâche, leur décomposition devient plus facile ;
mais j'en parlerai ailleurs. Observons seulement ici que dans presqu'aucun des
travaux dont je pourrai parler dans tout cet Ouvrage, les Distillateurs d'Eaux-
fortes n'employent le nitre ou salpêtre de troisieme cuite, à moins que leur
travail ne soit pour le compte du particulier ; ont-ils toujours raison ? Nous le
verrons dans le dernier Chapitre de cette premiere Partie.

Du Bois.

JE croirois manquer à l'exactitude si je négligeois de dire un mot sur le
choix du bois qui sert aux Distillateurs d'Eaux-fortes pour chauffer leurs Galeres. En style de Marchand de Bois, il y a le bois neuf, le bois de gravier, le
bois flotté & le bois pelard, qui se vendent à la corde. Le premier de ces bois
ne convient pas à nos Artistes, parce que conservant encore toute sa séve, il est
lent à s'allumer, & par conséquent ne donne pas une flamme vive & égale. Le
bois pelard qui est toujours du chêne, mais qui a long-temps resté à l'injure de
l'air, après avoir perdu son écorce dont on fait le tan, donne bien une flamme
vive, mais se consumant trop vîte, il devient trop coûteux, malgré le bas prix
de sa taxe. Le bois flotté a à-peu-près le même désavantage ; on sait que c'est
tout le bois qui compose la partie supérieure de nos *trains*. Quant à la partie

inférieure

inférieure qui est toujours dans la vase, qui est moins exposée au flot & à l'é-vaporation, celui que l'on nomme *bois de gravier*, est préféré par nos Distilla-teurs, parce que dans sa combustion il n'a pas la lenteur du bois neuf ni la trop grande activité du bois flotté ou du pelard.

Ce bois pour être propre au service d'une Galere a besoin d'être fendu dans sa longueur en morceaux de trois à cinq pouces de diametre, & on lui fait pas-ser la nuit le long de la Galere qui a travaillé pendant la journée précédente. Lorsqu'on donne le dernier feu, on se dispense de bois si menu : on fend seu-lement chaque bûche en deux ; mais on les fend parce que par cette prépara-tion on multiplie l'issue des vapeurs que donne tout bois avant de s'allumer, & qu'on rend par conséquent son inflammation plus prompte & plus générale.

Dans le pays de Liege où l'on est dans l'usage du Charbon de Houille, on chauffe les fourneaux (car ce ne sont pas des Galeres) avec cette espece de combustible ; il en est de même à Amiens, où on les a chauffés avec la tourbe. Je n'ajoûterai rien sur ce chauffage à ce qu'a dit dans son *Art du Charbon de terre*, M. Morand le Médecin, Membre de l'Académie de Sciences, digne de toute reconnoissance pour les soins qu'il a apportés dans la description très-détaillée de cet Art utile, & peu connu avant lui.

Quoique dans leurs autres travaux les Distillateurs d'Eaux-fortes chauffent de préférence avec le bois, ils ont cependant quelques opérations qu'ils menent au charbon ; je dirai donc ici, pour n'y pas revenir, que le charbon doit être d'une grosseur moyenne, d'un beau noir luisant dans l'intérieur ; sans écorce, lé-ger, sec & sonore, & qu'on doit le conserver dans un endroit qui ne soit ni hu-mide ni trop aéré. On peut consulter sur son choix l'*Art du Charbonnier*, donné par M. Duhamel ; ouvrage qui jouit de l'honneur d'avoir ouvert la carriere, & d'avoir pour Auteur le plus zélé, le plus infatigable, & un des plus honnê-tes entre les Savants Coopérateurs de cette vaste & utile Collection.

Après ces préliminaires, nous voici en état de voir comment on gouverne une Galere, & comme on traite le salpêtre avec différents intermedes.

CHAPITRE TROISIEME.

*Du gouvernement d'une Galere, & des trois Procédés d'ufage
pour retirer les Eaux-fortes.*

COMME les Diftillateurs d'Eaux-fortes retirent leur acide, foit à l'aide d'une
argille, foit par l'intermede du vitriol martial, ou enfin par celui de l'huile ou
acide de vitriol, ce Chapitre fe trouve avoir naturellement trois divifions.

PREMIER PROCÉDÉ.

JE fuppofe que ce foit pour la premiere fois qu'on faffe travailler une
Galere; l'Artifte a dû fe précautionner de cuines lutées ou garnies & féchées,
& d'argille pareillement féchée & mife en poudre groffiere; je fuppofe encore qu'il monte une Galere de trente-deux cuines. On pefe foixante & quatre
livres de falpêtre de la premiere cuite, & cent quatre-vingt-douze livres d'argille toute defféchée & criblée. Pour éviter de perdre du temps par la fuite, on
voit combien de fois il faut emplir la corbeille, ou panier d'ofier long & à deux
anfes, pour tranfporter cette quantité de terre, & tant que la corbeille dure
on eftime le poids de cette terre par le nombre de fois qu'on emplit la corbeille. Ainfi je fuppofe que nos cent quatre-vingt-douze livres de terre criblée
faffent cinq corbeilles; on ne les pefera plus, mais on mefurera pour chaque
garniture de Galere cinq corbeilles : tel eft l'ufage des Diftillateurs.

On fait un tas de cette terre fur le fol & contre le mur du laboratoire; on
met le falpêtre à côté; on l'écrafe avec *la batte à ciment*, & on le paffe au
crible d'ofier fur le tas d'argille. Lorfque tout le falpêtre eft ainfi criblé, on
verfe fur le tas le quart du poids du falpêtre, c'eft-à-dire, feize livres ou de
premier phlegme des Eaux-fortes déphlegmées ou *d'Eau fure*, ou, à défaut
de l'un ou l'autre, d'eau de puits; ce liquide eft bien-tôt imbibé, & deux Ouvriers armés chacun d'une pelle de bois étroite fe plaçant de droite & de
gauche du tas, le reverfent par pellées où étoit le falpêtre; ils reprennent ce
nouveau tas en le rechaffant de la même maniere contre le mur, ce qu'ils répé-
tent une troifieme & derniere fois. Leur mélange ainfi fait, ils le prennent
par portions dans une mefure de fer faite en boiffeau qui tient à-peu-près huit
livres, & ils introduifent chaque mefure dans une cuine à l'aide d'un entonnoir
de fer-blanc, dont la douille en tôle a trois pouces de long & deux tiers de
pouce de diametre. Les trente-deux cuines étant chargées, on les place dans la
Galere fur les traverfes de fer fondu dont j'ai parlé dans le Chapitre premier.
On les pofe debout, & comme elles ont plus d'un pied de haut, elles dépaffent

le rebord de la Galere de trois à quatre pouces. Dans cette situation leurs cols sont placés de bas en haut, c'est-à-dire que leur orifice extérieur est plus élevé que la portion qui tient à l'intérieur des cuines. On les range à côté l'une de l'autre à-peu-près à un pouce de distance, & pour les tenir solidement dans cette distance, on place entre-deux un petit morceau de tuile brisée. Cet arrangement donne lieu à la flamme de lécher les cuines de toutes parts.

Les cuines ainsi rangées & assujéties, le principal Ouvrier se fait apporter de la terre à four gâchée en forme de pâte, & à l'aide de tessons en forme de tuiles ou de cuines cassées lorsqu'il en a, il recouvre son appareil de maniere à former un dôme ou portion de cercle, dont les extrêmités de la corde posent sur les deux murs latéraux de la Galere. On donne à ce dôme deux pouces d'épaisseur, & à l'aide de la truelle on le polit sur sa surface extérieure. Lorsqu'on est parvenu à l'extrêmité de la Galere du côté opposé à sa porte, on place quatre tuiles sur deux cuines, de maniere à former à cet endroit un trou quarré destiné à servir d'issue à la fumée, & à déterminer le courant de la flamme. Il y a quelques Artistes qui ne ménagent ce trou quarré que sur la quatorzieme & quinzieme cuine de chaque côté, & qui achevent de couvrir en dôme plein la seizieme & derniere. Ils prétendent que par cette construction, la flamme est répercutée vers l'intérieur du fourneau avant de s'échapper par la cheminée, & qu'il doit en résulter plus de chaleur.

Dans ce premier arrangement des cuines & du dôme, les cols de chacune d'elles ne saillent que d'un demi-pouce, ce qui ne suffiroit pas pour y aboucher les Pots ou Récipients. On place donc vis-à-vis de chaque col un *Goulot* qui se trouve naturellement luté en l'enfonçant dans la bâtisse encore molle, & on ajuste à chacun de ces goulots un pot que l'on incline légérement du côté de la Galere. Alors on acheve de garnir avec la terre à four tant ces goulots que les têtes des pots qui ayant un diametre moindre que les cuines ne se touchent pas, & permettent à l'Ouvrier de passer la truelle entre-deux. Ces pots sont posés par leur base sur le plan supérieur des deux murs latéraux de la Galere. On a soin de luter les pots avec de la terre à four qui n'ait pas encore servi.

On remarquera, pour n'y pas revenir dans l'occasion, que dans les cas où on veut obtenir de l'Eau-forte plus déphlegmée, on ne lute les pots qu'après le premier feu; c'est de cette attention que dépend le degré de concentration qu'on donne à l'Eau-forte; en sorte que si on n'a retiré que le premier phlegme, l'Eau-forte est du second dégré, & si on a poussé la déphlegmation jusqu'à attendre les vapeurs rouges, l'Eau-forte qu'on obtiendra sera du troisieme degré ou de la troisieme force. Les phlegmes passés se séparent en vuidant les pots, & on les conserve pour arrofer le travail suivant, par préférence à de l'eau commune.

Ici le Distillateur est très-attentif à la nature des premieres vapeurs qui s'exhalent; pour peu qu'il y remarque une odeur urineuse, il enleve ses récipients, ou ne les met point en place, & laisse exhaler toute cette odeur avant de les placer & luter. C'est ce qu'ils appellent *Déphlegmer au vent.*

Quelques Artistes en construisant leur dôme, ménagent dans sa longueur des ouvertures circulaires dans lesquelles ils placent des marmites de fer dont le fond porte sur le sommet des cuines, & dans lesquelles ils font évaporer des liqueurs salines en cas de besoin ; mais des Artistes économes ont cru remarquer que loin d'être une épargne, cette pratique consumoit plus de bois pour faire marcher la Galere.

Les choses en état, on met à l'entrée ou tête, ou bouche, ou porte de la Galere une pellée ou deux de braise qu'on laisse bien allumer ; alors on pose sur la chevrette deux ou trois bûches fendues & séchées, comme nous avons dit au Chapitre second ; lorsqu'elles sont bien allumées, on les pousse en avant dans la Galere avec de nouvelles bûches, qui, par ce moyen, se trouvent à leur tour placées sur la chevrette ; si-tôt que ces dernieres sont bien enflammées, on les pousse avec les premieres à l'aide d'autres bûches ; moyennant cela, le feu se trouve établi dans toute la longueur de la Galere. Dans ce premier instant le dôme en se séchant est sujet à crevasser, & le soin principal de celui qui dirige le travail est de boucher exactement toutes les crevasses en passant & repassant sur la terre molle le petit instrument de fer appellé *Batte.* On entretient le feu à ce degré pendant une couple d'heures & même quelquefois d'avantage, sur-tout lorsqu'il s'agit d'obtenir de l'Eau-forte déphlegmée ; alors on augmente le feu proportionellement en mettant le double du bois, & on l'entretient dans ce second état durant huit bonnes heures en renouvellant le bois par la même manœuvre que nous avons indiquée. On se sert en cas de besoin du *Rable*, pour attifer lorsque quelques bûches se dérangent ; c'est pendant ce période que passe le plus abondamment l'Eau-forte.

Mais il arrive quelquefois que, soit défaut d'élasticité dans l'atmosphere, soit obstacle dans la construction du dôme, le feu ne tire pas assez, ce qu'on reconnoît lorsque la pointe de la flamme ne sort pas d'un demi-pied environ par le trou ménagé à l'extrêmité de la Galere. D'autres fois aussi l'activité du feu étant trop grande, toute la chaleur se porte vers cette extrêmité, & il arrive que les cuines placées à la tête & même jusqu'au milieu de la Galere n'étant pas chauffées, ne travaillent point, tandis que les autres travaillent trop vîte.

Dans le premier cas, on nettoye le sol de la Galere avec le rable, en enlevant le plus de braise qu'il est possible ; on élargit l'ouverture de l'extrêmité, on y jette même au besoin quelques poignées de paille seche, ou bien on donne le vent. L'Ouvrier se plaçant vers la cheminée de la Galere, y souffle impétueusement & une seule fois avec la bouche. Ce moyen risible, d'abord à cause de sa médiocrité apparente, suffit pour faire passer la flamme, & pour communiquer son activité au reste du bois contenu dans la Galere. L'action de la flamme augmentant, elle prend plus efficacement son issue ; c'est

sur-tout

fur-tout au dernier feu qu'on emploie ce petit manege.

Dans le fecond cas, on creve avec la batte le dôme vers la tête, afin de diminuer l'activité de la colonne d'air en la divifant. Les Diftillateurs ont obfervé que ce dernier moyen leur confumoit toujours une trop grande quantité de bois, ce qui confirme leurs idées fur les marmites placées fur le dôme, dont nous parlions précédemment. C'eft pour cela que les bons Artiftes aiment mieux pofer une ou deux briques de champ fur l'orifice qui fait fonction de cheminée; ce qui concentre davantage la chaleur dans l'intérieur de la Galere; & ils les enlevent lorfque le fourneau eft affez échauffé.

Il ne refte plus qu'à donner le dernier feu pour achever de faire paffer la portion d'acide la moins phlegmatique, & par conféquent la plus difficile à chaffer de deffus fa bafe. Le principal Ouvrier commence par retirer toute la braife avec le rable, avant de donner ce dernier coup de feu; alors il met quatre fortes bûches & continue ce feu pendant une couple d'heures, enforte que la flamme s'éleve de trois bons pieds au-deffus de la Galere en fortant par fa cheminée. Vers la fin de ce temps l'Ouvrier détache en l'ébranlant un des récipients ou pots, vers la tête, & un autre à l'extrêmité de la Galere; & il juge fon opération finie, lorfqu'il ne fort plus de vapeurs par le goulot, & que l'intérieur de la cuine lui'paroît tout rouge; il dit alors *que fa fournée eft cuite.*

On fe hâte de retirer toute la braife, & de l'éteindre pour la mettre enfuite dans les étouffoirs. On remplit tout de fuite l'âtre de la Galere par les morceaux d'argille, ainfi que je l'ai dit au Chapitre fecond, & deux heures après on dépote l'Eau-forte dont le produit eft ordinairement, à très-peu de variétés près, égal en poids à celui du falpêtre employé. Les bouteilles de grès dans lefquelles on la verfe font de trois grandeurs, celles depuis une pinte jufqu'à huit confervent le nom de *Bouteilles*, celles jufqu'à la capacité de feize pintes fe nomment *Touries*, & celles qui peuvent contenir jufqu'à quarante pintes fe nomment *doubles Touries*. La durée du travail d'une Galere, lorfqu'elle eft bien conduite, eft ordinairement de douze heures. On remarque que le travail a confumé les deux cinquiemes d'une voie de bois, & qu'on en retire cinq à fix boiffeaux de braife qu'on crible pour en féparer la poufliere. Les Artiftes charitables donnent volontiers cette derniere aux pauvres de leur voifinage; quelquefois auffi, en Eté fur-tout, ils la vendent à ceux qui préparent pour les Peintres le noir de charbon.

Il faut deux Ouvriers pour la conduite d'une Galere; mais ces deux Ouvriers peuvent fans furcharge en conduire deux enfemble, comme trois hommes fuffifent pour la conduite de quatre Galeres; en forte que plus le Diftillateur fait travailler de Galeres à la fois, plus il épargne du côté du falaire des Ouvriers, tout médiocre qu'il eft: un Maître Ouvrier gagne quarante fols par jour au plus , & ſes aides depuis vingt-cinq juſqu'à trente en proportion de leur force, de leur intelligence, & du travail dont on les charge.

J'ai dit au commencement du premier Chapitre , que le laboratoire doit être conſtruit proportionellement à la quantité de Galeres que le Diſtillateur ſe propoſoit de mettre en œuvre. J'ajouterai qu'il doit toujours y avoir autant de Galeres de relais qu'il y en a qui travaillent ; parce que c'eſt pendant le travail des Galeres actuellement chauffées , que les Ouvriers s'occupent à battre leur argille , à mêler le ſalpêtre, à placer les cuines, les goulots, les pots , & à conſtruire le dôme ; en ſorte qu'il ne reſte plus que le feu à mettre le lende-main matin ſous les Galeres ainſi préparées, & que par conféquent le ſervice n'eſt jamais interrompu.

Il eſt inutile de dire ici que les cuines qui ont ſervi ſe vuident aiſément en les renverſant , & qu'on appelle *Ciment d'Eaux-fortes* la matiere qu'on en reti-re ; je dois en parler plus au long dans la troiſieme Partie.

Il eſt rare qu'à chaque travail de Galere il ne ſe trouve cinq à ſix cuines caf-fées , dont les teſſons ſervent à reconſtruire de nouveaux dômes, pour leſquels on emploie auſſi la terre à four qui y a déja ſervi , & qu'on détrempe de nouveau dans une auge à demeure ou foſſé long ménagé dans un des coins du labora-toire.

Les Diſtillateurs qui ſont dans l'uſage d'arroſer leur mélange d'argille & de ſalpêtre avec l'*Eau ſure* dont j'ai parlé dans le ſecond Chapitre, dans la pro-portion d'un quart du ſalpêtre employé , obtiennent par ce moyen un produit plus fort en eſprit , mais dont la pureté eſt beaucoup plus équivoque.

C'eſt avec la plus grande reconnoiſſance que je publie que MM. Charlard , Azema, Damois, tous Diſtillateurs d'Eaux-fortes, ainſi que M. Saugrain, Direc-teur des Affinages , le plus ancien de mes camarades & amis , m'ont ouvert leurs laboratoires avec empreſſement, & ont répondu à toutes mes queſtions avec cette franchiſe qui diſtinguera toujours les bons Citoyens & les vrais Artiſtes. M. Damois , l'un d'eux , a pouſſé la complaiſance juſqu'à me faire tra-vailler ſous ſes ordres , & à me diriger dans tous les détails qu'exige la condui-te d'une Galere ; & c'eſt de concert avec M. Charlard , que j'ai fait les épreu-ves dont j'ai pu avoir beſoin pour lever certains doutes qu'on trouve éclaircis dans le cours de cet ouvrage.

SECOND PROCÉDÉ.

LORSQUE l'on monte une Galere avec le vitriol martial & le ſalpêtre , ce qui eſt le ſecond procédé uſité ; tantôt on emploie le vitriol martial tel qu'on le trouve dans le commerce, & tantôt on le fait calciner dans une mar-mite de fer juſqu'à ce qu'il ait pris la couleur d'un blanc ſale, & dans ce cas quelques Artiſtes mettent dans les pots ou récipients une quantité d'eau égale à celle qu'a perdu le vitriol durant fa calcination ; d'autres l'évaluent à deux onces par livre du mélange fait.

On écrafe l'un ou l'autre vitriol dans un mortier de fer, & on y mêle partie égale de falpêtre de la premiere cuite, de maniere à pouvoir charger chaque cuine de trois livres de mélange fait avec une livre & demie de vitriol & autant de ce falpêtre.

On garnit la Galere, & l'on fuit en tout point tout ce que nous en avons dit précédemment fans en excepter la premiere conduite du feu. Mais foit parce que le phlegme eft trop promptement échappé, foit parce qu'y ayant plus de falpêtre, il fe trouve pour chaque cuine plus d'efprit à chaffer, foit enfin parce que les Diftillateurs veulent donner à la maffe qui refte dans les cuines le plus de calcination poffible, non-feulement ils font durer le feu pendant trente-fix heures en l'augmentant, mais encore la quantité de bois employé vers la fin eft double de celle qui fert au dernier feu d'une Galere travaillante à l'ordinaire.

La calcination du vitriol étant fouvent la feule qui détermine les Diftillateurs à tirer l'Eau-forte par cet intermede ; il y en a tels qui mettent jufqu'à deux parties de vitriol contre une de falpêtre.

Rien n'eft plus ordinaire dans cette diftillation que de voir le lut du dôme fendu vers l'endroit où il couvre les goulots ou les pots, parce que l'Eau-forte paffe en vapeurs extrêmement rouges & élaftiques, ce qui donne à l'Ouvrier beaucoup d'occupation pour boucher ces crevaffes à mefure qu'elles donnent iffue aux vapeurs rouges. Si de hazard les cuines étoient humides ou le vitriol trop phlegmatique, à l'inftant ou l'acide du vitriol agit fur le falpêtre pour le décompofer, l'air qui fe développe eft fi abondant & fi impétueux, que fouvent il fouleve la cuine, brife le dôme & la jette hors de la Galere. On évite cet accident en redoublant de foins dans le choix des cuines, en ne les empliffant qu'au tiers de leur capacité, en préférant le vitriol calciné, & en conduifant le feu par degrés fans trop fe hâter de le donner vif.

On laiffe refroidir au moins pendant douze heures les cuines & les pots avant de les déluter, & l'on verfe l'Eau-forte très-concentrée & dont le poids n'eft jamais certain, dans des bouteilles à part. On la connoît plus volontiers fous le nom d'*Efprit-de-nitre.*

Quoiqu'*Acide nitreux*, *Efprit-de-nitre*, *Eau-forte*, foient des fynonymes pour le Chimifte qui n'y voit que l'acide du nitre plus ou moins étendu dans de l'eau ; dans le commerce on appelle *Eaux-fortes* les acides obtenus du falpêtre par l'argille, *Efprit-de-nitre* celui obtenu par le vitriol, & ce dernier obtenu par l'huile de vitriol, eft connu généralement fous le nom d'*Efprit-de-nitre fumant.* Ce n'eft pas qu'autrefois & même encore de nos jours les Etrangers ne croient que le mot *Eau-forte* fuppofe un mélange d'acide nitreux & d'acide vitriolique ; on s'en affurera en confultant les Ouvrages de Libavius, de Lémery & de Dozy.

Comme le traitement des Eaux-fortes par le vitriol de cuivre ou par l'alun ne font que des opérations de commande, nous obferverons en général qu'on les traite comme nous venons de le dire avec le vitriol verd ; mais qu'on a le foin de ne jamais employer l'alun qu'il n'ait été calciné , comme je le dirai dans la troifieme Partie.

Troisieme Procédé.

Le troifieme Procédé pour obtenir l'*Efprit-de-nitre fumant*, eft généralement attribué à un Chimifte nommé *Rodolphe Glaubert*, qui l'a décrit dans un de fes Ouvrages intitulé *Furni Philofophici*. Ce procédé ne s'exécute prefque jamais dans une Galere ; mais comme les Diftillateurs d'Eaux-fortes s'en chargent volontiers lorfqu'on le leur commande , je crois devoir le décrire ici , & l'on me permettra de fuppofer connu le fourneau dans lequel ils placent ordinairement leur appareil. Ce fourneau eft le même dont on trouvera la defcription au commencement de la feconde Partie , & j'aurai foin alors d'avertir de l'ufage actuel dont je vais parler.

C'eft donc fur ce fourneau à demeure que les Diftillateurs placent un cercle de terre cuite d'un diametre égal à celui de fon foyer. On lui donne trois à quatre pouces d'épaiffeur & un pied & demi de hauteur ; il eft maintenu dans cette hauteur par deux bandes circulaires de fer doux ; il eft échancré vers un de fes bords pour faire paffer le col de ce vaiffeau fi connu des Chimiftes appellé *Cornue* ou *Retorte* ; après l'avoir luté comme l'on fait les cuines, on furmonte le tout d'une voûte applatie , ouverte vers fon fommet , pareillement échancrée vers fon bord , appellée *Dôme* & faite de la même terre. Ce font les Fournaliftes ou Potiers de terre qui fabriquent & vendent ces pieces, dont la defcription plus détaillée fe trouvera dans l'Art *du Potier de terre*, par M. Duhamel.

Ayant mis dans la cornue la quantité qu'on défire de nitre bien pur, qu'on a même defféché légérement , & la moitié de fon poids d'huile de vitriol très-concentrée, on place au col de la cornue un vafte récipient ou ballon de verre ; on met le dôme, & on lute toutes les jointures avec force terre à four.

On prépare maintenant à Savigny près Beauvais, des ballons de grès de la plus vafte capacité ; s'ils ont le défaut d'empêcher qu'on ne voye dans leur intérieur comme dans les ballons de verre, ils ont l'avantage d'être moins cafuels & beaucoup moins difpendieux. Il faut feulement obferver qu'ils foient faits de terre bien épluchée & fortement cuite.

Le tout étant luté & féché , on établit le feu par degrés avec de petits éclats de bois bien fecs , fendus & coupés fuivant le diametre intérieur du foyer du fourneau. On continue & augmente le feu jufqu'à donner à la cornue une couleur rouge de cerifes ; on laiffe refroidir, & on obtient une troifieme efpece d'Eau-forte très-peu phlegmatique , & plus généralement connue fous le nom d'*Efprit-de-nitre fumant*.

Nous allons voir dans le Chapitre fuivant les différences que ces Eaux-fortes

ont

ont entr'elles, foit relativement à leur nature, foit eu égard au befoin qu'en ont
les différents Artifans. Je remets à dire dans la troifieme Partie, ce qu'on fait
de tous les réfidus des trois Procédés expofés dans le préfent Chapitre.

CHAPITRE QUATRIEME.

Des différentes efpeces d'Eaux-fortes, de leur Choix, Purification, Epreuves & Préparations.

A NE confidérer les produits réfultants des trois Procédés qui ont fait la matiere du Chapitre précédent, que relativement au Diftillateur qui les obtient,
il n'y en a que de trois efpeces, l'Efprit-de-nitre fumant, l'Efprit-de-nitre ordinaire & les Eaux-fortes; ces dernieres ne fe foudivifent même qu'en premiere, feconde & troifieme forte ou force. Mais lorfqu'on confulte les Marchands, on apprend avec étonnement qu'il y a des Eaux-fortes de tous les
prix depuis dix-fept fols jufqu'à trente, & que ces variations dépendent fouvent du caprice de l'acheteur, plus que de la nature intrinfeque de la chofe.
En fe rappellant en effet que les Diftillateurs arrofent leur mélange de terre &
de falpêtre, les uns avec de l'Eau de puits, les autres avec le phlegme des Eaux-
fortes déphlegmées au vent, la plupart avec de l'Eau fure, & toujours dans la
proportion de la quatrieme partie du falpêtre employé; en fe fouvenant encore que le plus léger accident dans la conduite de la Galere peut varier à
l'infini le produit de chaque cuine, on ne fera plus furpris fi quelques Diftillateurs obtiennent une Eau-forte très-phlegmatique, & fi d'autres l'obtiennent
toujours d'une force égale.

Ajoutons à cela que le falpêtre de la premiere cuite, qui eft le feul qu'emploient nos Diftillateurs, eft toujours chargé de fel marin, dans des proportions
qui varient, en forte que plus il y aura de ce dernier fel, moins le produit fe
trouvera chargé d'Eau-forte proprement dite.

Un vieil ufage fert prefqu'uniquement à démontrer les degrés de force de
l'Eau-forte qu'on met dans le commerce. Le Vendeur en verfe une goutte fur
une piece de cuivre, & l'on juge à l'œil de la bonté de l'Eau-forte par la vivacité avec laquelle le cuivre eft corrodé, par la forme ronde que conferve la
goutte fur la piece de monnoie, par le brillant que prend le cuivre ainfi corrodé, & par la profondeur de l'efpece de cavité qui en réfulte.

Il eft inutile d'infifter fur l'incertitude d'une pareille pratique, le degré de
chaleur du lieu où eft confumée l'Eau-forte, l'état plus ou moins gras de la
piece de cuivre, & une infinité d'autres accidents doivent rendre cette épreuve
plus que douteufe; mais enfin on n'en a point de meilleure jufqu'à préfent.

Il en eft bien une que l'habitude donne, fur-tout pour le commerce en gros.
J'ai dit que les Eaux-fortes s'empotent dans des bouteilles appellées *Touries*;

l'ufage eſt dans les Manufactures de ſe ſervir des mêmes Touries , & par conſéquent elles doivent toujours contenir le même poids , puiſqu'elles ne changent
pas de capacité. Les Ouvriers intelligents ne feroient pas un crime au Diſtillateur ſi le poids étoit plus fort , parce que ce ſeroit une preuve que l'Eau-forte
ſeroit plus concentrée ; mais ſi le poids eſt moindre , l'Eau-forte eſt accuſée
d'être de trop foible qualité.

Je ne puis m'empêcher de faire mention ici d'un moyen très-ingénieux , ſans
être neuf , dont ſe ſert M. Azema , un des Artiſtes que j'ai cités. Il a appli-
qué le Peſe-liqueurs ou Aréometre commun à la vente de ſes Eaux-fortes , &
voici comment il a procédé à ſa graduation.

Il prend un aréometre ordinaire , dont cependant la tige porte huit pouces de
long ſur une ligne & demie à deux lignes de diametre ; & la boule ou corps
a un pouce & demi de diametre : cet aréometre peſe , y compris ſon leſt , dix
gros & demi.

Pour graduer ce peſe-liqueurs , M. Azema a pris ſucceſſivement les différentes Eaux-fortes de ſon commerce relativement à leur prix courant en l'année 1772 , & ayant plongé d'abord ſon peſe-liqueurs dans l'Eau-forte à dix-
ſept ſols , qui eſt le prix le plus bas , & par conſéquent l'Eau-forte la plus foible , il a marqué le lieu où s'arrête la tige du peſe-liqueurs ; il en a fait autant
de celle à dix-huit ſols , & des autres juſqu'à celle de trente ſols , qui eſt la
plus concentrée & la plus chere ſous la qualification d'Eau-forte ; ces différentes
marques tranſportées ſur un rouleau de papier forment l'échelle dont les degrés
ſont marqués depuis dix-ſept juſqu'à trente. A l'aide de cette conſtruction ,
M. Azema eſt ſûr de vendre toujours pour le même prix la même eſpece d'Eau-
forte , & que ces prix ne ſont plus arbitraires , mais dépendants du degré démontré de leurs différentes concentrations.

Ce n'eſt pas ici le lieu de diſcuter ſi le peſe-liqueurs en général a acquis
toute la perfection dont il eſt ſuſceptible , & ſi l'on peut obtenir un aréometre univerſel. Il ſuffit d'avoir montré qu'outre les moyens d'eſſai mis en uſage
par les Commerçants d'Eaux-fortes , celui que je viens d'expoſer mérite d'être
préféré , parce qu'il indique des points certains de variations , & qu'il doit par
conſéquent être propoſé aux autres Diſtillateurs.

J'ai inſinué dans le précédent Chapitre que les Diſtillateurs nommoient
Eſprit-de-nitre , le produit de la décompoſition du ſalpêtre par le vitriol ; mais
je dois ajouter pour plus d'exactitude que quelques Artiſtes donnent le même
nom à leur *Eau-forte* la plus concentrée.

Avant de terminer ce que j'ai à dire ſur le choix des Eaux-fortes relativement
à leur concentration , il eſt juſte d'avertir que les Eaux-fortes ſe peſent dans
des plateaux de bois , & non dans des plateaux de cuivre ; & qu'on a grand ſoin
que le même plateau ſerve toujours à recevoir les bouteilles ou touries , afin
que les poids de fer mis dans l'autre plateau ne ſoient ſujets à aucune altération

par l'acide qui peut tomber durant la pefée. Examinons maintenant ce qui concerne la pureté des Eaux-fortes.

J'ai infinué dans le fecond Chapitre, que le falpêtre employé par les Diftillateurs étant toujours celui de la première cuite, fe trouve contenir, outre une grande quantité de fel marin à bafe alkaline, une autre portion, tant de ce fel que de nitre, à bafe terreufe.

Ces fortes de fels font plus faciles à décompofer, parce qu'ils font toujours déliquefcents, & que cette bafe leur eft foiblement unie; en forte que s'il étoit poffible d'avoir à auffi bon compte du nitre de houffage ou du nitre à bafe terreufe, l'Artifte économiferoit beaucoup, & fur le temps & fur la confommation du bois.

Il réfulte de ces obfervations que la décompofition du nitre dans les Galeres fe fait dans l'ordre fuivant : d'abord l'Eau de cryftallifation paffe infipide, puis légérement acidule vers la fin, enfuite les efprits acides produits par les fels déliquefcents, & enfin l'acide dû à la décompofition du vrai falpêtre.

Lorfque le feu a été trop brufquement ou trop violemment pouffé, il fe décompofe un peu du fel marin dont eft chargé le falpêtre, & ce furcroît d'acide étranger rend de plus en plus impure l'Eau-forte qui en réfulte; car tout le fel marin à bafe terreufe eft néceffairement décompofé prefqu'en même temps que le falpêtre à pareille bafe; mais nous verrons dans le Chapitre fixieme que le fel marin pur exige pour fe décompofer une chaleur plus grande que celle qui fuffit pour opérer la décompofition du nitre par l'argille.

Toute Eau-forte contient donc plus ou moins d'Efprit-de-fel; & ç'eft la préfence de cet acide qui fait dire à nos Artiftes que leur Eau-forte *tourne au blanc*. L'Eau-forte de la troifieme force en contient cependant moins que les autres quand le feu a été bien adminiftré.

Les Diftillateurs font dans l'ufage d'éprouver leurs Eaux-fortes en y verfant quelques gouttes de diffolution d'argent faite dans l'acide nitreux; & ils jugent par l'épaiffeur du blanc qui fe forme fur le champ, de la quantité d'acide marin mêlé à leur liqueur. Il eft fort fingulier que toutes les Ordonnances défendant expreffément aux Diftillateurs de faire aucune *Eau régale*, ce foit cependant toujours cette efpece d'acide compofé qui réfulte du travail des Diftillateurs.

L'Efprit-de-nitre obtenu par le vitriol eft bien autrement chargé d'Efprit de fel, tant parce que la chaleur qu'on donne à la Galere eft plus vive & plus long-temps continuée, qu'à caufe de l'action évidente & énergique de l'acide du vitriol fur le falpêtre. Indépendamment de cet acide marin, l'efpece d'Efprit-de-nitre dont nous parlons tient de l'acide vitriolique; c'eft même pour cela que la plupart des Diftillateurs ne font aucun cas d'un pareil Efprit-de-nitre. Comme cependant il eft très-concentré, quelques-uns l'étendent dans de l'eau, & le paffent à ceux des Ouvriers dont le travail n'exige pas d'Eau-forte bien pure, comme les Relieurs, &c.

Je parlerai , dans le dernier Chapitre de cette premiere Partie , des moyens que proposent les Chimistes pour purifier cet Esprit & celui qu'on nomme *Esprit-de-nitre fumant* , & leur enlever l'Esprit-de-sel ; quant à l'acide vitriolique , on l'y découvre en y jettant quelques gouttes de la dissolution de mercure , qui forme un précipité plus ou moins jaunâtre en raison de la quantité d'acide vitriolique qui y est contenu.

Est-il possible d'obtenir dès le premier travail de l'Eau-forte absolument pure , en prenant , par exemple , du salpêtre bien purifié? J'ai vu un Distillateur qui m'a assuré que son Eau-forte blanchissoit toujours , même en prenant la précaution que j'indique. Il ne fait même pas difficulté d'attribuer cet accident à l'Eau de puits dont on se sert dans les Arcenaux à purifier le salpêtre , & dans les laboratoires à humecter le mélange de terre & de salpêtre : je ne discuterai point ici ce qu'on doit penser de cette opinion.

Si l'Esprit-de-nitre obtenu par le vitriol contient de l'acide vitriolique , à plus forte raison l'Esprit-de-nitre fumant en contiendra-t-il , lui qui doit son existence sous cette forme à l'acide nud & concentré du vitriol.

Je viens de détailler ce que les Distillateurs eux-mêmes observent sur les degrés , soit de concentration , soit de pureté des Eaux-fortes ; il me reste à parler du choix qu'en font les Ouvriers qui les achetent pour les employer , ainsi que de quelques manipulations particulieres qu'exécutent nos Artistes avant de les leur livrer.

On doit se rappeller ici qu'indépendamment de leurs différents degrés de concentration , les Eaux-fortes se peuvent distinguer en deux classes , ou comme mêlées à de l'Esprit de sel seul , ou comme mélangées de celui-ci & d'acide vitriolique.

Je ne parlerai pas des Ouvriers sans nombre pour lesquels il est indifférent quelles Eaux-fortes ils emploient , pourvu qu'elles mordent , comme font les Relieurs , les Chaudronniers , les Fondeurs en cuivre & plusieurs autres qui ne se servent ordinairement de l'Eau-forte que pour commencer à nétoyer les ouvrages sortis de leurs mains , ou pour les préparer à être ouvrés.

Les Orfevres , les Teinturiers , les Foureurs , les Graveurs , les Chapeliers , sont ceux des Manufacturiers qui ont le plus besoin d'Eau-forte , & pour lesquels il faut que nos Distillateurs la travaillent avec plus de soin : je vais en parler dans l'ordre où je viens de les citer.

Lorsque je dis les Orfevres , j'entends parler aussi des Affineurs : il importe pour les uns & les autres que l'Eau-forte soit absolument débarrassée d'acide marin , parce que le but de leur travail étant de séparer l'or d'avec l'argent ; la portion *régalisée* de l'Eau-forte dissoudroit en proportion de ce métal précieux. On donne le nom d'*Eau Régale* au dissolvant de l'or composé d'acide marin & d'Esprit de nitre.

Les Essayeurs remarquent que l'Eau-forte , quelque bien purifiée qu'elle soit ,

emporte

emporte toujours un peu de fin dans l'affinage, ce qui fait un déchet dans le produit. Ce déchet est connu des Allemands fous le nom d'*Interhalt* : nous n'avons pas l'équivalent de ce mot dans notre langue, & nos Affineurs n'ont aucun terme qui le repréfente. On trouvera dans Cramer, Schindler, Gellert, Juncker & autres, comment on procede en Allemagne à donner à l'Eau-forte bien pure le degré de force fuffifant pour qu'elle faffe le moins d'interhalt poffible.

En France voici comment on purifie l'Eau-forte pour les affinages : après avoir effayé par quelques gouttes de diffolution d'argent, combien il peut y avoir d'efprit-de-fel, on met depuis un fcrupule jufqu'à un gros d'argent par livre d'Eau-forte de la premiere force ; on met le tout dans un matras fur le feu. L'Eau-forte en diffolvant l'argent fe répand dans le refte du liquide où il rencontre l'acide marin avec lequel il fe précipite fous forme d'un caillé blanc qu'on laiffe bien raffeoir ; on verfe par inclination l'Eau-forte qui furnage ; elle prend alors le nom d'*Eau-forte de départ*, & a acquis un degré de force fupérieur, à caufe du phlegme qui s'eft diffipé pendant fa purification. Quoique par le fait la préparation, foit pour la force, foit pour la pureté, de l'Eau-forte de départ, appartienne à l'Art de l'Affineur, je n'ai pu me difpenfer d'en donner le Procédé, parce qu'on charge fouvent de ce travail les Diftillateurs d'Eau-forte. Je ne parle pas ici de la maniere dont on retire l'argent du précipité en caillé blanc, parce que cette manipulation tient effentiellement & uniquement à l'Art de l'Affineur.

Le plus d'ufage d'Eau-forte que faffent les Teinturiers, c'eft pour toutes les couleurs à cochenille dont on rehauffe l'éclat avec de la râclure d'étain & de l'Eau-forte ; mais comme la diffolution de l'étain fe fait beaucoup plus efficacement dans l'Eau régale que dans l'Eau-forte, plus nos Eaux-fortes *tournent au blanc*, plus elles méritent pour eux la préférence.

Il n'en eft pas de même des Eaux-fortes qui contiennent l'acide vitriolique. La plus légere trace de cet acide fuffiroit pour noircir une cuve d'écarlate ; les Teinturiers s'en rapportent cependant fur cela à la bonne-foi du Diftillateur, & n'ont abfolument aucun moyen connu pour s'en affurer avant d'en faire leur provifion. Celui que j'ai indiqué à la page précédente, qui confifte à y verfer une diffolution faturée de mercure dans l'Eau-forte, pouroit leur fervir.

Ils ont bien d'autres couleurs pour lefquelles il leur feroit indifférent d'avoir de l'Eau-forte vitriolifée ; mais ils s'en tiennent toujours à une même efpece, & cette Partie de l'Art du Teinturier paroît mériter encore beaucoup de recherches, que fera fans doute l'Auteur auquel on eft déja redevable de l'*Art du Teinturier en Soie* ; on peut d'ailleurs confulter ce qu'ont déja écrit fur cet Art, MM. Hellot & Macquer, tous deux de l'Académie des Sciences.

Si l'on jette un coup d'œil fur les différents écrits où il eft queftion de l'Art du Graveur en Eau-forte, on verra avec étonnement d'abord, que leur

Eau-forte étoit un fecret; enfuite que tous les Ecrivains recommandent qu'il y ait du vitriol dans le mélange dont ils la retiroient; auffi les Eaux-fortes de Hollande & de la Flandre Autrichienne, leur ont-elles long-temps paru mériter la préférence fur nos Eaux-fortes de France. S'ils étoient encore dans ce préjugé, il eft encore aifé de les fatisfaire en livrant aux Graveurs l'Efprit-denitre du fecond Procédé; mais l'expérience les a détrompés, & ils fe contentent de l'Eau-forte de premiere force, qu'ils font même obligés d'étendre dans de l'eau pour en diriger l'activité, en raifon de la délicateffe des traits fur lefquels elle doit agir.

C'eft ici le lieu de parler de l'efpece d'Eau-forte qui originairement étoit le refte de l'action incomplette de cet acide fur un métal, & qu'on noyoit d'eau, ou de la précipitation que l'on fait de l'argent par le moyen du cuivre; elle fe nomme *Eau-feconde* dans le commerce. Comme cette marchandife eft à vil prix, elle fe trouve fous toutes fortes d'états chez les Epiciers détailleurs. J'en ai vu de verte, de bleue, de jaune; j'en ai vu qui avoit l'odeur de la térébenthine, d'autre qui étoit louche. C'eft vraifemblablement cette confufion qui a déterminé les Ouvriers pour lefquels l'Eau-feconde eft néceffaire, à la préparer eux-mêmes comme nous venons de dire que les Graveurs préparent leurs Eaux-fortes. Ils mêlent à de bonne Eau-forte la quantité d'eau qu'ils jugent néceffaire pour la mettre au degré de foibleffe convenable à leurs travaux, & par ce moyen leur *Eau-feconde* eft pure & exempte de tout mélange étranger ou nuifible. On ne confondra pas cette Eau-feconde avec la leffive alkaline à laquelle les Peintres donnent auffi ce nom.

C'eft l'Eau-forte de la troifieme force que les Foureurs ou Pelletiers emploient, foit pour luftrer & dégraiffer les peaux d'Ours, foit pour entrer dans le mélange d'une fauce avec laquelle ils teignent en brun ou en noir certaines Pelleteries. Enfin les Chapeliers demandent aux Diftillateurs de l'Eau-forte toute préparée pour faire ce qu'ils appellent leur *fecret*, & voici comment ceux-ci procédent à cette préparation.

Pour une livre d'Eau-forte du plus bas prix, on fait diffoudre une once de mercure. L'Eau-forte chargée de cette diffolution fe trouve plus lourde, & le pefe-liqueurs y plonge jufqu'au degré vingt-quatre, qui eft précifément le prix qu'on leur vend leur Eau fecrétée. Il eft inutile de dire ici à quoi & comment les Chapeliers emploient cette liqueur; mais dans le neuvieme Chapitre je ferai obferver fon danger.

CHAPITRE CINQUIEME.

De quelques appareils ufités ailleurs qu'à Paris, pour obtenir l'Eau-forte, & du moyen dont on retire à l'affinage celle qui a fervi au départ.

Dès le commencement de cet Ouvrage, j'ai dit qu'il y avoit grande apparence que nos Manufactures n'avoient pas été élevées à l'imitation de celles des Hollandois. C'eft qu'en effet le traitement des Eaux-fortes par les argilles, & dans les fourneaux appellés *Galeres*, n'eft pas encore ufité dans cette partie de l'Europe. A Liege même qui fe rapproche beaucoup de la France, à Oftende & à Bruges, la diftillation des Eaux-fortes fe fait dans des vaiffeaux de fer, & avec l'intermede du vitriol. Si l'on fe rapproche davantage, on voit cette efpece d'appareil confervé dans la Capitale de la Flandre, à l'Ifle, à Roubais, &c.

Pour ne point multiplier les defcriptions, je me contenterai de décrire ici l'appareil des Diftillateurs de Roubais.

Sous une vafte cheminée on établit un fourneau long de huit pieds, qu'on divife en quatre ouvertures larges chacune d'un pied, fur un pied & demi de haut; c'eft le cendrier; le foyer a neuf pouces de haut; le bas du foyer eft garni d'une grille, & le haut d'un cercle rond qui fert à placer les *Potins*; c'eft le nom qu'on donne aux marmites de fer fondu, dont le diametre eft de quinze à feize pouces dans le fond, & qui va en diminuant infenfiblement jufqu'à n'avoir à leur orifice que trois à quatre pouces; ces marmites portent ordinairement deux à trois pieds de hauteur. Les marmites pofées fur leur cercle, on acheve la conftruction du fourneau jufqu'aux deux tiers de leur hauteur, en laiffant entr'elles & les parois du fourneau un pouce & demi à deux pouces d'efpace vuide. Ces marmites ou cucurbites de fer doivent être recouvertes chacune par un vafte chapiteau de terre cuite, conforme à ceux que connoiffent tous les Chimiftes, à l'exception qu'il a deux becs & que chaque bec a un pouce de diametre.

On met dans chaque *potin* ou marmite depuis quatre jufqu'à dix livres de falpêtre de premiere cuite, & depuis huit jufqu'à vingt livres de vitriol calciné en jaune, c'eft-à-dire le double du poids du falpêtre, & le tout proportionnellement à la capacité des marmites qui ne doivent être pleines que jufqu'à moitié. On lute les chapiteaux avec de la terre détrempée, & on ajoute des pots ou ballons de terre à chacun des becs. Alors on établit dans le foyer, fous les quatre marmites, le feu avec du charbon de tourbe; c'eft de la tourbe qui a perdu fa premiere humidité.

On trouve dans les Mémoires de MM. Jars & Morand le Médecin, les Procédés pour convertir en charbon la houille ou *lythanthrax*; mais je ne connois jufqu'à préfent aucun Ouvrage qui donne la méthode de convertir la tourbe en charbons; quoique cette méthode foit très-commune en Picardie, & dans tous les endroits où ce combuftible eft en ufage. Car on ne peut faire aucun fonds fur les Ecrits qui parurent il y a près de trente ans dans Paris, où l'on vouloit introduire la tourbe pour chauffage.

Après trois heures de premier feu donné avec le charbon de tourbe, on met dans le foyer, à l'aide d'une efpece de pelle longue & plate, de la tourbe en fubftance, en ayant le foin de la ranger de maniere à n'être pas empilée. On augmente le feu jufqu'à faire rougir le fond des marmites, & on les entretient en cet état durant huit heures. On laiffe refroidir, & lorfqu'on dé-lute, on trouve dans les ballons une Eau-forte très-concentrée que le Diftil-lateur mêle à de l'eau pour la mettre au degré de force que lui demande l'a-chetéur. A l'appareil près, cette Eau-forte eft, comme on voit, dans le cas de celle obtenue par le fecond Procédé, décrit au troifieme Chapitre, pour la nature du produit & celle du *caput mortuum* dont il fera queftion dans la troifieme Partie.

Un Flamand nommé *Lagache*, eft le dernier qui ait fait ufage de cet appareil dans la Capitale de la Picardie. On traite actuellement les Eaux-fortes à Amiens par l'argille & dans des Galeres; mais ce Lagache étoit affez peu intelligent pour croire fon opération finie, lorfqu'en débouchant les tubulures; non de fes potins, mais de fes récipients, il ne voyoit plus de vapeurs. Comme il faifoit toujours un feu égal, il n'achevoit jamais la décompofition de fon fal-pêtre, & fes Eaux-fortes avoient à peine la force de l'Eau-feconde. Son entre-prife n'a pas été heureufe, & il falloit fon époque pour introduire le nouveau Procédé dans Amiens & Abbeville, où cependant tous les matériaux fe payent plus cher, puifqu'on fait venir l'argille des environs de Paris; & que, malgré le voifinage, la Poterie de Savigny s'y vend, pour Amiens, plus cher qu'on ne l'achete à Paris même. On tiroit auffi de Paris l'Eau-forte dans le temps que Lagache en fabriquoit de fi foible; & ce n'eft que depuis qu'un Ouvrier de M. Godin a établi fes Galeres à Amiens, que les Teinturiers entr'autres de cette ville confomment fon Eau-forte; encore plufieurs ont-ils confervé l'ufage de la faire venir des Fabriques de Paris. Je dois ces détails fur le travail des Eaux-fortes à Roubais & Amiens, à M. Roland de la Platiere, Infpecteur des Manufactures de Picardie, & à M. Godde, mon ami & mon confrere dans l'Académie de Rouen, ville dont il eft Commiffaire des Guerres.

Ce monument de la diftillation des Eaux-fortes par l'intermede du vitriol, conforme à ce qu'on trouve dans tous les Auteurs qui ont parlé de ce travail, fuffit pour prouver que la méthode de diftiller les Eaux-fortes par les argilles eft très-moderne, & pouroit être une invention Françoife.

Je

Je pourois bien insérer ici la description que nous ont laissé du travail des Eaux-fortes la plupart des Ecrivains Chimistes ; mais je m'en dispense pour éviter l'examen que je serois obligé de faire des désavantages de leurs procédés. J'observe seulement qu'il paroît que la présence de l'acide vitriolique dont est imbue l'Eau-forte obtenue par ces procédés divers, n'a jamais été pour leurs Auteurs un obstacle à l'opération du départ. Aucun d'eux n'indique comment enlever cet acide ; plusieurs se plaisent à en recommander la présence ; c'est aux Affineurs de nous dire jusqu'à quel point les Chimistes en question peuvent avoir raison.

Ces mêmes Affineurs font usage de la Galere, telle à-peu-près qu'on la trouve décrite dans cet ouvrage , & comme on la trouve dans l'Auteur Italien *Biringuccio*, dont j'ai déja parlé.

Pour expliquer comment la Galere sert aux Affineurs à retirer l'Eau-forte , il m'est indispensable de dire un mot du départ en grand.

Sous une vaste cheminée sont placés des fourneaux composés uniquement d'un foyer , qui doit être chauffé avec du bois sec & bien fendu , & d'une marmite de fer encadrée dans la maçonnerie ; ces marmites sont pleines du sable qui entoure les matras ou plutôt les cucurbites de grès dans lesquelles on a mis le métal à départir réduit en grenaille , & l'Eau-forte bien pure & bien graduée pour ronger le moins de fin possible. Le feu de bois est assez vif ; la liqueur travaille fortement, & l'Artiste juge son opération finie ; 1º , lorsqu'il ne sort plus de vapeurs rouges ; 2º , lorsqu'on n'entend plus que le bruit d'un liquide bouillant au lieu du sifflement que produit l'Eau-forte tant qu'elle réagit sur l'argent. Alors comme la dose de l'Eau-forte est assez communément suffisante , tout l'argent y est dissout & l'or ou fin , se trouve au fond des cucurbites en forme de poudre noire.

Pour enlever maintenant l'argent à l'Eau-forte , on le précipite, à l'aide du cuivre. Dans de grands vaisseaux en forme de cuves de la capacité d'un à deux muids , on place des briques de cuivre rouge d'un pied & demi de long sur huit pouces de large & deux pouces d'épais ; elles servent jusqu'à ce qu'elles soient amincies au point de se rompre par morceaux. On les fait rougir au feu , puis refroidir d'elles-mêmes ; après quoi on les arrange dans la cuve posées à claire-voie les unes sur les autres ; on emplit les cuves jusqu'aux deux tiers d'eau commune & pure , puis on acheve de les remplir avec l'Eau-forte chargée de l'argent qu'on veut précipiter : ainsi délayée elle mord sur le cuivre , & l'argent se précipite en forme de chaux. La liqueur qui surnage est de couleur verte & chargée du cuivre ; mais ce procédé seroit encore très-dispendieux s'il falloit perdre une si grande quantité d'Eau-forte & le cuivre.

On met dans une grande cuve de cuivre montée sur un fourneau toute cette Eau verte , & on l'y fait évaporer jusqu'à ce qu'on s'apperçoive qu'elle réagit sur le cuivre ; on a pour cet effet une petite piece de cuivre décapée

& recuite, qu'on y plonge de temps à autre. En cet état on la tranfvafe dans des efpeces de cucurbites qui reffemblent affez bien à des pots à beurre, capables de tenir chacune vingt pintes à-peu-près de ce liquide. Elles font placées deux à deux fur la Galere, & le dôme eft fait de la même maniere que pour les cuines, à l'exception que le tiers de la hauteur des pots ou cucurbites dépaffe, pour être recouvertes par des chapiteaux de grès qu'on lute, & auxquels on adapte des bouteilles de grès & même des cuines en guife de récipients, qui pofent par leur bas fur le mur de la Galere. Il y a eu un temps où l'on chargeoit immédiatement les cucurbites avec l'eau non-évaporée, & on ne plaçoit les chapiteaux qu'à l'inftant où les vapeurs rouges fe faifoient appercevoir ; on a abandonné cette pratique, parce qu'elle employoit trop de temps, & que l'évaporation n'étoit jamais uniforme ; ce qui faifoit traîner la conduite de la Galere.

La Galere de l'affinage de Paris, ainfi chargée de l'Eau-forte déja évaporée en peut tenir environ fix cents pintes ; on établit un feu égal qui faffe monter l'Eau-forte en vapeurs, & on donne un dernier coup de feu vers la fin pour chaffer plus énergiquement le refte de l'Eau-forte. On trouve le cuivre au fond des cucurbites en poudre noire quand l'Eau-forte eft toute chaffée, & parfemée de taches vertes, lorfqu'il en eft refté un peu.

Lorfqu'on veut, on change de récipients vers la fin, & alors on obtient à part une Eau-forte des plus concentrées ; d'autres fois on charge des cornues de grès de la matiere defféchée, & on pouffe au feu de réverbere cette derniere Eau-forte ; mais ces procédés ne font rien moins qu'économiques ; la pratique ordinaire eft celle que j'ai décrite d'abord.

La totalité d'Eau-forte qu'on trouve dans les cuines ou bouteilles de grès qui ont fervi de récipients eft beaucoup trop concentrée ; les Affineurs s'en fervent pour *animer* leur Eau-forte fimple ; c'eft leur expreffion. Une Galere de trente-deux cucurbites rend ordinairement quatre cents cinquante livres de cette bonne Eau-forte. Quelque foin que prennent les Affineurs, il fe perd toujours une portion de l'Eau-forte ; mais la pureté, le degré de concentration de la grande portion qu'ils confervent par le procédé que je viens d'expofer, fait plus que les dédommager des frais de la Galere & de fon travail ; ajoutons à cela qu'ils retrouvent près de cent cinquante livres de cuivre en chaux qu'ils refondent dans le fourneau à manche.

Je ne quitterai pas ce Chapitre fans faire mention d'une efpece de Galere à bain de fable que j'ai trouvée dans le laboratoire de quelques-uns de nos Diftillateurs, & qui peut en cas de befoin fervir, foit pour des fublimations dont nous parlerons dans la troifieme Partie, foit pour les Affineurs qui n'auroient qu'une petite quantité de liqueur cuivreufe à diftiller, foit enfin pour ceux qui voudroient diftiller des Eaux-fortes dans des vaiffeaux de verre.

A l'endroit où la Galere fe trouve élargie pour former un fupport fur lequel pofent les traverfes de fer fondu qui foutiennent les cuines , à cet endroit-là , dis-je , on établit de diftance en diftance des barreaux de fer connus dans le commerce fous le nom de *côte de vache* , & longitudinalement on en place un autre qui coupe ceux-ci par le milieu ; on pofe fur cette efpece de chaffis de la tôle de la plus forte épaiffeur, on garnit le tout deffus & deffous avec de la terre corroyée de maniere à recouvrir entiérement les deux furfaces de la tôle. Depuis cette tôle on n'éleve les murs latéraux de la Galere que de fix pouces, au lieu de neuf que portent ceux des Galeres ordinaires , & en éle-vant ces deux murs on en diminue l'épaiffeur infenfiblement du côté de leur face intérieure , de maniere à fe terminer par une épaiffeur de cinq à fix pouces. A l'extrêmité de cette Galere , on ménage un trou rond dont le diametre doit être proportionné à l'ouverture de la porte ou bouche. Cette forte de Galere pouvant être conftruite depuis les proportions de nos Galeres ordinaires jufqu'à deux pieds de longueur , les épaiffeurs, ouvertures & hauteurs doivent être dans le même ordre. Sur la tôle dont le lut eft bien féché , on verfe du fable , dans lequel fe pofent les vaiffeaux de verre néceffaires pour le travail qu'on s'y propofe. Comme dans cette conftruction les murs latéraux ne peuvent fer-vir à foutenir les récipients ; s'il en étoit befoin , on fait faire par le Menuifier deux bancs de la longueur de la Galere & d'une hauteur proportionnée , pour remplir cette fonction lorfque le cas y échoit.

CHAPITRE SIXIEME.

Des Préparations en grand de l'Efprit de Sel.

C e Chapitre fera d'autant plus court que je n'ai rien à ajouter , foit pour la préparation des matieres , foit pour le gouvernement du feu , à ce que j'ai dit en traitant de l'Eau-forte. En aucun des trois Procédés pareillement ufités pour l'Efprit de fel, il n'y a de différence que pour la matiere qu'on décom-pofe , & pour l'intenfité du feu qu'on eft quelquefois obligé de donner dans le premier Procédé , celui qui confifte à dégager les acides par l'intermede des argilles.

J'ai remis à la troifieme Partie de cet Ouvrage à détailler la nature des fub-ftances que laiffe en arriere la diftillation des Eaux-fortes par les argilles; j'ob-ferverai feulement d'avance qu'après avoir fourni une quantité affez confidé-rable de fel marin bien configuré, il refte une liqueur ou *Eau mere* que tous les Diftillateurs s'accordent à regarder comme un fel marin à bafe terreufe ou de facile décompofition. L'Eau fure ou aigre qu'ils achetent à bon compte dans les Arcenaux , eft en grande partie du fel marin de même nature; c'eft pourquoi les plus intelligents des Diftillateurs blâment ceux qui s'en fervent pour arrofer leur mélange d'argille & de falpêtre avant de les mettre dans la cuine. Ils prétendent avec juste raifon que plus il fe trouve de ce fel marin dans le mélange, plus l'Eau-forte qu'on obtiendra doit tourner au blanc. Ceci eft démontré par leur propre manipulation, lorfqu'ils traitent l'efpece d'acide dont il s'agit dans le préfent Chapitre, & remplit la promeffe que j'ai faite précédemment d'expofer leurs raifons réciproques.

Toutes les fois que les Diftillateurs peuvent fe procurer fuffifamment de ces fortes d'*Eaux mere* ou *fure*, ils s'en fervent uniquement pour la préparation de leur Efprit de fel. Ils en imbibent une quantité d'argille feche, proportionnée de maniere à en équivaloir trois parties contre une de fel ; ils chargent leurs cuines de ce mélange, garniffent la Galere & procédent en un mot avec les mêmes précautions que pour l'Eau-forte. Dans ce premier cas, ils n'ont même pas befoin d'un feu plus violent ; ils ne confument pas plus de bois, & la fournée eft d'une égale durée ; tellement qu'ils menent fouvent enfemble dans la même Galere l'Eau-forte d'un côté & l'Efprit de fel de l'autre.

Mais lorfqu'ils emploient le fel marin lui-même, celui qui a pour bafe un alkali fixe particulier, ils font obligés pour obtenir leur efprit, d'humecter davantage leur mélange, & de donner vers la fin un feu plus violent. Cette pratique eft fondée fur ce que j'ai dit dans le troifieme Chapitre que l'Eauforte ne tournoit au blanc qu'à caufe du peu d'Efprit de fel ou fourni ou développé par le dernier coup de feu. Cela deviendra encore plus fenfible par ce que je dirai dans la premiere Section de la troifieme Partie.

Quelques Diftillateurs, croyant abréger leur befogne, & quelques Amateurs qui penfent l'améliorer, recommandent d'ajouter au mélange une portion de fel ammoniac ; c'eft le même Efprit de fel combiné avec l'alkali volatil ; il en fera fait mention dans la troifieme Partie ; mais par le fait ils ne font qu'augmenter leur dépenfe, & l'Efprit de fel qu'ils retirent, n'eft ni plus fumant ni plus pénétrant que l'autre ; encore moins eft-il chargé de cet efprit diffolvant univerfel que les Alchimiftes cherchent par-tout, & ne trouvent nulle part.

Dans le fecond Procédé, celui où l'on traite le falpêtre, ou le fel marin, avec le vitriol martial, non-feulement il eft indifférent d'employer le fel marin le plus pur, mais on remarque qu'il ne faut pas plus d'effort de la part du feu pour opérer fa décompofition.

Comme je n'ai rien à ajouter relativement au troifieme Procédé, à ce qui a été dit pour l'Efprit de nitre fumant, que toute la différence eft qu'en fubftituant le fel marin on retire un Efprit de fel fumant ; je prie le Lecteur de trouver bon que j'expofe ici fur la décompofition, tant du falpêtre que du fel marin, lorfqu'on en retire les acides, une théorie que j'enfeigne depuis long-temps, & dont j'ai configné les fondements dans mes *Inftituts*, Ouvrage élémentaire qui fuppofe & ne fupplée pas les développements que j'ai donnés publiquement pendant plus de dix ans, foit dans mon laboratoire, foit dans celui du Jardin des Maîtres Apothicaires de Paris.

J'attribue

J'attribue la décompofition du fel marin & du falpêtre par les argilles non à l'acide vitriolique que je fuis certain n'y être que fortuitement quand il s'y rencontre, mais à la très-grande divifion méchanique que donne à ces deux fels, fondus par la chaleur, la préfence de trois parties d'un corps infufible au degré de chaleur employé, contre une d'une fubftance qui fe liquéfie facilement à ce même degré.

L'ufage où font nos Diftillateurs de rechércher de préférence l'argille privée de *feramines* ou pyrites, celle qui contient le plus de fubftance martiale dans l'état de chaux, fuffiroit pour appuyer ce que j'avance; je pourrois encore invoquer le fuffrage de M. Pott, l'un de nos plus célebres Chimiftes; mais mes propres expériences vont donner le plus grand degré de certitude à cette théorie.

J'ai mis en fufion dans des creufets des quantités égales de nitre purifié; dans cet état fluide, il fe perd très-peu de vapeurs acides. Au bout de deux heures, j'ai mêlé dans un premier creufet le triple du poids de nitre en quartz concaffé que j'avois au préalable fait rougir; les vapeurs rouges fe font développées fubitement, & n'ont ceffé de paffer qu'après l'entiere décompofition du nitre.

Dans un fecond creufet, à peine le nitre a-t il été fondu, que j'y ai verfé trois parties de verre blanc connu fous le nom de *Cryftal d'Angleterre*, en poudre groffiere; le nitre s'eft promptement décompofé, & en moins d'une demi-heure il ne s'exhaloit plus de vapeurs.

Dans un troifieme enfin, j'ai ajouté au nitre en fufion du ciment d'Eaux-fortes épuifé de toute fubftance faline par des leffives réitérées, & la prompte décompofition du nitre a eu pareillement lieu : voilà des fubftances à l'abri du foupçon de contenir l'acide vitriolique & qui n'en décompofent pas moins le nitre.

Quoiqu'on dife que l'argille qui a fervi à cette décompofition fournit, à l'aide de quelques manipulations, du tartre vitriolé, formé par l'alkali du nitre & par l'acide vitriolique contenu dans les argilles; tous les Diftillateurs font d'accord fur ce point. Le ciment d'Eau-forte ne leur fournit pas un atôme de ce fel; il ne s'en trouve ni dans les eaux-meres ni dans le ciment. Mes trois réfidus ne m'ont femblablement donné que de l'alkali fixe cauftique, & une liqueur gélatineufe, toute femblable au *Liquor filicum*. L'expérience par laquelle on dit retirer le tartre vitriolé du ciment ne m'a jamais réuffi, & je ne m'en fuis pas rapporté à moi feul; j'ai prié des Artiftes intelligents & incapables de préoccupation de répéter l'expérience, & aucun n'y a apperçu même les veftiges de tartre vitriolé.

Pour découvrir d'abondant fi cet acide réfide dans les argilles qu'emploient nos Diftillateurs, j'ai traité une partie d'argille marbrée de Gentilly, & deux parties d'alkali fixe en poudre, avec un quart de charbon, dans un creufet au feu de ma forge pendant un quart-d'heure. La maffe retirée du creufet n'avoit aucune forte de reffemblance à du foie de foufre; j'en ai leffivé une partie, & quelqu'acide que ce foit n'a développé l'odeur d'œuf couvé :

l'espece de précipité qui a lieu, est une pure terre qui ne brûle pas, ce que feroit certainement le soufre. La même expérience à été répétée sur l'argille blanche d'Alençon, & sur celle de Saint-Yriex, sans y découvrir plus de soufre. Ces deux argilles décomposent très-bien le nitre.

J'apprends que M. Spielman, mon confrere dans l'Académie de Berlin & dans celle des Curieux de la Nature, pénétré des mêmes idées, a fait une suite de recherches qui tendent toutes à prouver que l'argille ne tient point essentiellement d'acide vitriolique ; je tiens à honneur de m'être rencontré avec ce Chimiste, dont la probité est aussi reconnue que le savoir, pour prouver la même vérité dont je pourois au besoin accumuler les preuves, en y joignant les expériences faites l'année derniere par M. le Veillard, Propriétaire des Eaux de Passy, qui les a communiquées à l'Académie.

Mais il me suffit d'avoir montré, que le nitre & le sel marin peuvent être décomposés par l'intermede de substances qui sont connues pour ne contenir aucun acide vitriolique ; qu'il n'est pas de l'essence de l'argille de contenir cette espece d'acide, & que par conséquent la décomposition du nitre & du sel marin par les argilles est dûe à ce que la présence volumineuse de ce corps infusible empêche les sels fondus de se réunir en un corps liquide, & facilite ainsi leur évaporation ou celle de leur acide, phénomene propre à tout corps fluide chauffé fortement.

Je n'insisterai pas à répéter sur le sel marin en particulier les expériences précédentes; leurs résultats sont les mêmes. Un observateur précis remarquera seulement que le sel marin en fusion répand plus de vapeurs que le salpêtre ; peut-être à cause de la portion de ce sel qui est à base terreuse ; mais ce n'est point ici le lieu de discuter cet objet. On trouvera plus loin une derniere preuve faite en grand qui prouve que les sels en question ne sont pas décomposés par l'acide vitriolique contenu dans les argilles que nos Distillateurs emploient dans leurs travaux; aussi quelle différence entre les produits du premier Procédé par l'argille, & celui par les vitriols. Dans le premier cas, ces sels ne se décomposent qu'en raison de la facilité que chacun d'eux peut avoir pour entrer en fusion, & de l'adhésion de ses parties entr'elles dans cet état fluide : delà la durée de l'opération & l'intensité de chaleur nécessaire. Dans le second cas au contraire, comme c'est un agent puissant qui agit évidemment & presqu'également sur les deux sels, ils sont décomposés en même temps & avec la même énergie, sans même entrer en fusion ; ainsi s'il y avoit un atôme d'acide vitriolique dans l'argille de nos Distillateurs, ils ne retrouveroient pas de sel marin dans leur ciment.

Si j'ai trouvé quelque satisfaction à développer dans cette circonstance mes idées, trop rapprochées peut-être dans mes Instituts, cette satisfaction augmente parce que j'ai répondu au désir des plus intelligents de nos Distillateurs, que cette explication satisfait, parce qu'ils ne concevoient pas comment dans un cas l'acide vitriolique ne décompofoit pas l'acide marin , tandis que dans l'autre il opéroit cette décompofition ; ce qui faifoit pour eux un problême inexplicable.

Le choix de l'Efprit-de-fel ne s'établit que fur fa couleur plus ou moins fafranée , & fur les vapeurs blanches & abondantes qu'il répand à l'air libre ; en forte qu'après l'Efprit-de-fel fumant dont les vapeurs fortent fpontanément des flacons de cryftal dans lefquels on l'enferme , le meilleur Efprit-de-fel eft celui dont on fait fortir plus de vapeurs blanches en pouffant fon haleine vers le goulot de la bouteille. L'acide marin a la propriété de donner à cette haleine une confiftance remarquable , pareille à celle qu'on lui voit dans les temps froids. L'Aréométre ou pefe-liqueurs dont j'ai parlé pour l'Eau-forte ne peut fervir pour l'Efprit-de-fel ; il s'y précipite entiérement.

CHAPITRE SEPTIEME.

De la diftillation du Vinaigre.

Si l'on jette les yeux fur les différents Ecrits des Auteurs Chimiques, on ne verra qu'embarras & inconvénients dans les Procédés qu'ils donnent pour la diftillation du Vinaigre ; c'eft, comme l'on fait une liqueur vineufe qui a contracté l'état acide à l'aide d'une fermentation particuliere. Cet acide dans l'état naturel du Vinaigre fe trouve noyé dans beaucoup de phlegme , & accompagné d'une matiere colorante & d'une fubftance muqueufe. Il s'agit de laiffer en arriere ces deux fubftances, & d'enlever le plus poffible de l'acide proprement dit , qui toutefois n'eft jamais dépouillé de cette fubftance muqueufe , au contraire , elle l'accompagne en s'atténuant avec lui , & on la retrouve dans les produits les plus compliqués de cet acide.

Ce peu de mots eft fuffifant pour ce que nous avons à dire de la diftillation en grand du Vinaigre.

Les Diftillateurs ont deux manieres d'y procéder. La premiere confifte à placer fur un fourneau ou fur une petite galere deux ou trois cucurbites de cuivre contenant chacune dix à douze pintes ; ces cucurbites pofées fur les traverfes de la galere font lutées vers le milieu de leur hauteur, comme nous avons dit en traitant du Procédé des Affineurs. On y ajufte des chapiteaux de verre ou de terre , & l'on procede à la diftillation en établiffant un feu qui faffe bouillir le Vinaigre. Lorfqu'on a retiré les deux tiers à-peu-près, on verfe dans les cucurbites par une tubulure placée fur leur côté , & bouchée durant la diftillation avec un bouchon de liege, autant d'eau qu'on a retiré de produits , & l'on reçoit le produit de cette feconde diftillation dans les mêmes vaiffeaux qui ont reçu les premiers, qu'on a eu le foin de vuider dans des bouteilles à part. La feconde diftillation fe continue jufqu'à ce qu'il ne refte plus qu'une livre à-peu-près de matiere dans les cucurbites. Sitôt qu'on ceffe le feu, on verfe dans chaque cucurbite de l'eau froide pour détacher plus efficacement, à l'aide de la chaleur reftante du fourneau, la matiere qui pouroit être adhérente aux parois de ces cucurbites. Cette matiere donneroit au nouveau Vinaigre qu'on diftilleroit par la fuite un goût de feu qui mettroit obftacle à fon débit.

On obfervera qu'avec la précaution de tenir les cucurbites bien étamées & d'y placer des chapiteaux de terre ou de verre, le Vinaigre qui diftille n'emporte avec lui rien de métallique. Si par hazard l'Acheteur avoit quelque foupçon, il peut & doit même l'éprouver en verfant fur un effai quelques gouttes d'alkali volatil; la couleur bleue manifefteroit le cuivre, & l'étain feroit dévoilé par la couleur d'opale.

Quelques Diftillateurs, pour éviter jufqu'au foupçon de poifon, établiffent fur leur galere à bain de fable de grandes cornues de verre dans lefquelles ils font la même diftillation, avec cette différence que ne pouvant ajouter de l'eau durant le travail, ils diftillent jufqu'aux trois quarts & même plus du Vinaigre contenu dans chaque cornue, & verfent les réfidus dans un vaiffeau commun pour les diftiller enfuite féparément, & après les avoir noyés d'eau.

Ces deux manipulations procurent, comme l'on voit, deux fortes de Vinaigres diftillés l'un plus acide que l'autre, & le Fabriquant en établit le prix à raifon de cette différence.

Les Diftillateurs font encore dans l'ufage de donner à leur Vinaigre diftillé plus de force en l'expofant à la gelée; & plus il a été expofé de fois à cette gelée, plus ils en augmentent le prix, en raifon de la diminution qu'ils trouvent dans la quantité. Ainfi s'ils ont pris cinquante pintes de Vinaigre diftillé dans le prix de vingt fols la pinte, & que par des congélations réitérées ils l'ayent réduit à vingt-cinq pintes; ils l'établiront dans le prix de quarante fols qui eft le double du premier prix, comme les vingt-cinq pintes font la moitié de cinquante.

Mais comme tout tend à l'économie dans leurs travaux, que ce n'eft même que par cette grande économie qu'ils trouvent le bénéfice dû à l'honnête induftrie; ils ont foin de porter les glaçons du Vinaigre dans un lieu où il ne gele pas: ces glaçons en fe réfolvant reftituent la portion d'acide qui s'étoit pour ainfi dire cachée entre leurs lames, & ils mêlent cet acide avec leur Vinaigre diftillé du plus bas prix. Par une fuite de cette économie, ils ne diftillent pas le premier Vinaigre venu. Les Vinaigres rouges trop chargés de tartre & de matiere muqueufe font plus difficiles à diftiller & contractent le goût de feu. Les Diftillateurs donnent la préférence au Vinaigre blanc, & parmi ces derniers au Vinaigre d'Orléans.

Si je puis parvenir à obtenir quelques détails fur la fabrique du Verdet

diftillé

diſtillé, eſpece d'art pour lequel le Vinaigre diſtillé eſt ſinguliérement néceſſaire, puiſqu'il conſiſte à diſſoudre entiérement dans cet acide le verd-de-gris
& à le faire cryſtalliſer ; je ne manquerai pas d'en faire mention dans une des
Sections de la troiſieme Partie.

CHAPITRE HUITIEME.

Expoſé de ce qu'on ſait ſur la préparation de l'Huile de Vitriol par le Soufre.

A PRENDRE le mot *huile de vitriol* ou *acide vitriolique* dans ſa ſignifica-
tion la plus ſtricte, c'eſt l'acide retiré des ſubſtances que j'ai déſignées dans le
ſecond Chapitre ſous le nom de *vitriols* ou *couperoſes*. Il paroît qu'en effet
c'étoit de ces ſubſtances que les anciens Chimiſtes retiroient à grands frais cet
acide plus ou moins concentré.

Depuis long-temps les Hollandois étoient en poſſeſſion de diſtribuer dans
l'Europe cet acide à un prix ſi modique qu'on étoit dégoûté de la concurrence.
L'induſtrie des Anglois leur a fait découvrir dans ces dernieres années, ſinon
le procédé des Hollandois, au moins un autre ſi peu diſpendieux qu'il ne peut
manquer d'avoir toujours la préférence. Je viens de dire que c'étoit depuis peu
d'années ; en effet les deux ſeuls Auteurs qui en ayent parlé, & qui vivent
encore actuellement, le Docteur Lewis, dans ſa *Chimie abrégée de Neumann*,
& M. Dozy dans le Livre des *Secrets & fraudes de la Chimie dévoilés*, diſent
que cette invention eſt toute moderne ; le dernier ajoute que l'huile de vitriol
qu'elle procure ne revient pas à plus de quatre ſols la livre.

Sans vouloir aſſurer ſi c'eſt le Procédé des Anglois qui eſt paſſé en France,
on ſait qu'il s'eſt établi une Manufacture d'huile de vitriol dans un des faux-
bourgs de Rouen. Elle a pour auteur M. Holker, Inſpecteur des Manufactures, & pour protecteur un Miniſtre qui ſe fait gloire de marcher ſur les traces
du grand Colbert. On dit que depuis il s'en eſt établi une à Nantes.

L'huile de vitriol de la Fabrique de Rouen, où l'on travaille auſſi les Eaux-
fortes, non-ſeulement ſouffre la comparaiſon avec celle de l'étranger, mais
encore a mérité la préférence dans l'eſprit de pluſieurs Manufacturiers.

On ſavoit depuis long-temps que le ſoufre n'eſt, pour ainſi dire, qu'une huile
de vitriol rendue concrete par la préſence d'un trente-deuxieme de ſon poids de
matiere phlogiſtiquée ; mais on ſavoit auſſi que ce ſoufre ne ſe décompoſe que
par l'inflammation, & des expériences ſans nombre ſembloient prouver que
cette inflammation ne pouvoit ſe faire qu'à l'air libre ; d'où il réſultoit une dé-
perdition conſidérable de cet acide, à laquelle ſe joignoit l'inconvénient de
vapeurs ſuffocantes, incommodes en proportion que l'opération s'exécutoit plus

en grand. Les Artiftes étoient par conféquent bien éloignés de foupçonner jamais qu'on pût tirer du foufre fon huile de vitriol avec avantage. C'eft cependant ce qu'ont exécuté, avec un fuccès inattendu, les Artiftes Anglois & l'Auteur de la Fabrique de Rouen, fans que je prétende pour cela que le Procédé de M. Holker foit celui indiqué par M. Dozy.

Je vais donner la defcription qu'en a fait ce dernier, avec d'autant plus de confiance que je me fuis affuré de fa valeur par ma propre expérience. Ce fera donc l'expofé de mon travail particulier calqué fur les circonftances du travail des Anglois décrit par M. Dozy, & comparé au travail actuel des Liégeois dont je rends compte dans ce Chapitre.

Il faut fe procurer des ballons de verre de la plus grande capacité poffible, comme de foixante, cent pintes & au-delà. L'Auteur Anglois fait entendre que le tour de main par lequel on fait dans les Verreries ces ballons d'une capacité démefurée eft une chofe de nouvelle invention. Il confifte, ce tour de main, à charger la canne d'une quantité fuffifante de verre, à fouffler d'abord comme l'on fait pour toutes les bouteilles, & enfuite à pouffer par la canne de fer une once ou deux d'eau que le Verrier tient dans fa bouche. Cette eau eft réduite en vapeurs avant d'arriver dans la capacité déja foufflée de la maffe de verre & la grande quantité d'air qui fe forme par ces vapeurs, ou, fi l'on veut, la très-grande dilatation dont eft fufceptible l'eau en vapeurs, réagit fur la maffe molle du verre, la diftend de toutes parts, & lui procure fur le champ une capacité confidérable. On a vu ces années dernieres dans Paris trois de ces ballons dont chacun tenoit près d'un demi-muid; j'ai appris qu'ils avoient paffé dans la Fabrique de Rouen.

On fait faire des efpeces d'efcabelles quarrées en bois bien équarri, d'àplomb & folides, furmontées d'une planche épaiffe, échancrée vers fon milieu d'un trou rond ayant un pied & plus de diametre. On n'attache cette planche fur l'efcabelle que d'un côté par deux charnieres, en forte qu'elle peut fe hauffer & s'abaiffer comme un couvercle. C'eft dans l'échancrure de cette planche que l'on place les grands ballons en ayant foin d'adoucir la tranche du trou & même d'y clouer des morceaux de feutre. Le ballon eft placé de maniere que fon col foit horizontal à la planche & tourné du côté où font les charnieres, ce qui donne la facilité de vuider ce ballon fans y toucher, en foulevant feulement la planche fur laquelle on a eu d'ailleurs la précaution de l'affujétir d'une manière fûre.

Sur les traverfes du bas de l'efcabelle fe pofe une autre planche deftinée à porter un petit fourneau bas, évafé & furmonté d'un large bain de fable qui remonte jufqu'à un doigt près de la planche échancrée. Il eft aifé de fentir que toute la portion du ballon pofée fur cette échancrure fe trouvera plongée dans le fable du bain.

On fe précautionne d'autre part de cuillers de terre bien corroyée & bien

cuite , creufes , larges autant qu'il fe peut pour entrer fans peine dans le col
du ballon. Ces cuillers ont un manche d'une longueur proportionnée à la capacité du ballon , de maniere qu'étant placées , le creux de la cuiller fe trouve
dans le centre. Ce manche eft terminé par un bouchon de la même terre ajufté
fur chaque col des ballons pour les remplir exactement. Pour plus d'exactitude on peut terminer ces bouchons par un rebord plus large que n'eft le diametre du ballon , & garnir dans le travail ce rebord avec un lut gras , ou même de
l'argille détrempée.

Toutes ces chofes étant en état on a fait dans un mortier ou fous une meule
un mélange des plus exacts de quatre parties de foufre fur une de nitre bien pur.
L'Auteur dit un cinquieme , ce qui laiffe du louche. Le cinquieme du foufre
feroit une livre de nitre contre cinq livres de foufre ; fi c'eft la cinquieme
partie du total , c'eft une livre de nitre fur quatre de foufre. Dans mes effais l'une
& l'autre proportion ayant réuffi , je crois devoir indiquer la premiere de ces
deux-ci comme plus économique; mais M. Lewis , abbréviateur de Neumann , en
difant que les ballons Anglois font de la capacité d'un muid , ajoute que fix livres
de nitre , fuffifent pour un quintal de foufre , ce qui fait un peu plus du feizieme.

Le mélange étant bien fait , on en charge une des cuillers en interpofant deux
ou trois lits de filaffe ou étoupes extrêmement minces & même cardées. On a
mis au préalable dans le ballon trois à quatre pintes d'eau , que l'on a chauffée
par le moyen du bain de fable & du petit fourneau pofé fous l'efcabelle. Sitôt
que l'eau eft affez chaude pour répandre des vapeurs dans le ballon & l'en
obfcurcir ; on allume le mélange contenu dans une des cuillers & on la place
promptement dans le ballon , de maniere que fon col foit exactement fermé
par le bouchon ajufté au manche de la cuiller. L'intérieur du ballon eft fur
le champ rempli de vapeurs rouges qui le rendent rutilant comme dans le
Procédé de l'Efprit-de-nitre fumant , & ce phénomene dure autant que la flamme , en forte qu'il fert à indiquer quand il faut changer de cuiller.

A l'aide de ce léger artifice , le foufre qui fe confume réduit la filaffe dans
l'état de charbon ; ce charbon fait détonner le nitre , & ce dernier donne une
nouvelle activité à la combuftion du foufre ; en forte que les Artiftes Anglois
ont tiré parti de deux propriétés contraires remarquées par les Phyficiens entre
le foufre & le nitre. Le premier abforbe beaucoup d'air en fe confumant ,
l'autre en produit beaucoup lorfqu'il détonne ; de là réfulte qu'il s'en trouve toujours affez dans l'intérieur du ballon , quoique bien clos , pour ne pas étouffer
la flamme.

Lorfque la premiere cuiller eft confumée , on en tient une autre toute prête
qu'on lui fubftitue , & ainfi de fuite jufqu'à ce que le ballon fe trouve rempli
à-peu-près à moitié de fa capacité ; alors il faudroit d'une part trop de feu pour
échauffer le fluide , & la capacité vuide du ballon fe trouveroit de l'autre trop
circonfcrite , fi l'on continuoit ; ainfi on tranfvafe le produit qu'il ne s'agit plus

que de déphlegmer s'il en est besoin; car il paroît qu'en Angleterre on n'en prend pas la peine.

Il est inutile de faire observer que chaque ballon doit avoir au moins deux cuillers dont les bouchons soient ajustés à son col. On sent aussi, sans que j'en avertisse, que, malgré les précautions pour éviter les vapeurs sulphureuses, il s'en exhale toujours assez pour exiger que dans un travail en grand le laboratoire soit spacieux, bien ouvert & placé dans un endroit très-isolé, pour ne nuire en aucune sorte aux voisins ni à leurs possessions.

Nous avons parlé dans le Chapitre précédent de la Galere à sable; elle convient supérieurement pour déphlegmer l'huile de vitriol. On emplit de vastes cornues de verre jusqu'aux deux tiers de leur capacité avec la liqueur retirée des ballons; on y ajuste des récipients proportionnés, on les recouvre presque toutes entieres de sable; alors on échauffe peu-à-peu & on pousse le feu par degrés assez fortement pour chasser le phlegme, dont les dernieres portions sur-tout ont de la peine à s'élever. On s'apperçoit qu'il en est sorti assez lorsque les gouttes qui tombent par le col de la cornue sont lentes à tomber & forment un petit sifflement en tombant dans le récipient. On laisse refroidir l'appareil & l'on entonne sur le champ l'huile de vitriol, dont la pesanteur doit être telle qu'une bouteille de pinte en contienne trois livres six à huit onces. On la transporte pour le commerce dans de grosses bouteilles de verre verd, plus larges que hautes, & qui en contiennent quatre-vingt à cent livres. Ces bouteil-font placées dans des paniers d'osier à deux anses & remplis, bourrés même de foin, pour les garantir de fracture & faciliter le transport. On ne laisse passer que le col très-court de ces bouteilles, & on les bouche avec un morceau d'argille mode-lée & cuite, qu'on recouvre d'une forte toile bien ficelée & d'un mastich commun.

Le phlegme qu'on a obtenu durant la rectification, & qui est plus qu'acidule, sert à charger les ballons où l'on doit brûler le soufre, au lieu de l'eau qu'on y a mise à la premiere fois qu'on a travaillé: & voilà pourquoi les Anglois ne rectifient plus.

Tout ce travail, que j'ai exécuté en petit, ainsi que je l'ai dit précédemment, produit trois cents cinquante livres au moins de bonne huile de vitriol commer-çable, pour quatre cents livres de soufre employé. Or le soufre coûtant actuelle-ment dix-sept livres dix sols le quintal, il en faut pour soixante-dix livres; & celui de nitre rafiné des Indes revient à quatre-vingt livres; ajoutons pour la jour-née de deux hommes qui peuvent en vingt-quatre heures employer cette dose, & qui, dès le second jour, peuvent conduire ensemble la combustion du soufre & la déphlegmation de l'acide vitriolique, quatre livres: de plus pour les intérêts jour-naliers des avances nécessaires, douze livres; on a un total de cent soixante & six livres de dépenses, qui produisant trois cents cinquante livres d'huile de vitriol, la rendent à neuf sols cinq deniers & deux tiers la livre. Le prix sera encore moindre si on suit le conseil de Lewis, qui ne demande que vingt-quatre livres

de

de nitre au lieu de cent ; ce qui donne une diminution de trois fols dix deniers par livre, & rend l'huile de vitriol à cinq fols fept deniers & deux tiers la livre. On peut voir que j'ai porté les intérêts bien haut : douze francs par jour font 4680 livres par an, qui à cinq pour cent fuppofent un capital de quatre-vingt-treize mil fix cents livres.

On a effayé de fubftituer aux grands ballons de verre des vafes de terre de Savigny de même volume ; mais on a cru remarquer que l'huile de vitriol contrac-toit dans ces derniers un état alumineux qui en altéroit la vertu pour certaines Manufactures ; il a donc fallu revenir aux ballons de verre ; encore faut-il que le verre foit de l'efpece la plus dure & la mieux recuite.

Les Teinturiers font les plus grands confommateurs d'huile de vitriol, & ce font eux entr'autres qui ont obfervé que l'huile de vitriol de Rouen ne diffol-voit pas l'indigo auffi bien que celle d'Angleterre ; peut-être cela dépendroit-il encore d'un plus grand degré de concentration qu'a cette derniere ; car il arrive quelquefois que la même bouteille qui pleine d'huile de vitriol An-gloife en contient trois livres fix onces, ne puiffe recevoir que trois livres, trois livres une once de celle de Rouen. Cette différence pourroit à la longue nuire à la Fabrique Françoife, puifqu'encore actuellement, malgré les droits affez forts dont on a chargé cette Marchandife venant de l'Etranger, les Fa-briquants préferent de la payer vingt & vingt & un fols la livre, & ne pren-nent pas de celle de France, qui ne leur coûteroit que quatorze à quinze fols.

On verra dans le Chapitre fuivant que nos Diftillateurs pourroient, en imi-tant les Etrangers, traiter leurs Eaux-fortes par l'intermede de l'huile de vitriol, & qu'une pareille Eau-forte n'en ferviroit pas moins au départ & même aux teintures en écarlate, avec une très-légere attention.

J'ai fait en forte, ainfi que je l'ai annoncé, de concilier dans ce Chapitre les récits de MM. Lewis & Dozy avec ce que ma propre expérience a pu me faire connoître, avec ce que j'ai pu apprendre de la Fabrique d'huile de vitriol établie à Liege & enfin avec ce que d'autres Artiftes ont eu occafion de con-noître en vérifiant les Procédés indiqués dans les Auteurs que j'ai cités.

CHAPITRE NEUVIEME.

Observations & Expériences fur les corrections & améliorations économiques & autres, dont est fufceptible l'Art des Eaux-fortes.

LA defcription feche d'un Art ne fuppofe ordinairement qu'une bonne mémoire ou de bons yeux ; mais il n'eft guere poffible que ceux qui ont fait quelques réflexions en vifitant les laboratoires ou atteliers, n'ayent apperçu des abus, des préjugés ou même des défauts d'économie.

L'Art que je décris, exercé par des Artiftes de la claffe de ceux dont j'ai parlé jufqu'à préfent, peut bien être à l'abri de ces obfervations : mais obligés de fe fervir en fous-œuvre d'Ouvriers d'autant plus habiles qu'ils ont exercé plus long-temps leur métier ; ces derniers quittent difficilement leur routine & leurs anciennes opinions. Ils ont par conféquent befoin d'être éclairés dans leur travail, & j'avertis que fi ce Chapitre leur eft particuliérement deftiné, il eft concerté avec plufieurs des Diftillateurs d'Eau-forte.

Eft-il plus avantageux, foit du côté de l'économie, foit pour la bonté de l'efprit qui doit en réfulter, de fe fervir, comme on eft dans l'ufage de le faire, de nitre de la premiere cuite ? ne vaudroit-il pas mieux prendre celui de la troifieme cuite, celui qui eft le plus rafiné ?

Pour réfoudre cette queftion, M. Charlard a bien voulu placer dans quatre cuines d'une de fes Galeres huit livres de ce falpêtre rafiné, pour les faire travailler avec le refte de la fournée, & en comparer les produits à ceux des quatre cuines qui leur correfpondoient. Les unes & les autres avoient reçu la même quantité d'argille, & ces mélanges avoient été humectés par la même quantité d'Eau pure. Les produits furent égaux en poids, mais ils étoient bien différents pour la qualité & la pefanteur fpécifique ; l'Eau-forte ordinaire donnoit dix-huit, & celle des quatre cuines d'expérience donnoit vingt-fix ; ce qui prouve qu'il étoit paffé plus d'acide nitreux proprement dit, & que la même durée de feu, la même confommation de bois fournit, en employant du nitre rafiné, un efprit qu'on peut vendre vingt-fix fols, tandis que le nitre de premiere cuite n'en donne un que dans le prix de dix-huit fols : il faut convenir que l'un & l'autre efprit tourne au blanc.

Mais feroit-ce une économie de fubftituer ce falpêtre qui coûte dix-huit fols la livre à celui de la premiere cuite qui ne coûte que dix fols ?

Pour réfoudre cette feconde queftion il eft aifé de concevoir que la différence ne doit confifter dans la quantité ni du bois, ni de la terre, ni du produit, mais qu'elle roule uniquement fur le prix des deux falpêtres. Le rafiné coûte les 4 cinquiemes de plus que celui de premiere cuite ; & la qualité fupérieure de l'Efprit qu'on obtient eft dans la proportion d'un grand tiers en plus du prix de l'Eau-forte commune : il y a donc de l'avantage , il y a donc du bénéfice à préférer le falpêtre rafiné. Il eft vrai que le Diftillateur ne tire prefqu'aucun produit falin de ce qui refte dans les cuines , & je vais expofer in-ceffamment quelle différence cela peut apporter dans le travail en grand.

Eft-il poffible de trouver encore un moyen plus économique d'obtenir les Eaux-fortes ? M. Dozy , Auteur du Livre des *Secrets & fraudes de la Chimie dévoilés* , nous fournit la réponfe à cette queftion ; & l'expérience que j'en ai faite confirme ce qu'il a écrit.

Sur du falpêtre bien pur il faut verfer la moitié de fon poids d'huile de vitriol , en un mot fuivre à la lettre le troifieme Procédé indiqué dans le Cha-pitre troifieme , en ayant le foin de mettre dans les pots ou récipients le dou-ble du poids du nitre en eau.

L'Efprit-de-nitre fumant au fortir des cuines fe mêle exactement à cette eau , & donne une Eau-forte du prix de vingt-quatre à vingt-fix fols. Or il faut un feu beaucoup moins long pour mener à fa fin une Galere ainfi chargée ; fix heures de temps fuffifent : il y a donc économie du côté du temps ; on met dans chaque cuine plus de deux livres de falpêtre , feconde épargne , puifque le produit obtenu dans le même nombre de cuines eft plus abondant. Il ne faut que demi-livre d'huile de vitriol pour livre de falpêtre , tandis qu'il faut trois livres d'argille féchée & calcinée , dans le Procédé ordinaire. Enfin ce qui refte dans les cuines eft un tartre vitriolé dont la manipulation pour le met-tre dans le commerce n'eft pas coûteufe , ainfi que nous le verrons dans la troifieme Partie , & dont le prix , quelque médiocre qu'on le fuppofe , eft tou-jours fupérieur à celui des fubftances reftantes après la diftillation des Eaux-fortes ordinaires. Tous ces détails font les réfultats d'expériences que j'ai faites en grand dans le laboratoire de M. Charlard.

Il ne refte qu'un inconvénient. J'ai dit dans le quatrieme Chapitre que les Teinturiers ne pouvoient faire ufage des Eaux fortes dans lefquelles il fe trou-voit un peu d'acide vitriolique , parce qu'il noirciffoit les couleurs écarlates. Or nous avons obfervé que le fecond & le troifieme Procédé portoient avec eux cet inconvénient. Il eft jufte cependant de le circonfcrire ; puifqu'il n'a lieu que pour le cas des écarlates , il fuffiroit pour ce cas feulement de purifier l'Eau-forte vitriolée. Car, ainfi que je l'ai déja dit , les Affineurs & autres qui traitent l'or & l'argent dans les pays étrangers non-feulement ne paroiffent pas occupés de ce défaut , mais ils femblent encore imbus du préjugé qu'une Eau-forte doit contenir de l'acide vitriolique , & les anciens Chimiftes attribuoient à cet acide la propriété de développer du nitre un efprit particulier qu'il étoit effentiel , felon eux , de conferver en faifant l'Eau-forte.

Pour y parvenir , Kunckel avoit imaginé un appareil qu'on retrouvera peut-être ici avec plaifir. Il faifoit fon mélange dans une cucurbite de verre placée fur un bain de fable ; le bec du chapiteau dont cette cucurbite étoit recouverte plongeoit par une tubulure dans une cornue à demi pleine d'eau , qui fervoit de premier récipient , & le col de cette cornue entroit dans celui d'un matras allongé. En comparant cet appareil un peu compliqué avec celui que j'ai exécuté chez M. Charlard , on voit que dans l'un & l'autre l'Eau ne fert qu'à fixer & retenir les vapeurs rouges de l'acide nitreux , qui fans cette précaution s'échapperoient & feroient en pure perte pour l'Eau-forte.

En faveur des Teinturiers & de tous ceux qui défireront enlever à l'Eau-forte de ce dernier Procédé l'acide vitriolique qui ne peut manquer d'y être combiné , j'indique avec confiance le moyen donné par M. Pott , tant parce que j'en connois par moi-même la valeur , que parce qu'il n'eft pas difpendieux. Il s'agit de rediftiller cette Eau-forte en mettant dans chaque cuine une demi-livre à-peu-près de nitre bien fec. On prévoit ce qui réfultera. L'acide vitriolique concentré vers la fin de la rectification , réagira fur ce nouveau nitre , & il paffera en place une nouvelle quantité d'Eau-forte. Ce Procédé pourroit à la vérité renchérir d'un fol l'Eau-forte ainfi rectifiée. Je ne propofe au refte ce moyen que pour montrer la poffibilité de purifier à bon compte l'Eau-forte vitriolifée ; car pour ce qui eft de fa propriété de tourner au blanc , plus l'Eau-forte eft régalifée , meilleure elle eft pour le cas unique de nos Teinturiers , & leur confommation pour ce genre de couleur fait une bien foible portion de la confommation totale de l'Eau-forte.

Quoique je n'aye encore parlé qu'en paffant de la nature des produits du travail des Galeres , que je dois examiner dans la troifieme Partie , je vais les mentionner dans le Tableau fuivant ou Devis que je vais expofer en fuppofant une Galere de trente-deux cuines chargée ; 1°, en argille & falpêtre de premiere cuite ; 2°, en argille & falpêtre rafiné ; 3°, en falpêtre rafiné & huile de vitriol.

Premier Devis.

64 liv. Salpêtre à 10 f.		32^{tt}
192 liv. Argille feche formant un fixieme de voiture.		2
$\frac{2}{3}$ de voie de bois.		8
Journée d'Ouvriers.		3
Faux-frais.		6
Dépenfe.		51^{tt}.

Produits.

64 liv. Eau-forte à 18 f.	57^{tt} 12f.	
6 Boiffeaux braife.		12
2 Quintaux ciment lavé.		2
16 liv. Sel marin à 5 f.		4
	64^{tt} 4f.	
Déduction de dépenfe.	51^{tt}	
Profit net.	13^{tt} 4f.	

Second Devis.

64 liv. Salpêtre à 18 f.	57^{tt} 12f.
Bois, argille , journée , frais , comme au 1er Devis.	19
Dépenfe.	76^{tt} 12f.

Produits.

64 liv. Eau-forte à 26 f.	83^{tt} 4f.
Braife.	12
Ciment à Paveurs, deux quintaux non lavé.	3
	86^{tt} 16f.
Déduction de dépenfe.	76^{tt} 12
Profit net.	10^{tt} 4f.

Troifieme Devis.

128 liv. Salpêtre à 18 f.		115^{tt} 4f.
6 $\frac{1}{4}$ livres Huile de vitriol à 10 f.		32
Faux frais, Bois & Ouvriers.		16
Dépenfe.		163^{tt} 4f.

Produits.

160 liv. Eau-forte à 26 f.	208^{tt}	
Braife.		8f.
90 liv. Tartre vitriolé à 5 f.	22	10
	220^{tt} 18 f.	
Déduc. de dépenfes.	163^{tt} 4f.	
Profit net.	57^{tt} 14f.	

On

On obfervera que dans le fecond Devis le profit net devient plus marqué fi l'on établit cette Eau-forte dans le prix de dix-huit fols, en la noyant de vingt-deux livres d'eau ; & que le troifieme Devis donne un profit fi marqué , que quand même il faudroit perdre moitié pour la rectification , le peu de bois , de temps qu'il exige, & la bonté de l'Eau-forte qu'il produit , auroient dû depuis long-temps lui mériter la préférence, ainfi qu'au Procédé fait avec du falpêtre rafiné.

J'ai averti que l'Eau-forte obtenue avec ce falpêtre tournoit un peu au blanc : feroit-il poffible de fe procurer un nitre affez pur pour ne contenir abfolument point de fel marin ? J'effayerai de réfoudre cette queftion dans la troifieme Partie, lorfque je décrirai le travail du cryftal minéral en grand.

On eft dans la perfuafion qu'une argille ne peut pas fervir deux fois , c'eft-à-dire , qu'après avoir été retirée d'une cuine fous la forme de ciment , puis leffivée & féchée, on la mêleroit inutilement avec de nouveau falpêtre ; ce dernier, dit-on, ne feroit pas décompofé. Envain j'ai demandé aux différents Diftillateurs, s'ils en avoient la preuve par leur propre expérience. Aucun ne l'a acquife ; ce qui m'a engagé à prier M. Charlard d'exécuter en grand ce que j'avois déja fait en petit. On peut fe rappeller ce que j'ai dit dans le Chapitre fixieme en difcutant la nature de l'argille & fa maniere d'agir fur le falpêtre, lors de la formation de l'Eau-forte.

Quatre cuines furent en conféquence chargées avec une partie de falpêtre de premiere cuite, & trois parties de ciment bien lavé & bien defféché ; elles ont été placées au milieu d'autres cuines dans la même Galere , & l'on a fuivi pour le travail de la Galere tout ce qui eft d'ufage & décrit dans le troifieme Chapitre ; en dépotant, nous avons trouvé pour quatre livres de falpêtre deux livres & demie d'Eau-forte qui tournoit à peine au blanc & qui donnoit vingt-trois au pefe-liqueur de M. Azema ; ce qui fait cinq degrés de plus en force , ou près d'un tiers de plus pour fon prix, que l'Eau-forte des autres cuines, & une livre & demie ou les trois huitiemes, de produit de moins.

Le plus grand abus qui fe commette dans le débit des Eaux-fortes, confifte à les étendre dans plus d'eau qu'il ne leur convient , à deffein de les affoiblir en bonté, & non pas en prix; cet abus ne fe pratique que par ceux qui la revendent en détail ; il feroit affez difficile d'indiquer, outre le pefe-liqueur qu'il n'eft pas poffible d'employer dans ce cas, d'autres précautions pour s'en garantir que d'acheter toujours les Eaux-fortes chez ceux qui les fabriquent.

Puifque je parle d'abus, je dois faire mention d'un dont les Diftillateurs font les caufes involontaires. J'ai annoncé que le *fecret* des Chapeliers étoit une diffolution d'une once de mercure dans une livre d'Eau-forte , & que les Diftillateurs leur tenoient tout préparé ce prétendu fecret. Un Fabriquant de Chapeaux , auffi recommandable par fa probité que par fon humanité, M. Châtelain, m'a fait part à ce fujet de deux remarques importantes que je communique avec empreſſement. La plupart des Ouvriers , ceux qui coupent le poil , comme ceux qui fecretent les peaux , & même les Fouleurs qui doivent feutrer , font ſujets à des tremblements de membres qui ſe terminent par des paralyſies in-curables, & ces maladies ne font connues parmi les Chapeliers que depuis qu'on fait uſage de mercure dans les Fabriques. La feconde obſervation eſt que l'Eau-forte toute ſimple & fans aucun mélange ni de mercure ni de ce qu'ils appel-lent *la Ptiſanne* , étendue ſeulement dans une quantité ſuffiſante d'eau pour mo-difier ſon action , a toujours ſuffi à ce Fabriquant ainſi qu'à ſon pere pour ſecre-ter les peaux. Pourquoi donc ajouter à cette liqueur active , mais incapable d'altérer la ſanté de ceux qui l'employent avec précaution , un ſuperflu dan-gereux & capable de priver des Ouvriers du moyen unique qu'ils ayent de gagner leur vie , & de ſoutenir une famille ſouvent nombreuſe & preſque toujours indigente ?

Fin de la premiere Partie.

SECONDE PARTIE.

De la Préparation en grand des Produits Chimiques, fluides.

CHAPITRE PREMIER.

Des Laboratoire, Alambics & uftenfiles propres à la Diftillation en grand.

Le laboratoire deftiné aux opérations dont nous allons être occupés dans cette feconde Partie, ne peut abfolument pas être le même que celui où l'on traite les Efprits acides. Il regne dans ce dernier à l'inftant du dépotement ou verfement des liqueurs dans les Touris, une atmofphere qui corroderoit infenfiblement les vaiffeaux de cuivre ou d'étain. On choifit donc un emplacement qui fera fuffifamment grand, lorfqu'il aura à-peu-près le double de profondeur que l'efpace occupé par les fourneaux qu'on doit y conftruire. Autant qu'il eft poffible on s'arrange de maniere que le grand jour vienne en face de la cheminée, en tenant la face du laboratoire prefque toute ouverte & garnie de vitres. Cette cheminée peut avoir plufieurs tuyaux, fi par hazard on a la facilité de les conftruire ; mais à la rigueur un feul fuffit, pourvu qu'il foit large & bien percé. La portion qui dans les cheminées ordinaires fe nomme le *manteau* doit occuper toute la longueur de l'efpace dans lequel feront conftruits les fourneaux ; on lui donne la forme d'une hotte renverfée, & on la tient affez élevée pour que l'Artifte puiffe paffer à l'aife deffous ; pourvu toutefois que fa bafe faffe une bande large & plate dont on va connoître l'utilité. Au refte, cette conftruction eft l'affaire du Maçon, qui doit favoir comment conftruire avec folidité & légéreté ces fortes de manteaux.

Il n'eft pas auffi indifférent de le laiffer le maître de la conftruction des fourneaux ; l'Artifte feul doit donner les proportions & même furveiller le Maçon durant fa bâtiffe ; ce dernier trop fouvent accoutumé à une routine, a bien de la peine à s'en écarter.

La bafe ou rebord du manteau de la cheminée eft garnie d'une planche large, & le long de la hotte renverfée on en établit d'autres en forme d'amphithéâtre, dont les unes font pleines, les autres percées de plufieurs trous & toutes garnies d'un rebord fur le devant. Ces planches fervent à placer les différents vaiffeaux de verre dont l'Artifte pourra avoir befoin dans fon travail ; ils font à la vue, & ajoutent à la décoration de la cheminée l'avantage de pouvoir choisir ceux qui conviennent, sans déranger les autres, & de les remettre en place avec la même commodité : en face de la cheminée au bas des fenêtres d'où vient le jour, on établit une table longue & solide qui sert à placer les produits & autres ustensiles actuellement de service, comme terrines pleines de sels à crystalliser, bouteilles pleines de liqueur distillée, évaporatoires, &c.

Plusieurs des opérations dont je traiterai dans la troisieme Partie, s'exécutant dans un pareil laboratoire, je vais décrire de suite ce qui concerne la construction de tous les fourneaux qu'on a coutume d'établir sous la cheminée. Dans les travaux en grand on se sert rarement de fourneaux portatifs ; & dans le cas où l'on s'en serviroit, on les achete chez le Potier Fournaliste, dont l'Art vient d'être publié par les soins infatigables de M. Duhamel ; il est seulement essentiel de recommander au Fournaliste de les cercler avec des bandes de tôle, d'un pouce de large, & non avec ces brins de fil d'archal que le plus petit accident brise ou détruit. On place les fourneaux portatifs de petit volume, sur la table du laboratoire, & ceux qui sont plus vastes ou qui doivent souffrir une chaleur plus vive, se dressent sous la cheminée sur les fourneaux à demeure dont on couvre les ouvertures avec une forte planche.

Sur le sol & au-dessous du manteau de la cheminée, on établit un massif en briques posées de champ d'un demi-pied à-peu-près de haut, & on le fait dépasser d'un bon pied en avant de la cheminée. Ce massif se nomme la *Paillasse* ; on fait recrépir le mur qui sert de cœur à la cheminée en plâtre fin pour y tracer les hauteurs & traits des différents fourneaux qu'on se propose d'y élever. Je suppose que ces fourneaux sont 1°, un double fourneau à alambic ; 2°, un fourneau à bain de sable ; 3°, deux fourneaux destinés l'un à recevoir des bassines ou chaudieres, & l'autre qui contient une marmite de fer cimentée à demeure ; 4°, un fourneau de fusion ; 5°, un fourneau de forge.

On observera d'abord que tous ces fourneaux, excepté les deux derniers, sont construits pour être chauffés en bois & non en charbon ; qu'ils doivent être tous alignés pour être d'une même hauteur ; ce qui suppose dans la bâtisse que ceux dont les proportions seroient d'une moindre élévation sont construits sur un massif qui les tient tous au même niveau, ou bien que le surplus de leur hauteur, à prendre depuis la paillasse, est voûté pour servir à placer le bois, le charbon, pinces & autres ustensiles grossiers du laboratoire.

Fourneaux pour les Alambics.

AFIN de donner des proportions justes sur cet article, il faut convenir d'un volume déterminé ; ainsi supposons aux alambics une capacité de cent pintes, ils auront quatorze pouces de diametre & quinze pouces au plus de hauteur, & il s'agit d'en placer deux. On éleve donc sur la paillasse trois murs paralleles depuis le cœur jusqu'au devant de la cheminée. Celui du milieu a trois fois

l'épaisseur

l'épaiffeur des deux autres ; or les deux ayant chacun l'épaiffeur de deux briques , celui du milieu a celle de cinq à fix briques au moins. On les tient
éloignés l'un de l'autre de quatorze pouces , qui eft la proportion du diametre
des alambics. Du côté du cœur de la cheminée on établit pareillement un mur de
briques auquel on ne donne , fi l'on veut , qu'une brique & demie d'épaiffeur ;
le mur de face a comme les deux murs latéraux deux briques d'épaiffeur ; ces
épaiffeurs jointes aux diametres des deux alambics qui doivent y être placés ,
déterminent la longueur & largeur du quarré long que ces deux fourneaux enfemble doivent former. On éleve le tout en plein jufqu'à la hauteur de fix pouces , à l'exception du mur de face , dans le milieu duquel on laiffe un efpace
vuide de quatre pouces de large fur cinq de haut ; ce quarré vuide eft rempli
par un cadre ou chaffis de fer garni de fa porte de tôle ; ce chaffis eft fcellé
dans la bâtiffe par quatre à fix pates de fer qui y font clouées.

A la hauteur de fix pouces , on place tranfverfalement des barres de fer d'un
demi-pouce d'équarriffage & qu'on tient diftantes de quatre à cinq lignes en
les plaçant fur leurs angles & non fur leurs faces ; d'autres Artiftes font faire
exprès une feule & même grille qui pofe à cette hauteur fur des portions
de briques qu'on fait faillir à ce deffein. Cette derniere méthode a le même
avantage que celle des chaffis de fer dont nous parlions à l'article de la conftruction des Galeres.

On continue d'élever les murs à la hauteur de cinq à fix pouces , & l'on
ménage pareillement fur le mur de devant une ouverture quarrée de quatre
pouces en tout fens , qu'on garnit d'un chaffis avec fa porte de tôle. On fcelle
le chaffis de maniere que fa bafe foit de niveau avec la grille.

Parvenu à cette hauteur de cinq pouces , on fcelle deux fortes barres qui
partagent le diametre intérieur en trois parties à-peu-près égales. C'eft fur ces
barres que doit pofer la bafe de l'alambic. D'autres Conftructeurs au lieu de
barres ménagent un rebord d'un pouce faillant en briques pour recevoir l'a-
lambic qui y pofe dans toute fa circonférence ; ils prétendent que l'alambic lui-
même eft moins fatigué dans cet appareil ; dans ce cas on a le foin de commencer le foupirail dont je vais parler dès la hauteur de la grille. Il en eft d'autres
encore qui ne placent ni barre de fer ni rebord en briques ; l'alambic dans
cette derniere conftruction pofe uniquement par fon collet fur le cercle de
fer qui termine le diametre intérieur du fourneau. Pour les très-grands alambics , tels que celui de l'Hôtel-Dieu de Paris , qui débite un demi-muid ou
deux cents cinquante pintes d'eau par jour , & dont le chapiteau ne peut fe lever qu'à l'aide d'un levier , le corps de l'alambic eft garni de diftance en diftance d'oreilles fortes & larges par lefquelles il eft maintenu dans le corps du
fourneau , qui , foit dit en paffant , n'a point de cendrier.

Revenons à notre premiere conftruction. On éleve encore le fourneau de
douze pouces ou un pied toujours dans les mêmes proportions. A cette hauteur

on s'eft pourvû d'un cercle de fer qui embraffe exactement l'alambic au défaut de fon collet, & on le fcelle en recouvrant le fourneau de maniere qu'il n'y ait d'ouverture que celle que laiffe ce cercle de fer ; mais à mefure que l'on bâtit d'à-plomb pour l'extérieur on ménage en dedans œuvre une voûte douce qui fait que de quarré qu'étoit l'intérieur du fourneau depuis la paillaffe juf-qu'aux barres tranfverfales, il fe trouve à cette hauteur prendre une forme ronde & fe rétrecir vers le cercle qui détermine cette rondeur.

Vers un des angles du fourneau, prefqu'au niveau des barres tranfverfales, on ménage obliquement un foupirail qui vient s'ouvrir fur le fourneau, & qu'on termine par un tuyau de poële, dont le diametre doit être proportionné à celui de la porte du cendrier, fans quoi l'on feroit infecté de la fumée du bois qui doit brûler quand les fourneaux travaillent ; car on ne doit pas oublier qu'il s'agit de deux fourneaux qu'on éleve enfemble, & que ce que j'ai dit pour un doit s'entendre de tous les deux.

On acheve de revêtir l'extérieur de ces fourneaux avec du plâtre fin, & le deffus avec des carreaux à carreler. On donne ordinairement plus de folidité à ces fourneaux en plaçant de diftance en diftance de bas en haut des bandes de fer d'un pouce de large & de deux lignes d'épaiffeur que l'on affujettit avec deux cercles ou bandes pareilles qui, fcellées horizontalement, prennent l'une au niveau du deffus de chaque fourneau & l'autre entre les deux portes du mur de face.

En conftruifant le mur du milieu celui qui fépare les deux fourneaux & dont l'épaiffeur eft confidérable, on l'arrondit fur fa face de maniere à former une niche deftinée à recevoir le ferpentin latéral dont je parlerai inceffamment.

On eft dans l'ufage d'appeller *cendrier* l'efpace d'un fourneau quelconque qui prend depuis le fol jufqu'à la *grille* ; on nomme *foyer* l'efpace contenu entre la grille & les deux barres tranfverfales, parce que c'eft le lieu où l'on place la matiere combuftible ; enfin le *laboratoire* eft l'efpace voûté du four-neau dans lequel doit plonger le ventre de l'alambic ; & quelle que foit l'efpece de fourneau, le lieu qui contient le vafe, creufet, marmite, baffine, &c. dans lequel eft la matiere que l'on veut travailler, ce lieu conferve le nom de *laboratoire*, (*ergaftulum*,) en changeant quelquefois de fituation, & fe confon-dant même avec le foyer comme dans les fourneaux de fufion. Comme dans la conftruction particuliere que nous donnons, le fourneau eft double, on fait en forte que les deux foupiraux fortent chacun par l'angle poftérieur & le plus près du mur du milieu, parce qu'on les fait rendre plus aifément à une feule & même embouchure fur laquelle on place le tuyau de tôle.

Le choix des briques n'eft pas chofe indifférente pour un Artifte économe & intelligent ; il préfére avec raifon les briques provenantes de la démolition d'anciens fourneaux, parce qu'étant plus cuites & privées de toute humidité elles durent davantage ; à leur défaut, on choifit les briques de Bourgogne. Ce ne feroit peut-être pas une dépenfe fuperflue , quoique confidérable , d'imiter les Entrepreneurs des grands ateliers , comme de Forges , de Verreries , &c. qui font dans l'ufage de faire faire par leurs propres Ouvriers le mélange de bonne argille , & de la même terre déja recuite , qu'on fait cuire de nouveau , pour la paîtrir avec de nouvelle argille , on répete cette préparation jufqu'à fept fois pour former enfin leurs briques , dont la durée & la réfiftance aux feux les plus violents exigeant moins de reconftruction, dédommagent bien de cette premiere main-d'œuvre. Les Fournaliftes de Paris fabriquent à la vérité des briques pour les fourneaux de nos Diftillateurs ; mais elles n'ont fouvent que l'élégance extérieure de la forme , & font d'une pâte groffiere & peu confiftante.

Pour unir les briques on met entr'elles le moins poffible de terre à four détrempée en pâte bien liquide. Le plâtre fe brûlant bien-tôt n'y vaut abfolument rien ; il ne fert qu'à revêtir les dehors , auxquels on donne un air de brique , en les peignant avec de l'ochre rouge ou jaune , & traçant des lignes blanches , qui figurent la pofe des briques les unes fur les autres. La terre à four elle-même n'eft pas préférable à un bon ciment de chaux & fable qui feroit bien corroyé ; mais il faudroit laiffer un fourneau conftruit ainfi pendant trois mois fans le faire travailler , pour donner au ciment le temps de prendre corps ; c'eft ce qui fait que la plûpart font bâtis à l'argille détrempée.

Fourneau à Bain de Sable.

C e fourneau n'eft , à bien dire , qu'une Galere d'une très-petite dimenfion ; il peut même à la rigueur fe paffer comme elle de cendrier , & n'être garni que d'une petite chevrette pour placer le bois. Cette obfervation convient auffi à tous nos autres fourneaux qui ne doivent chauffer qu'au bois ; on prétend même que de cette façon ils font plus économiques.

On ne donne ordinairement au fourneau à fable que l'épaiffeur d'une brique à fes quatre murs , & un tiers de moins de largeur que n'en ont les fourneaux précédents , c'eft-à-dire , qu'il a dix pouces de large fur dix-fept à dix-huit pouces de profondeur , ce qui donne la forme d'un quarré long dont le petit côté eft fur le devant. On ne donne que quatre pouces de haut à fon cendrier & cinq à fix à fon foyer ; ces deux parties font féparées par une grille longue dont les barreaux font efpacés à quatre lignes de diftance ; il importe peu que ces barreaux foient en travers ou dans la longueur ; le cendrier & le foyer ont chacun une porte proportionnée en tôle , & montée fur fon chaffis.

Le bain proprement dit confifte en une forte tôle , plus longue & plus large que la capacité du fourneau , afin de pouvoir en relever les bords , & on l'établit de cette maniere. On trace fur la tôle un quarré long qui en occupe le milieu dans les mêmes proportions du diametre du fourneau ; cela fait , on coupe les bords vis-à-vis chaque angle de ce quarré jufqu'au point de réunion des deux lignes tracées qui forment cet angle ; les quatre coupes faites on ploye la tôle à coups de marteau en fuivant les lignes tracées ; & quand les bords ainfi ployés font rapprochés de maniere à former une efpece de boîte, on la pofe fur le fourneau en l'y enfonçant jufqu'à quatre pouces à-peu-près ; le furplus des bords eft de nouveau reployé en fens contraire pour former un rebord qui pofe extérieurement fur les briques ; enfin on acheve de garnir le deffus du fourneau avec un rang de briques, ou des carreaux à carreler.

L'avantage de cette méthode de conftruire le bain de fable. eft aifé à fentir : lorfque la tôle eft détruite à force de fervir, il n'y a qu'un rang de briques à enlever pour ôter toute la boîte de tôle & en replacer une autre. Cependant quelques Artiftes préferent encore la conftruction fuivante. A la hauteur de cinq pouces qui forment le foyer on établit intérieurement une faillie de briques de deux pouces environ, fur laquelle on pofe fans l'affujettir une plaque de fer fondu de la dimenfion requife. On la tient feulement plus courte & moins large d'un pouce, pour éviter un effet dont fe font apperçu les Artiftes.

Le premier effet de la chaleur eft, comme on fait, de dilater tous les corps ; les métaux & le fer entr'autres d'une maniere plus énergique. Si la plaque de fer étoit juftement de la dimenfion du fourneau, lorfqu'on l'échaufferoit, elle ne manqueroit pas en fe dilatant de pouffer les briques, & par conféquent de détruire la bâtiffe. En la tenant plus étroite, l'effet de la dilatation ne trouve aucun obftacle & n'a rien à repouffer ni à renverfer.

J'ai vu dans le laboratoire de M. Léguillé, au fauxbourg S. Martin, deux très-grands fourneaux à bain de fable, dont le bain eft fait avec un plancher de briques taillées en bifeau fur les côtés, pour s'agencer & fe foutenir mutuellement en forme de voûte plate. Le premier rang tient dans l'épaiffeur des murs du fourneau de maniere à faillir du tiers de leur largeur, & elles fervent d'appui à tout le refte de la voûte. M. Léguillé qui eft l'Auteur de cette efpece de bain de fable, trouve que fon plancher n'eft pas trop épais, & vaut mieux que tout autre fait avec du fer ; ce dernier fe détruit & dégrade le fourneau plus ou moins vîte.

Je n'infifterai pas ici ni par la fuite fur le befoin de portes de tôle, & d'un foupirail, parce que c'eft une chofe effentielle à tous les fourneaux, & que leurs dimenfions, leur pofition, fe comprennent aifément par le détail de chaque efpece de fourneau.

L'expérience a démontré aux Diftillateurs qu'avec un fourneau à bain de fable conftruit dans les proportions que je viens de décrire, on fait avec un dixieme de voie de bois autant de befogne qu'on en feroit avec une voie de charbon ; ce qui fait une économie de plus de moitié dans la dépenfe, fans compter celle du temps, la flamme du bois chauffant bien plus énergiquement que le charbon.

Quelques

Quelques opérations dont je parlerai dans la troisieme Partie s'exécutent en Angleterre dans des especes de marmites de fer, plus profondes que larges, posées sur le fourneau par un rebord. Les Anglois nomment ces bains des *Pots à able*. Ils y trouvent la facilité d'ensabler profondément les vaisseaux sublimatoires; mais nos marmites de fonte placées à demeure, nos bains de sable un peu profonds, ont le même avantage que ces pots à sable, qui ne paroissent commodes que pour quelqu'objet de petit volume, & dans ce cas le premier creuset large & bas fait l'affaire.

Afin de n'y pas revenir dans la description d'opérations qui s'exécutent dans le fourneau à bain de sable, j'observerai ici qu'on préfere pour charger le bain, une espece de sable connue sous le nom de *Sablon d'Etampes*; mais qu'en général tout sable fin & d'un grain uni, quel qu'il soit, peut servir, pourvu qu'on ait la précaution de le faire rougir avant de s'en servir la premiere fois. Le sable est sujet à tenir des grains de la nature du caillou qui s'éclatant fortement seroient dangereux pour les vaisseaux de verre qu'on y place. Une fois rougis, ces cailloux ont fait leur effet, & les vaisseaux ne sont plus en danger d'en être maltraités.

Fourneaux à Bassine.

On construit ordinairement deux fourneaux à-peu-près pareils à côté l'un de l'autre. Quelquefois on se dispense de leur donner un *cendrier*; mais il est mieux d'en faire un qui même ait le double de hauteur. Ainsi on donne douze pouces de hauteur au cendrier, & six pouces au foyer; le reste du fourneau est élevé de cinq pouces & circulairement, de maniere à faire pour l'un des deux une espece d'évasement de seize à dix-sept pouces de diametre terminé par un cercle de fer garni de trois oreilles sur lesquelles doivent poser les marmites & bassines; les oreilles sont placées quelquefois sur le bord extérieur du cercle en saillant au-dessus du fourneau, d'autres fois elles sont arrangées de haut en bas en s'avançant vers le centre & le foyer du fourneau. Quelques Artistes se contentent de ménager sur la circonférence qu'occuperoit le cercle de fer, trois espaces placés à des distances égales, de deux pouces de longueur & d'un pouce & demi de largeur qui viennent se perdre dans l'intérieur du fourneau, & font, lorsque la bassine est placée, autant de petits soupiraux, qui dispensent de faire un soupirail ou cheminée pareil à ceux des autres fourneaux, & dont à la rigueur on se passe dans l'espece que je décris. Un de ces fourneaux n'a qu'un cercle de fer sans oreille & sert principalement à placer l'appareil dont j'ai parlé en décrivant le troisieme Procédé pour faire l'Esprit-de-nitre. Ce fourneau garni de la piece de terre & du dôme que j'ai décrits alors, fait un vrai *Fourneau de Réverbere*, dont les usages sont assez nombreux pour mériter d'être remarqués ici.

Les autres services qu'on tire de nos deux fourneaux à bassine, sont de recevoir, les marmites, chaudieres, bassines, qui posent sur le cercle de fer ou plongent dans le fourneau jusqu'au tiers de leur hauteur ; comme ces marmites, &c, ne sont pas toutes d'une égale capacité, on a des triangles de fer de différente grandeur, pourvu que leurs oreilles puissent poser sur le rebord intérieur du fourneau, & on choisit dans l'occasion celui qui convient à la grandeur du vase qu'on veut faire travailler.

A côté de ceux-ci on construit un autre fourneau, qui leur ressemble en tout, & dont le laboratoire est rempli par une marmite de fer, enchassée par ses oreilles, & cimentée à demeure dans le fourneau. Comme cette marmite est particuliérement destinée à la fonte du salpêtre, on prend toutes les précautions possibles pour éviter qu'il ne vienne à y tomber, lorsque le feu est allumé, la plus petite étincelle. Cette marmite peut néanmoins servir au besoin, pour distiller au bain de sable, pour faire quelques sublimations, ou même pour évaporer des liqueurs chargées de sel, &c.

Fourneaux de fusion & de forge.

COMME les deux fourneaux dont il s'agira ici, ne chauffent jamais au bois, & que d'autre part ils doivent être construits de maniere à pouvoir donner la chaleur la plus vive ; on pourra y remarquer une différence notable, par la description que je vais en faire.

Les fourneaux qui vont au bois ont un cendrier plus petit que n'est le foyer, & n'en ont même pas toujours ; les fourneaux à charbons ont le foyer plus petit que n'est leur cendrier. La raison de cette différence tient à la matiere du chauffage. Le bois en chauffant darde une flamme d'autant plus vive que les fluides qu'il conserve toujours sont plus vivement réduits en vapeurs ; il n'a par conséquent besoin de l'air extérieur que pour aider seulement la flamme à s'entretenir & pousser les fumées par le soupirail ou cheminée. Cette flamme frappe les corps qui sont exposés à son action avec une énergie comparable à sa vivacité plus qu'à sa masse. Les charbons au contraire ne chauffent que par leur masse ; & pouvant se consumer sans flamme, ils ont besoin d'un courant d'air, tant pour demeurer incandescents que pour communiquer leur chaleur aux corps qu'ils environnent. Ce courant d'air, plus il est actif, plus il porte d'humidité qui fait naître la flamme & augmente la chaleur. Or rien n'est plus propre à procurer ces avantages que les vastes cendriers ; ils nuiroient au contraire à la combustion du bois en lui donnant occasion de se détruire trop vîte, & à la flamme celle de porter peut-être son activité au delà du corps sur lequel elle doit agir.

Un fourneau de fusion est une espece de tour quarrée dont chaque mur a l'épaisseur de deux briques. On lui donne dans œuvre de huit à seize pouces de diametre, & il porte dans la supposition du laboratoire que nous décrivons, deux pieds de haut ; la grille ne se pose qu'à la hauteur de quinze pouces,

& les neuf pouces reftants forment le foyer. Le cendrier a fur le mur de devant une ouverture ou fente d'un quart de brique de largeur, & de dix à douze pouces de hauteur. Quelques Artiftes conftruifent cette ouverture plus large en dehors qu'en dedans, enforte qu'elle reffemble affez bien aux fenêtres des fortereffes. D'autres font vers le bas du fourneau & fur un des murs latéraux un trou en forme d'entonnoir, auquel on ajufte des tuyaux de poële rampants & qui vont rendre hors du laboratoire, quelquefois dans une cave : cet artifice donne un courant d'air très-vif lorfque le fourneau travaille; mais il faut avoir foin de murer l'ouverture du cendrier. La bâtiffe de ce fourneau a fur-tout befoin d'être maintenue par des cercles de fer. On forme la grille avec des barreaux d'un quart de pouce d'équarriffage, & efpacés d'un bon demi-pouce, afin que les cendres, le menu charbon ou braifil ne mettent aucun obftacle au courant d'air. Depuis la grille jufqu'à la plate-forme du fourneau on fait en forte que l'intérieur du fourneau foit arrondi, & même que cet arrondiffement ait la forme d'une portion d'ellipfe, afin qu'avec le dôme mobile qui a une figure pareille, tout l'efpace où doit brûler le charbon ait une figure ovoïde.

Si l'on ne fe foucie pas de fe fervir de dômes mobiles qu'on trouve tous faits chez les Potiers Fournaliftes, & dont les dimenfions font déterminées par celles du foyer du fourneau, on acheve de conftruire une brique d'épaiffeur autour du cercle de fer qui en détermine le diametre; le mur du fond eft d'à-plomb, mais en diminuant infenfiblement de largeur jufqu'à n'avoir plus que celle d'une demi-brique : les deux murs latéraux fe conftruifent de maniere à venir rejoindre cette demi-brique à angle droit; & enfin le mur de face, après s'être élevé d'à-plomb, fe continue fur les deux murs latéraux pour fe terminer avec eux & à la même hauteur par une demi-brique, ce qui forme un trou quarré de quatre pouces environ de diametre. A l'endroit où les murs en queftion s'éloignent de l'à-plomb, on les maintient par une forte bande de tôle, & le mur de face ne s'établit qu'après avoir placé un câdre garni de fa porte de tôle, câdre qui porte les deux tiers de la largeur de ce mur & toute la hauteur de l'à-plomb. Quelquefois on commence la pente douce des deux murs latéraux dès leur bafe, & par cette conftruction le mur de face ainfi que fon cadre fe trouvent pofés en pupitre. Comme la porte de tôle de ce cadre eft très-expofée à être tourmentée par la chaleur, on la conftruit ordinairement avec des rebords rentrants d'un bon pouce, & on garnit l'efpece de boîte que forment ces rebords avec de l'argille, & de la brique pilée, dont on fait une pâte qui donne à la porte elle-même un pouce d'épaiffeur. Il eft inutile d'avertir que c'eft par cette porte qu'on introduit le charbon, qu'on place les creufets, qu'on y verfe les mélanges qu'on veut traiter par la fufion, parce que c'eft chofe généralement connue, ainfi que la précaution de placer les creufets fur des efpeces de valets de terre cuite, appellés des *fromages*, & de les couvrir de couvercles faciles à enlever avec les pinces. La forme, la matiere, le choix de ces inſtruments de Chimie ſont du reſſort de l'Académicien reſpectable qui a publié l'Art du Potier Fournaliſte.

Quant au fourneau de forge, ſa bonté dépend de ſon ſoufflet; car rien n'eſt plus ſimple que ſa conſtruction. Sur un maſſif quelconque, qu'on ne conſtruit pas en plein, mais avec une voûte comme ſont tous nos fourneaux de cuiſine; ſur ce maſſif, dis-je, plus long que large, on établit à un de ſes côtés un contre-cœur ſolide, d'un pied de haut & de quatre à ſix pouces d'épaiſſeur, en briques bien recuites, ou garni d'une forte plaque de fer fondu. Cette plaque eſt trouée ou échancrée à un pouce & demi au-deſſus du niveau du maſſif dans ce contre-cœur, & par ce trou paſſe un canal long & étroit connu généralement ſous le nom de *Tuyere*, dont le diametre dépend de la capacité du ſoufflet. Cette tuyere ou tient immédiatement à ce qu'on appelle le *nez* du ſoufflet, ou n'y communique que par un tuyau de même diametre qu'elle, coudé ſuivant les circonſtances, & dont il eſt eſſentiel ſeulement d'arrondir les coudes & non pas de les tenir à angles aigus ou droits, comme ſont la plûpart des Placeurs de ſoufflets de forge.

La capacité du ſoufflet n'eſt pas indifférente; plus il eſt grand, plus il donne de vie à la flamme, & ſon effet tient à ce que nous diſions de la maniere dont le charbon chauffe & donne de la flamme. Peut-être eſt-ce le ſeul moyen de produire la chaleur artificielle la plus vive; toujours eſt-il certain que pour les effets il n'y a pas de comparaiſon entre un fourneau de Verrerie, par exemple, ou de Faïencerie ou même de Porcelaine, qui chauffent exceſſivement, & une forge animée par quatre vaſtes ſoufflets; on ſondra à cette forge des choſes que le feu de Porcelaine n'aura pas même amollies.

Pour ce qui eſt de la conſtruction du ſoufflet, on en connoît de deux ſortes: l'un eſt connu ſous le nom de *ſoufflet à deux vents*; il eſt en bois léger, de forme d'un quarré long, compoſé de feuillets liés enſemble par des peaux très-minces, & de trois planches, dont une, c'eſt celle du milieu, eſt immobile, garnies d'une ſoupape & du bout dormant d'un reſſort; les deux autres ſont mobiles, la ſupérieure ſans ſoupape reçoit le bout élaſtique du reſſort qui la fait tendre à ſe lever, & l'inférieure n'a point de reſſort, mais une ſoupape. Au reſte une plus longue deſcription anticiperoit ſur l'Art du Boiſſelier, Art trop intéreſſant pour ne pas mériter ſa place parmi ceux que l'Académie publiera. La ſeconde eſpece de ſoufflet, plus connue des Maréchaux & autres Ouvriers en fer, ſe nomme *la Vache*; il eſt rare qu'on s'en ſerve dans les laboratoires de nos Diſtillateurs.

On place le ſoufflet au haut du laboratoire, & on l'aſſujétit par ſa planche immobile; on établit au-deſſus une baſcule dont la branche la plus courte eſt attachée par une chaîne à la planche mobile inférieure, qu'on charge d'ailleurs d'un petit poids pour faciliter le travail du Souffleur. A la branche la plus longue pend une autre chaîne terminée par un étrier ou une poignée, que ſaiſit

celui

celui qui fait agir le foufflet. La planche mobile fupérieure du foufflet eft chargée de poids qui faffent une réfiftance proportionnée à l'action de l'air qui s'y
infinue, & concourt au jeu alternatif de la machine, d'où naît le fouffle continuel
qui en fort. L'énergie de ce fouffle dépend du diametre de la tuyere, de la
capacité du foufflet & de la compenfation de fa charge avec l'élafticité du
reffort.

Les chofes en place, on a des pieces de terre cuite demi-circulaires, d'é-
paiffeurs & de diametres différents, qu'on nomme *fer à cheval*, parce qu'en effet
ils en ont la figure. On place vis-à-vis de la tuyere celui qui convient au volume du creufet qu'on veut chauffer, & voilà le fourneau de forge conftruit; il
ne s'agit plus que de placer le creufet, de l'environer de charbons qu'on allume,
& de faire mouvoir le foufflet.

Les Artiftes économes ne manquent pas de fe procurer de ces *fers à cheval*
en fer, ceux de terre cuite font trop fujets à fe brifer.

Comme je me fuis fort étendu fur les détails de conftruction, pour le premier fourneau dont j'ai parlé; j'ai évité les répétitions, en fupprimant pour les
fuivants les mêmes inftructions détaillées.

On doit fe fouvenir que j'ai fuppofé un laboratoire en grand, dans lequel
deux perfonnes peuvent être occupées journellement; j'ajoute que j'ai pris pour
les fourneaux une dimenfion moyenne. Avec le nombre de fourneaux que je
viens de décrire, un Diftillateur eft en état d'exécuter non-feulement les opérations qui vont être expofées dans cette feconde Partie, mais encore plufieurs
de celles dont il fera queftion dans la troifieme.

Des Alambics.

Les vaiffeaux ou inftruments les plus effentiels pour les travaux qui font
l'objet dont nous devons nous occuper dans cette Partie, font l'alambic & le
ferpentin, auxquels il faut ajouter d'autres inftruments moins confidérables dont
je parlerai à mefure que l'occafion s'en préfentera.

Je crois inutile de remonter à l'origine de l'alambic; je difcuterai encore
moins fi la forme moderne qu'on lui donne eft ou n'eft pas une imitation des
Arabes, parce qu'il faudroit diminuer des prétentions de ceux qui paroiffent ja-
loux de paffer pour en être les inventeurs. L'alambic moderne eft compofé de
quatre pieces effentielles. La premiere eft une cuve de cuivre étamé qui, contenant cent pintes, doit avoir quatorze pouces de diametre à fon fond, & autant
de hauteur depuis ce fond jufqu'à fon orifice. La piece va en s'élargiffant jufqu'aux trois quarts de cette hauteur. Là elle eft bombée de maniere à faire un
rebord faillant terminé par un cercle de cuivre jaune tourné, d'un demi-pouce
d'épaiffeur, & qui a pareillement quatorze pouces de diametre. Sur la partie la
plus bombée de ce rebord, on ménage une ouverture occupée par un tuyau

ouvert par fes deux bouts, qui a deux pouces à-peu-près de long & un bon pouce de diametre ; ce tuyau qui eft foudé à l'ouverture en queftion fe nomme *Tubulure*, & toute la piece de cuivre que nous venons de décrire eft appellée *la Cucurbite* lorfque l'alambic travaille à feu nud, & *Cuve* quand on la fait fervir de *Bain-marie*. Cette piece doit être d'une bonne épaiffeur, comme d'une ligne, de cuivre rouge battu à froid & foudée à foudure forte.

La feconde piece eft un vafe d'étain, épais de deux lignes environ, devant contenir cinquante-deux pintes, quand la premiere en contient cent ; elle a deux pouces de diametre & de profondeur de moins que la premiere piece ; mais fon rebord ou collet eft double au dehors, de maniere que par la moitié de fon épaiffeur il pofe fur le cercle de cuivre jaune de la cuve. On foude extérieurement fur ce collet deux poignées d'étain, comme on en a attaché deux de cuivre fur la partie bombée de la cuve. Cette feconde piece ne fert que dans les cas où l'on diftille au bain-marie, & conferve toujours le nom de *Cucurbite*.

Ce n'eft pas que pour plufieurs infufions on ne s'en ferve fouvent, indépendamment de fon ufage pour l'alambic ; alors on a foin d'y ajufter un couvercle plat de pareil étain, qui puiffe le fermer exactement.

La troifieme piece qui fe nomme le *Chapiteau*, eft un cône pareillement d'étain dont la bafe a le même diametre que l'orifice de la cuve & celui de la cucurbite ; & dont l'épaiffeur eft un peu amincie d'abord pour pouvoir s'aboucher avec ces deux pieces en y plongeant de deux pouces ; à cette diftance ; ce cône eft renforci par un rebord d'étain pareil à celui de la cucurbite, & ces deux rebords venant à fe rencontrer quand le chapiteau eft en place, concourent par leurs faces, bien unies fur le tour, à fermer exactement l'alambic. Le cône s'éleve perpendiculairement jufqu'à la hauteur de huit pouces en confervant le même diametre ; là il s'élargit d'un pouce, & forme en s'enfonçant d'un pareil pouce une gouttiere, puis il fe termine en pointe, à une diftance égale à fon diametre. Vers un des points de la gouttiere on creufe dans fa bafe un trou auquel on foude un canal pareillement d'étain, appellé le *Bec*, il peut avoir un bon pouce à fon ouverture, & n'avoir que trois à quatre lignes à fon extrêmité oppofée, fur une longueur de deux pieds à-peu-près.

Dans quelques alambics on tient ce canal fort court pour y ajouter à volonté d'autres tuyaux d'étain dont quelquefois le bout eft recourbé.

Je fuis dans l'ufage de placer à la pointe du cône qui forme mes chapiteaux un tuyau d'étain de demi-pouce de diametre ; ce tuyau ouvert dans toute fa longueur va par une des extrêmités à fleur du réfrigérant dont il va être queftion, & de l'autre defcend jufqu'au niveau du rebord intérieur de la gouttiere. Ce tuyau dont la portion extérieure eft fermée par un bouchon de liege, me fert à donner iffue à l'air trop dilaté, s'il en eft befoin ; à reverfer la liqueur pour la diftiller de nouveau, ce qu'on appelle *cohober* ; à remédier, s'il le faut, aux accidents affez fréquents dont je parlerai au Chapitre VI ; à agiter les matieres avant leur ébullition ; enfin j'y trouve plus de commodité qu'à la tubulure latérale ; j'en dois l'idée à un Amateur très-intelligent M. le Veillard , Propriétaire des nouvelles Eaux de Paffy.

On revêt le chapiteau du *Réfrigérant*, qui eft la quatrieme piece d'un alambic ; c'eft un feau de cuivre étamé , foudé exactement à la bafe du cône , de maniere à embraffer la gouttiere , & dont la hauteur dépaffe d'un pouce environ la pointe du cône ; on lui donne une forme agréable en l'évafant un peu plus vers le bas : on place au même endroit un robinet qui foit du plus grand débit poffible ; quelques Artiftes fe contentent même d'un fimple *Degor* qu'ils tiennent bouché avec un tampon de bois. La place de ce robinet n'eft pas indifférente ; il faut toujours que l'alambic étant non-feulement monté , mais en place fur fon fourneau , le robinet foit fur le devant , quelle que foit d'ailleurs la pofition du bec. Voici maintenant l'ufage de ce feau ou *Réfrigérant*. On l'emplit d'eau froide , pour tenir le chapiteau le moins chaud poffible & faciliter la condenfation des vapeurs qui s'exhalant de la cucurbite , viennent y reprendre l'état fluide , & fe gliffant le long du plan incliné intérieur du cône fe rendent dans la gouttiere que forme fa bafe , d'où elles tombent en liqueur par le bec de cette même gouttiere dans le récipient qu'on y a adapté. Comme cette eau froide du réfrigérant ne tarde pas à s'échauffer , on la fait écouler par le robinet & on lui en fubftitue de fraîche. On trouve un avantage réel à pouvoir difpofer d'un vafte réfervoir qui puiffe fournir à peu de frais beaucoup d'eau , parce que dans ce cas on rafraîchit le chapiteau de la maniere fuivante. On ouvre au-deffus du chapiteau le robinet du réfervoir de maniere à donner un filet d'eau tombante continuellement fur la pointe du cône ; & comme l'eau froide eft évidemment plus pefante que la même eau échauffée , celle-ci fe trouve toujours au haut du réfrigérant , d'où elle s'échappe continuellement par un degor ou tuyau de cuivre placé au bord fupérieur du réfrigérant ; on le tient affez long pour que l'eau en coulant tombe au-delà des fourneaux , que cette chûte ne tarderoit pas à dégrader.

Des Serpentins.

On étoit anciennement dans l'ufage de donner à l'ouverture des cucurbites , & à la bafe des chapiteaux un diametre fort étroit ; & on les éloignoit l'un de l'autre à l'aide d'une colonne de même diametre en cuivre étamé ou en étain , dont la hauteur varioit depuis deux pieds jufqu'à quinze. On voyoit encore un de ces alambics il y a quelques années dans les laboratoires publics ; s'il s'en rencontre encore , ils ne font plus que des inftruments curieux.

L'intention de leurs Auteurs étoit de déphlegmer les efprits plus énergiquement , parce qu'ils penfoient que plus le phlegme avoit haut à monter , plus il étoit obligé de fe condenfer en route. D'autres ne fe contentoient pas de cette colonne pure & fimple, ils y contournoient une ou deux fpirales qui multiplioient, fuivant eux, la difficulté de monter pour le phlegme ; & c'eft ce qu'ils appelloient plus particuliérement *Serpentin.* Il exifte dans Paris un monument fingulier de ce préjugé de nos anciens. Un alambic d'une très-vafte capacité eft furmonté d'une colonne à fpirale de feize pieds de haut, le bec de fon chapiteau a cinq ou fix pieds de long ; il fe courbe pour venir plonger dans une vafte piece d'eau où fe trouve une autre fpirale de deux pieds de diametre, & qui a au moins vingt pas ; c'eft après avoir parcouru cent vingt pieds au moins que fort enfin l'Efprit-de-vin plus ufé que rectifié.

Quelques expériences avoient déja détrompé plufieurs de nos Diftillateurs, & peu-à-peu ces ferpentins coloffaux ont fait place à ceux qui font d'ufage maintenant. Qu'on ne les croye cependant pas d'invention moderne. Raymond Lulle les connoiffoit, Libavius, Biringuccio, les ont fait graver dans leurs ouvrages ; les Brûleurs d'Eau-de-vie ne s'en font jamais fervi d'autres. Il eft vrai que leur ferpentin n'étoit pas fi élégant, fi propre & fi folide que ceux dont nous nous fervons.

On fait un feau de cuivre rouge & étamé de deux pieds environ de diametre ; fon fond eft fur un rebord qui le dépaffe de trois bons pouces ; il a ordinairement deux pieds & demi de haut en le fuppofant deftiné à nos alambics de cent pintes : vers fon fond eft un robinet deftiné au même ufage que celui du réfrigérant ; on le garnit au dehors de deux poignées de cuivre pour faciliter fon tranfport. Dans ce feau font placés deux tuyaux d'étain d'environ un tiers de pouce de diametre, tournés en fpirales, dont on foutient les pas à des diftances égales par trois tringles d'étain perpendiculaires, auxquelles elles font foudées ; le diametre des fpirales eft d'un pied ; chaque orifice eft élargi en entonnoir, placé de maniere à dépaffer de deux pouces le bord fupérieur du feau, fur lequel ces deux tuyaux font foudés l'un vis-à-vis de l'autre. Leurs extrêmités inférieures fortent vers le fond du feau de droite & de gauche du robinet, en forte que, le feau en place, les deux becs font fur le devant, mais également diftants de ce robinet qui eft dans le milieu précis ; ces deux becs faillent de deux à trois pouces, & on a des ajutages plus étroits, & quelquefois recourbés pour placer au befoin & fervir à conduire la liqueur dans les bouteilles qu'on doit mettre au bas.

Qu'on s'imagine maintenant nos deux alambics placés chacun dans fon fourneau, & notre ferpentin monté fur une efcabelle & mis dans la niche que fait le mur de milieu de ces deux fourneaux, chaque bec de l'alambic entrant dans l'extrêmité fupérieure des fpirales du ferpentin, & une bouteille ou récipient à chacune de leurs extrêmités inférieures, le réfrigérant ainfi que le feau du ferpentin remplis d'eau froide, & l'on aura l'idée de l'appareil d'une diftillation en grand. Les vapeurs quelles qu'elles foient ne feront pas plutôt parvenues dans

les

qu'on apperçoit aifément qu'elles vont fe condenfer, attendu la fraîcheur du réfrigérant, & que s'écoulant par un canal fort court, elles fe trouvent plongées de nouveau dans un bain très-froid, où elles achevent de fe condenfer, & confervent au fluide qui en réfulte, plus de fes parties tant conftituantes qu'odorantes.

Ce n'eft pas que la diftillation par le ferpentin n'ait quelquefois fes inconvénients, & j'aurai foin de les faire remarquer dans l'occafion.

Les Chauderonniers & Potiers d'étain font dans l'ufage de préparer ces fortes d'inftruments fans qu'on les dirige; mais j'ai cru en entrant dans ces détails faire plaifir aux Artiftes qui n'auroient fous la main que des Ouvriers peu intelligents. On paye ces pieces depuis quarante fols jufqu'à un écu la livre; & avant de recevoir un ferpentin on eft dans l'ufage de l'effayer : 1°, on emplit d'eau les fpirales, pour voir fi elles ne fuient pas par quelqu'endroit; 2°, on y fait tomber une balle de plomb qui doit fortir par en bas fans s'y être arrêtée, fi le canal intérieur eft bien égal & uniforme.

Je ne dois pas infifter fur le befoin de pelles, pincettes, fourgons & autres uftenfiles dont le befoin eft évident & la forme trop connue.

CHAPITRE SECOND.

Gouvernement d'un Alambic pour la diftillation de l'Efprit-de-vin.

J'aurois pu, en commençant ce Chapitre, décrire des laboratoires uniquement deftinés à la diftillation des Efprits-de-vin; mais comme ils ne font pas de néceffité abfolue, que les commodités qu'on y trouve ne font point dépendantes de regles certaines & néceffaires, je me contente d'indiquer le laboratoire du fucceffeur de M. Camus, rue Saint Denis, près la fontaine du Ponceau, comme un des mieux diftribués qu'on puiffe voir. Je ne m'occupe ici que de la converfion des Eaux-de-vie en Efprit-de-vin, quel que foit le lieu où fe trouve établi l'appareil propre à ce travail.

Quoique je fuppofe l'Art du *Brûleur d'Eaux-de-vie* décrit par un autre Chimifte, je ne puis traiter du travail en grand, des Efprits-de-vin, fans faire obferver que ces Brûleurs ou Bouilleurs font des Eaux-de-vie de qualité finguliérement diverfe, quoique brûlées dans le même Pays.

Indépendamment des Eaux-de-vie de lie & de marcs; il y a-t-elle venue qui fournit une Eau-de-vie d'épreuve, tandis que la fuivante, faite du même vin & dans la même chaudiere, en donne une au-deffous de l'épreuve. D'autre part les vins d'une contrée donnent des Eaux-de-vie agréables, telles font celles de Coignac; d'autres, comme l'Orléanois, donnent une Eau-de-vie plus féche; enfin les Eaux-de-vie de nos Provinces Méridionales font âcres & défagréables.

Il n'eſt donc pas indifférent au Diſtillateur de ſavoir de quel Pays il doit tirer l'Eau-de-vie qu'il veut convertir en Eſprit-de-vin.

Une autre obſervation eſſentielle encore, quoiqu'elle tienne auſſi à l'Art du Brûleur d'Eau-de-vie, c'eſt qu'il dépend de lui de fabriquer ſes Eaux-de-vie de différentes forces; & ſans expoſer ici comment ils s'y prennent, & les précau-tions que le Gouvernement a ſagement ordonnées pour circonſcrire la cupidité, je me contente d'expliquer, comment le Brûleur & le Négociant s'entendent dans cette branche de commerce. Il y a donc des Eaux-de-vie trois-cinq, quatre-ſept, cinq-neuf, & ſix-onze; ce qui ſignifie qu'avec les Eaux-de-vie ainſi dénom-mées, on fera de l'Eau-de-vie potable, ou *faiſant preuve* aux termes des ordon-nances, ſi à trois, quatre, cinq ou ſix pintes de pareilles Eaux-de-vie, on ajoute deux, trois, quatre ou cinq pintes d'eau, il réſultera, ſelon eux, cinq, ſept, neuf ou onze pintes d'Eau-de-vie ſimple.

Je ne veux pas diſcuter juſqu'à quel point une pareille Eau-de-vie ſimple diffère de celle qu'on auroit tirée immédiatement de la chaudiere dans ſon état ſimple; ni quelle porte ce jargon ouvre aux abus; encore moins ſi le Fermier a pris le vrai moyen pour y remédier.

Eſprit-de-vin ordinaire.

Lorsqu'un Diſtillateur ſe propoſe de fabriquer de bon Eſprit-de-vin, non-ſeulement il choiſit l'Eau-de-vie Coignac, mais il donne la préférence à celle qu'on appelle *ſix-onze*, parce qu'elle contient moins de phlegme, & qu'elle paſſe preſque toute entiere en Eſprit-de-vin.

Dans chacun de nos alambics on place la cucurbite d'étain en ayant ſoin de mettre dans la cuve aſſez d'eau pour que la cucurbite y plonge juſqu'aux deux tiers de ſa hauteur; on met dans chaque cucurbite quarante-huit pintes de l'Eau-de-vie qu'on veut diſtiller, on la recouvre du chapiteau, dont le bec en-tre dans l'orifice ſupérieur de chaque ſpirale du ſerpentin; on lutte les jointu-res avec un linge fin enduit de colle, ou avec du papier pareillement enduit; on emplit le réfrigérant & le ſerpentin d'eau froide, & on place à l'orifice in-férieur des ſpirales, des bouteilles ou récipients. Quelques Diſtillateurs tien-nent, pour plus d'exactitude, ſur le dehors & le long de leurs bouteilles une bande étroite de papier blanc, qui y eſt collé, & ſur lequel on a marqué par des lignes tranſverſales l'eſpace qu'y occupe chacune des pintes que peut conte-nir la bouteille, en numérotant chaque ligne par un, deux, trois, &c.

Le tout étant en état, on établit un feu clair dans les fourneaux, & on l'augmente inſenſiblement, juſqu'à ce qu'on s'apperçoive que le bec des cha-piteaux eſt d'une chaleur aſſez vive; alors il tombe déja quelques gouttes dans les bouteilles, où on n'en laiſſe couler qu'une chopine au plus qu'on retire, pour la reverſer ſur le champ dans l'alambic. Cette premiere portion n'eſt pas effentiellement phlegmatique comme dans la diftillation du vin pour avoir de l'Eau-de-vie ; mais elle a entraîné néceffairement le peu d'eau reftée dans le chapiteau & dans le ferpentin, qu'on a toujours foin de bien nétoyer & de rincer avant de s'en fervir, indépendamment du même foin qu'on prend en ceffant de diftiller.

Après cette premiere précaution, on replace les bouteilles & on entoure leur orifice & le bec du ferpentin qui y entre avec un linge fimplement humide. Le feu fe continuant, la liqueur ne tarde pas à couler en forme de filet, & en fuppofant quarante-huit pintes d'Eau-de-vie fix-onze dans la cucurbite, on a dans chaque bouteille fix pintes de liqueur diftillée ; on la tranfvafe dans de vaftes bouteilles de verre de la continence de vingt à vingt-quatre pintes, entourées de paille nattée, & on l'emmagafine ; c'eft ce qu'en terme d'Ouvrier, on appelle *la mere goutte.*

La diftillation fe continue, & l'on retire de fuite trente pintes d'efprit qu'on verfe dans d'autres bouteilles, c'eft l'Efprit-de-vin ordinaire. Enfin on continue la diftillation jufqu'à ce que l'eau de la cuve, au lieu de frémir comme elle à fait jufqu'alors, forme des bouillons ; ce qui annonce que tout l'Efprit eft paffé. On réferve cette derniere portion ou pour de l'Efprit très-commun ou pour être rectifié une feconde fois.

Pendant tout ce temps on ne renouvelle l'eau du réfrigérant que lorfqu'on s'apperçoit qu'elle fume trop confidérablement ; mais quant à celle du ferpentin, il eft rare qu'elle s'échauffe au-delà du tiers de fa hauteur.

On retire par ce moyen les dix onziemes de l'Eau-de-vie en Efprit-de-vin de trois qualités.

Le premier eft très-fuave & autant rectifié qu'il eft poffible, comme on peut s'en affurer par tout pefe-liqueur qui ne plongera ni plus ni moins qu'il faifoit dans ce premier efprit, quand même on le rectifieroit quatre fois ; ces rectifications réitérées font feulement perdre une partie de l'efprit qui fe diffipe ou fe décompofe, fans améliorer celui qui refte.

La feconde forte eft de bon Efprit commerçable ; celui-ci pourra bien par une feconde rectification devenir *plus fec,* mais il n'acquerrera jamais l'odeur fuave & agréable du premier.

Le troifieme enfin eft plutôt de forte Eau-de-vie qu'une Efprit-de-vin.

Le grand Art du Diftillateur dans cette opération confifte à maintenir fon feu égal & pas plus fort qu'il ne faut pour établir le filet, & à changer à propos de récipient pour féparer exactement fes trois fortes.

Ce premier Procédé n'eft pas le feul ; il y a des Diftillateurs qui prétendent avoir un Efprit plus fec & meilleur, entr'autres pour les vernis, en diftillant leur Eau-de-vie à feu nud ; ils fuppriment la cucurbite d'étain, mettent quatre-vingt pintes d'Eau-de-vie dans la cuve de cuivre étamé, & fept à huit pintes d'eau. L'opération eft beaucoup moins longue & il faut convenir qu'au premier produit, les dix premieres pintes d'Efprit, font d'un bonne qualité; mais quelqu'attention qu'apporte l'Artifte, il ne lui eft pas poffible d'empêcher que fon Efprit-de-vin de feconde forte, & à plus forte raifon le dernier, ne contracte ou ne conferve une âcreté que lui communique la chaleur immédiate.

Je ne fais quel préjugé a fait imaginer aux Chimiftes que l'Efprit-de-vin contenoit quelquefois une furabondance d'huile; ils attribuent à cette huile une âcreté qu'ont quelques Efprits, & qu'ils ne doivent qu'à la combuftion d'une matiere réfineufe. Kunckel a contribué à perpétuer cette erreur en prétendant avoir vu fur de l'Efprit-de-vin noyé d'eau, des gouttes d'huile. Ce n'eft pas le lieu de differter plus longuement fur cet objet; je pourrai prouver ailleurs combien cette opinion eft erronée, & que l'Efprit-de-vin ne contenant effentiellement rien qu'on puiffe appeller *huile*, il n'eft pas vraifemblable qu'il puiffe y en avoir par furbondance.

Dans cette opinion, quelle qu'en foit la valeur, ces Diftillateurs rectifient leur Efprit & fur-tout celui de feconde forte en le noyant dans la cucurbite d'étain avec partie égale d'eau; & féparent foigneufement la premiere moitié du produit qu'ils regardent comme pareil en bonté à la *mere goutte.* Il peut bien être auffi fec; mais les connoiffeurs ne s'y méprennent pas, fur-tout lorfqu'il s'agit d'en faire choix pour des liqueurs potables.

On trouve dans quelques Livres de Chimie une énumération de fous-divifions des produits fpiritueux, qu'on rectifie fans ceffe jufqu'à ce que la totalité d'une venue d'Efprit-de-vin ait acquis, dit-on, la premiere qualité de celui que j'ai recommandé de mettre de côté.

Tous les Diftillateurs font d'accord que ces fpéculations peuvent être fort belles dans les gros Livres, mais ne valent rien dans de bons laboratoires ni du côté de la chofe ni du côté de l'économie; le tout fe réduit donc à obtenir trois fortes d'Efprit-de-vin, le premier qui joint une odeur exquife à toute la légéreté & la féchereffe poffible; celui-ci fert pour les opérations délicates de Chimie & d'Office, tels que l'Æther, les liqueurs fines, &c.

L'Efprit-de-vin de feconde forte a bien le degré de féchereffe ou de rectification fuffifante pour être employé dans les vernis & autres préparations où il importe feulement que l'Efprit-de-vin ne foit pas phlegmatique. Enfin lorfque la troifieme forte eft tirée de l'Eau-de-vie fix-onze; il peut fervir aux lampes à Efprit-de-vin & à la préparation de quelques Efprits aromatiques, ainfi qu'il va être dit dans le Chapitre fuivant.

Efprit-de-vin de Mélaffe.

MAIS avant de quitter celui-ci, je ne dois pas négliger, pour la plus grande utilité dont je défire que foit mon Ouvrage, de parler d'une pratique ancienne à la vérité & très-connue dans toute la Flandre, que la difette de vins,

&

& par conséquent d'Eaux-de-vie, a rendu plus commune en France vers ces dernieres années ; c'est la fabrication des Eaux-de-vie & Esprits de mélasse ou sirop de sucre. Les Raffineurs de sucre appellent ainsi la liqueur épaisse, brune, incrystallisable qu'on fait écouler des moules, lorsque le sucre est grené, & qu'on l'a *Terré.* Voyez sur cet objet l'Art du *Raffineur de Sucre* qu'a publié M. Duhamel.

On vendoit autrefois cette mélasse cinq livres dix sols à six livres le cent ; elle vaut actuellement vingt-cinq francs, & je sai que le Fermier, voyant l'usage plus abondant dont elle est, en a fait cette année une levée considérable à Orléans pour en augmenter encore la valeur en diminuant sa quantité. Il ne faut pas confondre la mélasse avec le *vin de Cannes* des Isles, qui fermente si aisément, ni avec la liqueur épaisse écoulée des moules à cassonade, dont les Colons de Saint Domingue, & autres, préparent le Tafia, dans l'endroit de la sucrerie qu'ils nomment la *Vinaigrerie.* La mélasse de nos Raffineries Françoises est moins visqueuse, & ayant un bien plus grand nombre de coctions, paroît avoir ses parties constituantes d'une ténuité plus grande & plus homogêne.

Dans une barrique qui contient quatre cents cinquante à cinq cents pintes, on met six seaux de mélasse, qui font soixante douze pintes, & six seaux pareils de lie-de-vin, ce qui fait cent quarante-quatre pintes de matiere fermentescible ; on acheve de remplir la piece ou barrique avec de l'eau plutôt chaude que froide, & on mêlange le tout avec un bâton. On ne se met à travailler que dans le mois de Juin, pour continuer jusqu'en Septembre, c'est-à-dire, dans la saison où l'atmosphere est le plus chaud. On a placé les barriques dans un endroit bien exposé à la chaleur, & avec ces précautions la fermentation s'établit très-promptement. Comme toutes les parties de la substance à fermenter font à-peu-près également tendantes à la fermentation, celle-ci n'est pas plutôt commencée qu'elle s'acheve en trente-six ou quarante-heures au plus.

Dès que la liqueur commence à s'affaisser, on n'attend pas qu'elle le soit entiérement, parce que ce retard fait perdre du produit spiritueux ; en général, on tire plus d'Eau-de-vie en prenant les liqueurs à cet instant où la premiere fougue est passée, que lorsqu'on les laisse rasseoir entiérement. On charge une chaudiere, en tout semblable à celle des Brûleurs d'Eau-de-vie, & on établit un feu clair & vif ; au bout du serpentin est posé le petit barril appellé le *Bassiot.* Il passe d'abord un phlegme insipide, puis il commence à devenir un peu spiritueux ; enfin la liqueur bout dans la chaudiere, & il sort un filet continu ; alors on retire promptement la liqueur phlegmatique du Bassiot, qui va quelquefois à trois ou quatre pintes, & on la rejette comme inutile ; on ferme exactement la porte du foyer, & la liqueur continue de distiller au filet. Lorsqu'on en a retiré un peu plus de quatre-vingt-dix pintes, on essaie celle qui passe, en la répandant sur le chapiteau & y présentant un papier allumé ; si la vapeur s'enflamme auffi, c'eft une preuve que ce qui diftille tient encore du fpiritueux, & l'on ne ceffe la diftillation que lorfque le papier n'allume plus la vapeur. On a obtenu ordinairement de cent à cent cinq pintes d'Eau-de-vie, pour la dofe de mélaffe que j'ai indiquée, & elle fournit en la traitant comme d'autre Eau-de-vie, conformément à ce qui eft dit au commencement de ce Chapitre, de foixante à foixante & dix pintes d'Efprit-de-vin. Il eft inutile de répéter que tant pour l'Eau-de-vie que pour fa converfion en Efprit-de-vin, le Diftillateur a le foin de faire des fractions de fon produit, pour ne pas gâter par le mélange des derniers produits trop phlegmatiques, la bonté & la force des premieres venues. Je ne préviendrai pas non plus que l'Eau-de-vie de mélaffe, eft toujours âcre & n'a jamais la faveur agréable qui donnera toujours la préférence à notre Eau-de-vie de vin fur toutes les autres Eaux-de-vie poffibles.

Deux chofes font effentielles à obferver dans cette manipulation pour le Chimifte, pour le Diftillateur & même pour le Brûleur d'Eau-de-vie. La premiere eft la quantité de phlegme qui coule toujours avant l'Eau-de-vie, & qui eft trop grande pour qu'on puiffe l'attribuer, ainfi que je l'ai déja dit & qu'il eft vrai, pour la rectification de l'Efprit-de-vin, à l'humidité provenante des chapiteaux & ferpentin rincés. J'ai été témoin dans une Fabrique en grand, qu'auffi-tôt après une premiere diftillation finie, on a chargé la chaudiere de nouvelle liqueur fans rien laver, on a diftillé fur le champ, & on n'en a pas moins obtenu la premiere portion de quatre à cinq pintes en phlegme. Indépendamment de cette expérience, on fait que l'ufage des Brûleurs d'Eau-de-vie eft conforme à mon obfervation; j'y ajoute que j'ai diftillé plufieurs fortes de liqueurs fermentées, telles que de raifin, de mûres, de cerifes, de cynorrhodon, de grofeilles, d'épine-vinette, &c. que j'avois toutes faites moi-même, avec l'attention d'avoir reffuyé avec la plus grande exactitude mon chapiteau & le ferpentin, d'avoir coulé dans l'un & l'autre de l'Efprit-de-vin très-rectifié, de lui avoir donné le temps de s'écouler entiérement & même de laiffer fécher ces pieces; je n'ai jamais obtenu d'Eau-de-vie qu'il n'ait paffé d'abord un phlegme, plus abondant, quand les liqueurs doivent moins fournir d'Eau-de-vie.

La feconde obfervation eft, que pour avoir de l'Eau-de-vie, il faut que la liqueur dont on veut l'extraire foit bouillante, fans quoi on n'obtient qu'un phlegme très-peu fpiritueux. J'ai eu la curiofité de rafraîchir fubitement une chaudiere qui bouilloit, & de prendre la liqueur qui a coulé depuis ce refroidiffement fubit; ce n'étoit plus de l'Eau-de-vie de la même force: on rallumoit le feu; la liqueur bouilloit, & le produit reprenoit fa premiere qualité. J'ai fait fur différents vins l'expérience fuivante: j'en diftillois une quantité au bain-marie & à feu très-lent, & une autre quantité à feu nud & en la faifant bouillir. Le premier appareil me donnoit un produit à peine fpiritueux, le fecond étoit prefque toute Eau-de-vie de la meilleure qualité. Ceci m'a fait reconnoître que

les vins chauds de Rouſſillon, Barcelone & autres pays ſemblables & Méridio-
naux, ne ſont chauds que parce que dans le pays on y ajoute de l'Eau-de-vie
pour les tranſporter plus ſûrement; auſſi donnent-ils leur Eau-de-vie avant le
phlegme, ainſi que les vins auxquels on les mixtionne.

J'inſiſte ſur ces deux obſervations faites en grand, parce qu'elles prouvent &
développent ce que j'ai dit dans mes Inſtituts, que l'Eau-de-vie n'exiſte pas dans
le vin en tant qu'Eau-de-vie, mais qu'elle eſt le fruit de l'action de la chaleur ſur
quelques parties du vin déja fermenté; mon intention eſt de détruire dans l'eſprit
des gens honnêtes un préjugé défavorable qu'on a répandu ſur ces Inſtituts, en
diſant que c'étoit bien dommage qu'ils continſſent trop de choſes nouvelles. Il
n'y a pas un de ces dommages-là que je ne ſois en état de réparer de la même
maniere.

CHAPITRE TROISIEME.

SECTION PREMIERE.

De la Préparation en grand, des Eſprits Aromatiques.

ON appelle *Eſprit Aromatique* toute liqueur ſpiritueuſe, quelle qu'en ſoit la
force, chargée de l'odeur d'une ou de pluſieurs ſubſtances végétales. Les recettes
en ſont ſans nombre; les Diſtillateurs ſe bornent à préparer celles de ces liqueurs
qui ſont les plus ſimples, ou dont le débit eſt plus répandu. Ainſi l'Eau ou Eſprit
de Lavande, l'Eau ou Eſprit d'Anis, l'Eau vulnéraire ſpiritueuſe, l'Eau de
Méliſſe compoſée, paroiſſent être les Eſprits qu'ils préparent de préférence;
depuis que l'Æther vitriolique & la liqueur anodine minérale d'Hoffmann, ſont
devenus plus uſités dans la pratique; entre ceux de nos Diſtillateurs qui ont acheté
le droit de faire les Pharmaciens, quelques-uns préparent en grand ces deux
dernieres liqueurs. Je vais expoſer de ſuite leurs Procédés.

Comme il eſt indifférent pour la plupart de ceux qui achetent de pareils Eſprits aromatiques, que ces Eſprits ayent le degré de ſéchereſſe de l'Eſprit-de-
vin le mieux rectifié, pourvu que la liqueur ſoit inflammable, & porte avec
elle une forte odeur de ce qui la doit compoſer, on trouve ces Eſprits à des
prix ſinguliérement différents dans les Magaſins, & ce n'eſt pas toujours le mieux
préparé qui ſe vend le plus cher. L'habileté du Diſtillateur & ſa bonne foi, dans
cette circonſtance comme en beaucoup d'autres, ne ſont pas toujours miſes en
conſidération par l'acheteur.

Eau-de-vie de Lavande.

M ETTEZ dans la cuve de cuivre de l'alambic les fommités fleuries de la Lavande des deux efpeces, de celle fur-tout qu'on appelle l'*Afpic*. Vingt livres, par exemple; verfez deffus vingt-cinq pintes, tant d'Eau-de-vie fix-onze, que d'Efprit de la troifieme venue, fi vous n'avez pas d'autre occafion d'en avoir le débit. Ayant chargé l'alambic le foir, on le laiffe jufqu'au lendemain matin couvert de fon chapiteau qu'on a luté. Alors, avant de mettre le feu dans le fourneau, on verfe dans l'alambic dix pintes d'eau pure ou d'Eau de lavande fimple, de l'année précédente, pourvu toutefois qu'elle n'ait pas contracté l'odeur de térébenthine, à quoi elle eft fort fujette. On procede à la diftillation comme il a été dit pour l'Efprit-de-vin, & on met de côté les fix premieres pintes, pour être vendues fous le nom d'*Efprit de Lavande*; on continue de diftiller au filet jufqu'à ce qu'il ne forte plus d'Efprit, & c'eft l'*Eau-de-vie de Lavande*. Comme il refte beaucoup de phlegme, on diftille encore, en augmentant un peu le feu, pour retirer deux à trois pintes d'Eau, dont la premiere pinte qu'on réferve eft laiteufe & abondamment furchargée d'huile effentielle de lavande. Cette pinte fe diftribue avec économie dans les deux portions d'Efprits qui ont diftillé; c'eft elle qui y porte vraiment l'odeur; car ces deux Efprits, le premier fur-tout, n'ont par eux-mêmes qu'une odeur très-fuperficielle.

Ce phénomene tient à ce que l'Efprit-de-vin a une légéreté fpécifique beaucoup plus grande que les huiles effentielles les plus légeres; enforte qu'il ne s'éleve de ces dernieres avec lui, que la portion la plus légere, ou celle que l'Efprit à rendue plus volatile, ou celle qui eft naturellement plus approchante de ce que les Chimiftes appellent *Efprit recteur*.

J'ai dit qu'on diftribuoit cette Eau avec économie, parce qu'il y a telle perfonne qui veut fon Efprit de lavande plus aromatique que d'autres ne le fouffriroient. Ordinairement cette diftribution fe fait ainfi : on met un demi-feptier de l'Eau laiteufe fur les fix premieres pintes, & les trois autres demi-feptiers dans les dix-neuf à vingt pintes du fecond produit.

Eau des Dames de Trefnel.

I L exifte dans Paris une Eau de lavande fameufe à caufe de la forte odeur de lavande qu'elle porte ; on la nomme l'*Eau des Dames de Trefnel*, & nos Diftillateurs ne fe font aucun fcrupule de l'imiter. Si l'on allume une once de cette Eau dans une cuiller d'argent, il refte une grande demi-once de phlegme âcre, laiteux & même chargé de plufieurs gouttes d'huile. Au lieu d'Eau-de-vie forte, on verfe fur la lavande du vin blanc deux tiers, & un tiers feulement d'Eau-de-vie ordinaire ; on laiffe digérer deux à trois jours, & on diftille à bon

feu ,

feu , fans rien féparer. Il monte plus que moitié de phlegme chargé d'huile eſſentielle qui ſe reſout à la longue avec l'eſprit.

On trouve dans quelques Livres la preſcription ſuivante , pour avoir , dit-on , les meilleurs Eſprits aromatiques ; c'eſt de les rectifier , ou diſtiller de nouveau ſur beaucoup d'eau , pour en féparer , à ce qu'on prétend , une huile âcre qui altere l'aromat , & on donne pour preuve que ces Eſprits ſont meilleurs , l'expérience de les jetter dans de l'eau qu'ils ne rendent point laiteuſe , tandis que les Eſprits faits par nos Diſtillateurs la blanchiſſent fortement. Quoique l'exemple de l'Eau de Lavande de Trefnel , à laquelle preſque tous les Amateurs de cette odeur donnent la préférence , ajoute beaucoup à l'idée que j'ai , que cette âcreté d'huile eſt une chimere , j'ai cru devoir ſur cela conſulter les Fabriquants & les Marchands , dont l'intérêt eſt d'avoir , au moins pour aſſortiment , les meilleurs Eſprits poſſibles. Ils m'ont tous dit , que cette délicateſſe d'écrivain avoit un peu l'air d'une charlatanerie ; que les meilleurs Eſprits aromatiques , ceux qu'on préféroit d'acheter , étoient toujours les plus chargés d'odeur , & que l'odeur réſidant dans l'huile eſſentielle , leurs Eſprits étoient d'autant ſupérieurs qu'ils tenoient plus de cette huile. J'expoſerai au Chapitre cinquieme une autre méthode pour fabriquer ſur le champ des Eſprits aromatiques , qui confirme ce que diſent les Diſtillateurs.

Ce que je viens de dire de la diſtillation de l'Eau & Eſprit de Lavande , s'applique naturellement à l'Eau de la Reine de Hongrie , à l'Eſprit de Citron , &c. en ſubſtituant à la Lavande pour la premiere , les fleurs & feuilles du Romarin , & pour le ſecond les zeſtes frais du Citron.

Eau ou *Eſprit d'Anis.*

Il n'y a peut-être pas de liqueur diſtillée qui ſe prépare plus abondamment chez les Diſtillateurs que l'*Eſprit d'Anis* , attendu la conſommation étonnante qui s'en fait chez les Vendeurs de Ratafiats.

On met dans la cucurbite de cinquante pintes , depuis cinq juſqu'à vingt livres de ſemence d'Anis , bien ſeche , d'une couleur verte , d'une odeur aromatique , point vermoulue , & de l'année. On emplit la cucurbite juſqu'à ſon rebord avec de l'Eau-de-vie ſix-onces ou de la meilleure qualité , en y ajoutant une couple de pintes d'eau ; on place & lutte le chapiteau , & on établit la diſtillation au filet qu'on entretient juſqu'à ce qu'il ait paſſé autant de liqueur qu'on a mis d'Eau-de-vie. Les Limonadiers qui préférent d'acheter cet Eſprit à le diſtiller eux-mêmes comme ils en ont le droit , jugent rarement l'Eſprit d'Anis par ſon degré de rectification , mais par l'odeur & plus encore par la ſaveur d'Anis dont il eſt chargé ; mais comme ils veulent ſouvent avoir cet Eſprit à très-bas prix , les Diſtillateurs en font de pluſieurs ſortes qui ne varient que par la proportion d'Anis dont on charge la cucurbite , comme je l'ai dit précédemment.

Il ne monte dans cette diftillation qu'une très-petite portion de l'huile effen-tielle d'Anis , celle qui eft la plus fluide. Les huiles effentielles de l'Anis , du Fenouil & de leurs analogues , font fujettes à prendre une confiftance folide , & ont plus de pefanteur fpécifique que l'eau , au-deffous de laquelle elles fe tien-nent. Toutes ces circonftances s'oppofant à ce que l'Efprit-de-vin qui eft d'une tenuité extrême , s'en charge beaucoup , les Diftillateurs tirent fouvent leur Efprit d'Anis à feu nud , c'eft-à-dire , qu'au lieu de mettre l'Eau-de-vie & l'Anis dans la cucurbite d'étain , ils les mettent dans la cuve étamée , & par ce moyen la chaleur plus vive fait monter vers la fin , & plus de phlegme & plus d'huile effentielle. Si l'Efprit d'Anis préparé de cette maniere eft moins coûteux , & plus chargé de fon aromat , la quantité d'huile qui a paffé eft toujours très-médiocre ; auffi les Diftillateurs vraiment Artiftes ne négligent-ils pas de conti-nuer la diftillation après avoir verfé promptement de l'eau chaude dans la cuve.

Comme cette manipulation donne un nouveau produit & m'a conduit à des expériences pour tirer avec profit certaines huiles effentielles , je donnerai dans la feconde Section de ce Chapitre , l'expofition de tout ce qui concerne les Procédés de cette efpece , toujours confidérés comme objets de commerce fur lefquels un Diftillateur doit être éclairé.

Eau de Mélisse composée.

D A N S la diftillation de l'efpece d'eau compofée connue maintenant fous le nom d'*Eau de Mélisse* , & qu'on reconnoît dans toutes les Pharmacopées , quel-que variés qu'en foient les titres , les Artiftes obfervent de fe fervir par préfé-rence de l'Eau-de-vie la plus forte , & dans le cas où ils n'en auroient pas , ils prennent de l'Efprit du fecond Produit. Ils ont l'attention de recevoir tous les Efprits qui diftillent , & de laiffer paffer un fixieme du total en phlegme laiteux. Le point effentiel , pour donner à cette eau toute fa perfection , c'eft qu'elle ait affez vieilli pour que les différentes fubftances aromatiques ayent pris avec l'Efprit , un ton uniforme d'odeur.

Lorfque le Diftillateur eft preffé , il concilie en apparence cette perfection en laiffant fa bouteille ou fon matras pendant à-peu-près douze heures dans un bain d'eau tiede , & la faifant féjourner enfuite durant le même-temps dans une glaciere , ou dans de l'eau qu'on frappe de glace. Il faut avoir attention que le matras ou bouteille foit bien bouché avec un parchemin où l'on ménage feule-ment un trou d'épingle , & qu'il refte un bon tiers de fa capacité vuide. Ce Procédé des Diftillateurs imite & perfectionne ce qu'a obfervé M. Géofroy , l'Apothicaire , fur de l'Eau de fleurs-d'orange. Le féjour dans l'eau tiéde en di-latant toutes les parties du fluide facilite & acheve la combinaifon des fubftan-ces odorantes. Le féjour dans la glace en concentrant ces mêmes parties les rend inféparables , & procure un autre avantage dont il fera queftion dans le chapitre fixieme de cette feconde Partie.

Rien n'eft plus commun que cette Eau de Méliffe compofée ; on peut s'en affurer en parcourant le *Corpus Pharmaceuticum Junckenii* & le *Bibliotheca Pharmaceutica Mangeti*. Elle a pris en France une réputation nouvelle entre les mains de certaines perfonnes qui font parvenues à lui prêter tant de vertus & à lui donner une valeur numéraire fi exceffive, que perfonne ne s'eft avifé de foupçonner le piege. Il n'eft même prefque pas permis d'en vendre à un prix modique fans courir le rifque d'être taxé d'impéritie ou de baffe concurrence.

Les drogues qui entrent dans l'Eau de Méliffe fpiritueufe, font de la Méliffe feche, deux livres ; Ecorce fraîche de Citrons, une livre ; Coriandre & Noix mufcade, de chacune demi-livre ; Gérofle, Canelle & racine d'Angélique, de chaque quatre onces pour feize livres de bon Efprit-de-vin, qui font à vingt-quatre onces la pinte, dix pintes & deux tiers de pinte, & pour quatre pintes d'Eau de Méliffe fimple. On concaffe ces différentes drogues, on les met infu-fer pendant deux à trois jours dans l'Efprit-de-vin ; on ajoute l'Eau de Méliffe à l'inftant de la diftillation qu'on gouverne ainfi qu'il eft dit au commencement de cet article.

Quelques Diftillateurs ne fe font pas de fcrupule de fubftituer de l'Eau pure à l'Eau de Méliffe fimple ; d'autres qui tirent à la quantité, doublent la dofe d'Efprit-de-vin prefcrite & prétendent qu'il n'y en a pas trop pour la quantité de fubftances aromatiques ; d'autres enfin, & l'on en foupçonne les premiers Fabriquants, fongeant plus à l'odeur qu'à la vertu, fuppriment de la recette la racine d'Angélique dont l'aromat a une arriere odeur défagréable.

L'Eau de Méliffe compofée doit être d'une très-grande limpidité, d'une odeur gracieufe & pénétrante ; frottée dans la main elle ne doit pas développer un aromat plus que l'autre, & ne s'évaporer pas trop vîte, fans cependant laiffer d'humidité. On la diftribue dans de petites bouteilles longues, de verre blanc, contenant une ou deux onces de cette liqueur.

Eau Vulnéraire fpiritueufe.

Nous n'avons rien à ajouter fur la compofition de cette Eau, finon qu'on la tient moins feche que l'Eau de Méliffe, & que les Diftillateurs ne font entrer dans fa recette que celles des plantes vulnéraires qui portent de l'odeur. Je ne dois cependant pas paffer fous filence deux pratiques différentes qui font en ufa-ge, tant parmi les Diftillateurs que dans certaines Communautés Religieufes où il s'en fait un débit affez confidérable.

Les uns verfent fur leurs plantes épluchées, hachées & pilées, autant de vin blanc d'une bonne qualité, qu'il en faut pour qu'elles y nagent à l'aife. Après quelques jours de digeftion on diftille à feu nud, & on retire d'abord un tiers de vin blanc, qui fe trouve être une véritable Eau-de-vie, chargée de la partie aromatique, on l'appelle *Eau Vulnéraire fpiritueufe* : fitôt que le phlegme com-mence à paroître on change de récipient, & on continue de diftiller en tenant la chaleur un peu plus vive, jufqu'à ce que l'eau qui paſſe ne ſoit plus odorante; on la connoît ſous le nom d'*Eau Vulnéraire ſimple*, *ou à l'eau*. Il eſt ſupperflu de faire obſerver l'inutilité du ſerpentin dans cette derniere partie de la diſtillation, & le beſoin de rafraîchir ſouvent le chapiteau.

Je crois avoir obſervé que l'Eau Vulnéraire ſimple obtenue par ce moyen, n'avoit pas autant d'odeur que celle préparée comme il va être dit; mais qu'elle étoit moins ſujette à ſe corrompre.

Dans le ſecond Procédé on fait macérer les plantes vulnéraires dans l'eau, & lorſqu'on vient à diſtiller à feu nud & aſſez vif, & ſans ſerpentin, on met de côté les quatre premieres pintes du liquide qui diſtille; il eſt ordinairement laiteux & chargé d'huile ſurnageante; on ajoute à ces quatre pintes, autant de bon Eſprit-de-vin du ſecond produit, & l'on a huit pintes d'Eau Vulnéraire ſpiritueuſe. On continue la diſtillation, & ce qui paſſe eſt de l'Eau Vulnéraire ſimple; mais j'anticipe ſur ce qui doit être traité dans le Chapitre ſuivant.

De l'Ether & de la Liqueur Anodine minérale d'Hofman, préparés en grand.

I L ſuffit qu'un médicament ait une certaine vogue, pour faire naître l'envie de le rendre, pour ainſi parler, commerçable; car il y aura toujours cette différence entre les préparations Chimiques faites par les Artiſtes chargés d'en faire la diſtribution pour l'uſage des malades, & les mêmes préparations faites à deſſein de les répandre dans le commerce; les premiers mettent toute leur application à donner un degré de perfection ſupérieur à ce qu'ils préparent, & n'y épargnent aucune dépenſe, leur honneur y eſt intéreſſé puiſqu'ils ſont par état, auprès du Malade & du Médecin les cautions des médicaments qu'ils fourniſſent. Le commerçant au contraire n'a d'autre objet que d'avoir le plus de débit poſſible, c'eſt le principal reſſort de ſa concurrence, auſſi lui ſuffit-il ſouvent que ce qu'il reçoit dans ſon magaſin porte avec le nom, les qualités les plus frappantes, & que l'Ouvrier qui les lui prépare ait aſſez d'adreſſe pour lui en livrer beaucoup pour peu d'argent. Sa marchandiſe une fois ſortie de ſes magaſins, il n'en répond plus; ainſi ne riſquant rien pour ſa réputation, il ne remplit d'autre objet que celui de ſon plus grand débit ou de ſon plus fort bénéfice. Je ne demanderai pas ſi un pareil commerce doit être toléré, puiſqu'il y va de la vie des hommes. On ne peut ignorer l'intérêt chaud que j'ai à en démontrer les dangers; il y a toujours à rougir pour l'Artiſte honnête de voir compter pour rien, ſes ſoins, ſes études, ſa vigilance continuels, & d'entendre parler de valeur intrinſeque, comme ſi la valeur intrinſeque du métal employé dans une montre, ſuffiſoit pour apprécier le mérite de l'Horloger.

Une choſe étonnante, c'eſt que ces eſpeces de marchandiſes ſoient achetées dans les Provinces par des gens qui ont exercé la Pharmacie dans les

grandes

grandes Villes, & qui ont plus de loifir qu'il ne leur en faut pour s'occuper, s'ils le vouloient, à préparer des remedes certains, au lieu d'acheter des marchandifes infideles, à l'aide defquelles ils abufent de la confiance de leurs Concitoyens.

Ces réflexions générales font finguliérement placées pour l'objet que je traite dans cet article. Depuis que l'Ether vitriolique & la liqueur Anodine minérale d'Hofman, font devenus un médicament néceffaire au Médecin, il n'y a pas une boutique d'Apothicaire, en quelqu'endroit que ce foit, qui n'ait l'une & l'autre liqueur, mais combien y a-t-il d'Apothicaires qui ayent fait celle qu'ils débitent ?

Je ne crois pas néceffaire de décrire ici la maniere légitime de les préparer ; quand je dis légitime, je n'entends pas parler du Procédé que je vais expofer & que je tiens pour fort bon, c'eft celui que mettent en pratique les Diftillateurs Anglois, & que j'ai fouvent exécuté moi-même ; je veux dire feulement que je ne parlerai pas de la méthode adoptée par les Auteurs de la Pharmacopée de Paris, & qu'on pratique par toute la France.

Dans un bain de fable on place quatre cornues de verre de la capacité de fix à huit pintes chacune, & l'on fait chauffer le fable en allumant dans le fourneau un feu affez vif. Pendant ce temps on mêle dans chaque cornue la valeur de deux pintes, en mefure & non en poids, d'huile de vitriol du commerce, de cette huile que M. Dozy prétend ne revenir qu'à quatre fols la livre, & qui en France doit coûter au Fabriquant fix à fept fols au plus, & deux pintes d'Efprit de mélaffe, ou à fon défaut d'Efprit de grain très-rectifié. On obferve que les deux pintes d'huile de vitriol pefent plus de fix livres, & que les deux pintes d'Efprit pefent au plus cinquante-deux onces ou trois livres un quart. On fait le mélange en verfant d'abord dans la cornue l'Efprit de mélaffe, puis l'huile de vitriol en quatre ou fix reprifes ; on agite la cornue, tant pour faciliter le mélange, qu'afin de l'échauffer uniformément ; & dès que la chaleur eft au point de ne pouvoir tenir le vaiffeau long-temps dans les mains, on peut verfer le refte de l'huile à grande dofe, & fans rifque ; on tâte fi le fable a une chaleur à-peu-près égale à celle de la cornue, il vaut mieux qu'elle foit un peu moindre que plus forte ; on y place la cornue, on l'enfable jufqu'à la hauteur de la liqueur ; on y adapte promptement un vafte ballon tubulé par le ventre, & à cette tubulure on place ou un flacon ou un autre petit ballon ; on lutte les jointures avec de la veffie mouillée, où l'on laiffe feulement un trou d'épingle. Le petit ballon fe plonge dans un feau rempli de glace ou d'eau très-froide ; on couvre le vafte ballon avec des linges qu'on entretient pareillement le plus froids poffible en les plongeant de temps à autres dans de l'eau froide. On continue le feu en l'augmentant jufqu'à faire bouillonner la liqueur ; alors elle diftille abondamment & en trois ou quatre heures au plus il a paffé près de quarante onces de fluide dans l'un & l'autre ballon.

Distillateur, &c.   T

On éteint le feu, & lorfque le tout eft refroidi on enleve d'une part la liqueur diftillée pour la traiter comme il va être dit ; de l'autre on verfe dans chaque cornue trois pintes d'Efprit de mélaffe, qui peut être moins rectifié que le premier. Le mélange s'échauffe de nouveau ; on replace & on lute le même appareil, on établit la diftillation comme dans le premier, on réitere ce Procédé jufqu'à fix fois, en ajoutant à chaque fois trois pintes d'Efprit de mélaffe, en remuant le mélange, & en mettant de côté le produit de la diftillation, ce qui fait dix-huit pintes d'Efprit de mélaffe qui diftillent fur deux pintes d'huile de vitriol, fans compter les deux premieres pintes réfervées pour en faire de l'éther. Dans cette fuite de diftillations, on remarque que la chaleur diminue à chaque mélange, & que durant les dernieres diftillations, on eft obligé de diriger le feu plus doucement pour éviter des foubrefauts qui arrivent dans la liqueur & feroient paffer hors la cornue de la matiere colorante.

Les dix-huit pintes mifes en diftillation fucceffivement font autrement altérées par l'acide vitriolique, qu'elles ne le feroient fi on les mettoit toutes à la fois ; parce qu'à chaque opération l'acide vitriolique reprend un degré de concentration qui lui donne une énergie qu'il n'a jamais en tant qu'acide délayé. Ces dix-huit pintes en ont produit à-peu-près quinze ; on les met dans un alambic ordinaire monté pour le bain-marie ; au fonds de la cucurbite on met environ quatre livres de ce que les Anglois appellent de la *cendre gravelée* & qui eft notre potaffe ; ils diftillent au ferpentin, comme fi c'étoit de l'Efprit-de-vin ordinaire.

Comme on a mené quatre cornues pareilles à la fois, il s'enfuit qu'on a à-peu-près foixante pintes de liqueur à rectifier à la fois, dont on retire près de cinquante, & c'eft ce que les Anglois diftribuent dans l'Allemagne & dans la Hollande fous le nom de *Liqueur minérale Anodine d'Hofman,* dans le prix de deux à trois fchellings, ou quarante-deux fols, à trois livres trois fols de notre monnoie pour la livre.

Pour apprécier au jufte cette liqueur, ce n'eft que de l'Efprit-de-vin légérement éthéré & chargé d'un peu d'huile douce du vitriol, qui n'ayant été diftillée dans aucune occafion, fe diffout à chaque fois dans la nouvelle dofe d'Efprit de mélaffe qu'on y ajoute.

Quelque loin qu'il y ait de cette liqueur Angloife à la véritable liqueur d'Hofman, encore eft-elle dans fon genre plus parfaite que n'eft celle que vendent les Colporteurs en France. Sur une pinte d'Efprit-de-vin on verfe un gros d'huile douce de vitriol, & fouvent l'Efprit eft tiré des Eaux-de-vie de vernis ; voilà ce que des Apothicaires de Province achetent & vendent, voilà ce qu'ofent préparer, je ne dis pas des Ouvriers obfcurs, mais des gens qui prétendent à la plus haute réputation.

Il eft temps de paffer à la rectification de la liqueur obtenue par la premiere diftillation. Les quarante-deux onces de liqueur fournie par chaque cornue donnent pour les quatre cornues près de neuf livres de fluide à rectifier. On met le tout dans une vaste cornue avec deux onces au plus, de gravelée Angloise, & l'on distille au bain de sable à un feu extrêmement doux, de maniere cependant qu'il y ait un léger frémissement dans le fluide. L'appareil du récipient est le même que pour la premiere distillation. On cesse lorsqu'on voit que les stries qui se forment dans l'intérieur de la cornue, ont une certaine onctuosité qu'elles n'ont pas dans le commencement. On retrouve ordinairement de six à sept livres d'Ether, ce qui donne à-peu-près la moitié du poids de l'Esprit de mélasse. La nature de cet Esprit concourt avec la dose d'huile de vitriol à fournir cette grande quantité d'Ether, que l'Esprit rectifié du vin ne fournit jamais; cet Esprit est encore la cause de la quantité assez considérable qui se forme d'huile douce de vin ou de vitriol, & qu'on obtiendroit si l'on vouloit en continuant la premiere distillation, au lieu d'y verser de nouvel Esprit; mais ce n'est pas le lieu de disserter sur la nature ou l'origine de cette huile douce.

L'Ether obtenu par le procédé Anglois est à toute épreuve, c'est-à-dire, qu'il surnage l'eau & qu'il se dissipe sans laisser d'humidité. Il n'a qu'un défaut, c'est de porter avec lui une odeur bitumineuse qu'on a essayé en vain de lui enlever en le noyant dans l'Esprit-de-vin bien pur & le distillant de nouveau. L'Esprit-de-vin demeure, à la vérité, chargé d'odeur, mais l'Ether n'en est pas dépouillé, parce que ce n'est qu'en dissolvant une portion de ce dernier que l'Esprit-de-vin est odorant. Les mêmes qui vendent la liqueur Anodine à nos Colporteurs, leur fournissent aussi de l'Ether qui se ressent de leur méthode; sur six onces de bon Ether ils ajoutent deux onces d'Esprit-de-vin, & ont grand soin de recommander qu'on ne verse pas d'eau sur cet Ether dans la crainte, disent-ils, de le gâter, mais, pour dire la vérité, de peur qu'on ne découvre la fraude; c'est ainsi qu'ils abusent d'une précaution physique publiée par un Artiste qui a beaucoup écrit sur cette matiere. En effet l'unique moyen de reconnoître le mélange de l'Esprit-de-vin dans l'éther, est d'avoir une phiole longue, comme celles où se débite l'Eau de mélisse, on y met de l'eau jusqu'aux deux tiers de sa hauteur. On colle à cette hauteur & extérieurement une petite bande de papier; on acheve d'emplir avec l'Ether soupçonné; la bouteille bouchée on la secoue fortement, puis on la laisse reposer; l'Esprit-de-vin seul se mêle à l'eau, & l'Ether dégagé de cet Esprit surnage, ce qui fait remonter le limbe au-dessus de la bande de papier, parce que le volume de la liqueur surnageante est diminué, tandis que celui de la liqueur de dessous est augmenté à ses dépens.

SECTION SECONDE.

De la Préparation en grand de certaines Huiles essentielles.

EN parlant dans la premiere Section de l'Esprit d'Anis , j'ai annoncé une suite du travail par lequel les Distillateurs retirent l'huile essentielle de l'Anis , après avoir obtenu de dessus cet Anis l'Esprit-de-vin chargé d'une très-petite quantité de cette huile ; & je me suis réservé de donner sur les manipulations propres à traiter en grand certaines huiles essentielles, des éclaircissements d'autant plus nécessaires, que plusieurs de ces manipulations sont mises en pratique par des gens isolés , que d'autres sont encore un mystere, & que j'ai fait en sorte de porter sur le total , les lumieres dont une étude assidue & un travail suivi m'ont pu rendre capable.

Huile essentielle d'Anis.

LE Distillateur après avoir retiré à feu nud son Esprit d'Anis se hâte de verser dans l'alambic autant d'eau chaude qu'il y avoit d'Esprit ; il supprime le serpentin dont la fraîcheur nuiroit à son opération ; il augmente le feu & reçoit dans un matras six à sept onces d'huile essentielle , s'il a mis vingt-cinq livres d'Anis ; cette huile passe avec une eau laiteuse & abondante ; il faut observer que le réfrigérant soit plutôt tiede que froid ; on place le matras dans un seau plein d'eau froide ; toute l'huile d'Anis se congele ; on sépare l'eau ; puis à la plus douce chaleur l'huile redevenant fluide , on la verse dans un flacon pour la conserver : les vingt-cinq livres d'Anis fournissent par ce moyen huit onces au moins d'huile essentielle, en comptant celle qu'a dissout l'Esprit-de-vin. Ce produit m'ayant paru plus abondant que lorsqu'on distille l'Anis immédiatement à l'eau , sans l'avoir traité d'abord avec l'Esprit-de-vin , j'ai fait sur d'autres huiles quelques expériences qui tiennent de trop près à l'Art du Distillateur pour les négliger.

Huiles de Canelle & de Gérofle.

ON sait que les huiles de Canelle & de Gérofle indépendamment de leur prix considérable, sont à juste titre au moins soupçonnées de falsification lorsqu'elles ont passé par les mains des Commerçants , & peut-être par celles des Fabriquants. Les Artistes qui ont essayé de les tirer eux-mêmes ont été dégoûtés par la petite quantité de produit qu'ils obtenoient.

Ayant soupçonné que cela dépendoit de l'état résineux ou peu fluide dans lequel les huiles essentielles sont contenues , soit dans le fruit, soit dans l'écorce d'où l'on veut le tirer ; ayant remarqué d'autre part que l'Esprit-de-vin en donnant plus de fluidité à l'huile d'Anis étoit la caufe que les Diftillateurs en obtenoient une quantité fi confidérable ; j'ai effayé d'appliquer à la Canelle & au Gérofle la même manipulation que pour l'huile d'Anis.

Pomet nous dit que les Hollandois viennent en Picardie acheter les vins, qui par parenthefe y font très-rares ; qu'ils débondonnent les pieces pour y ver-fer dans chaque une pinte de liqueur compofée, dont ils font un fecret ; ils laiffent la bouteille renverfée par le trou du bondon, & au bout de quelques jours elle fe trouve pleine de la portion la plus fubtile du vin ; ils l'emportent foigneufement & abandonnent le refte du vin qui fe trouve putride & gâté ; avec cette liqueur précieufe ils traitent la Canelle & le Gérofle pour obtenir toute l'huile. Voilà jufqu'où va la crédulité du Marchand Pomet : paffons à quel-que chofe de plus intéreffant.

J'ai fait mettre en poudre groffiere quatre livres de Canelle, j'ai arrofé cette poudre, & je l'ai mife dans la cuve de l'alambic avec une chopine au plus de bon Efprit-de-vin, autant qu'il en a fallu pour la mouiller feulement. Au bout de deux jours j'ai ajouté douze pintes d'eau, & j'ai diftillé fans ferpentin à une chaleur affez vive, avec le foin de ne pas trop refroidir le refrigérant, & de verfer de nouvelle eau bouillante à chaque fois que j'en avois retiré quatre pintes ; je n'ai ceffé de diftiller que lorfque l'eau a paru s'éclaircir ; la diftil-lation a duré près de fix heures , & j'avois à-peu-près douze pintes d'eau laiteufe , au fond de laquelle s'eft ramaffée l'huile que j'en ai féparée avec le plus grand foin ; & j'ai obtenu onze gros & demi d'huile de Canelle, ce qui fait trois gros moins douze grains par livre.

La même opération faite fur le Gérofle m'a donné plus de trois onces d'hui-le par livre, puifque les quatre livres en ont donné treize onces bon poids.

Vogel un des plus exacts Auteurs qui nous ayent donné le poids des huiles effentielles obtenues par livre de fubftances, ne donne pour la Canelle que deux gros, & pour le Gérofle que deux onces deux gros par livre. Il eft donc évident que le produit par mon procédé eft plus abondant ; mais fuffit-il pour dédom-mager le Commerçant, c'eft-à-dire, pour les lui pouvoir livrer à un prix concur-rent de celui qu'il le payeroit à l'Etranger ?

La Canelle donnant trois gros par livre, trois livres donneront une once & un gros; or trois livres de Canelle coûtent actuellement quarante-cinq livres ; ajoutons fi l'on veut douze francs pour la main-d'œuvre, cette huile reviendra à cinquante-fept francs l'once ; je néglige le gros enfus, pour rendre le calcul plus aifé. Suppofons que quelques efpeces de Canelle, ou quelque défaut de mani-pulation portaffent l'once au prix de foixante & dix livres, le Commerçant eft encore en état de la livrer à quatre-vingt livres prix actuel de cette huile fuper-fine. Qu'on fubftitue maintenant à la Canelle venue de Hollande, celle qu'on a vue dans Paris il y a cinq à fix ans, & qui a valu depuis cinq livres jufqu'à neuf francs au plus; qu'on autorife nos Négociants dans l'Inde à s'en charger;

que l'Artiste compare son produit en huile avec celui de la Canelle Hollandoife, & l'on verra combien il fera facile d'avoir à bon compte l'huile de Canelle,
& combien il eft gracieux pour les Artiftes François d'être fûrs que cette huile
a une pureté qu'on n'a jamais été tenté d'accorder à celle qui vient de l'E-
tranger.

Ce que je dis ici de l'huile de Canelle eft bien plus évident encore pour
l'huile de Gérofle , & je me flatte d'avoir ouvert aux Diftillateurs une nouvelle
branche de commerce & de travail. Je vais parler d'une autre fubftance bien
répandue dans le commerce , & dont la purification a long-temps paffé pour un
fecret.

De la purification du Camphre.

Quelle que foit la nature des arbres auxquels on doit la fubftance particuliere
appellée *Camphre* , fans difputer ici s'ils font d'une feule & même efpece , ou
fi l'on retire cette matiere de certains Canneliers & de certains Lauriers , fans
même vouloir difcuter fi le Camphre du commerce eft femblable, ou en quel
point il differe de celui que quelques Chimiftes ont trouvé dans l'huile effentielle
du thim, & que j'ai moi-même obfervé dans l'huile effentielle de cubebes ;
moins difpofé encore à difcuter dans cet Ouvrage fi le Camphre appartient aux
réfines ou aux huiles effentielles, ou s'il le faut regarder comme un corps à
part ; il nous fuffira de dire que la traite du Camphre brut fe fait par Sumatra &
Borneao , & que ce dernier eft plus onctueux , moins fec que celui de Sumatra ; c'eft un compofé de petits corps ifolés blancs , folides , demi-tranfparents ;
il eft friable , & répand une forte odeur quand on le chauffe ; il brûle & s'enflamme avec une lenteur & une efpece d'obftination qui permet difficilement
de l'éteindre avant qu'il foit confumé. Il eft mêlé de morceaux de paille ,
de bois , de terre & autres ordures. Dans cet état on l'appelle *Camphre brut* ,
& depuis que les Vénitiens ont abandonné plufieurs branches de commerce ,
les Hollandois font les feuls qui le prennent fous cette forme pour le raffiner
chez eux.

La Raffinerie du Camphre a long-temps été regardée comme un fecret, tandis que ce n'étoit qu'un myftere d'Ouvrier. La préoccupation à cet égard a été
fi grande qu'un de nos Chimiftes, qui dans fon temps a fait beaucoup de bruit, a
prétendu que les Hollandois fe contentoient de faire fondre le Camphre , &
que c'étoit pour en impofer qu'ils donnoient aux pains de Camphre la forme
convexe, & le bouton qu'on y voit; il a perfifté dans fa prévention , même
après avoir vu le travail des Hollandois exécuté par M. Bomare , qui avoit eu
occafion de le fuivre dans fes plus petites circonftances.

En expofant cette méthode , je ne ferai que donner le précis de l'Ouvrage
de M. Bomare , & de fes manipulations , dont j'ai été le témoin.

Le laboratoire qui fert à Amfterdam pour la purification du Camphre eft une piece quarrée, plus longue que large, éclairée de dix fenêtres, favoir, trois fur chacun des deux côtés, deux au fond, & deux fur le devant à côté de la porte ; elles font toutes à-peu-près au tiers de la hauteur du bâtiment, à prendre depuis le fol, fermées par des chaffis qui peuvent, à l'aide de cordons, s'ouvrir & fe fermer à volonté dans leur totalité ; ce détail n'eft pas indifférent : la porte eft grande & au milieu d'un des côtés étroit du quarré long. L'intérieur eft garni de vingt fourneaux adoffés le long des murs, huit de chaque côté & quatre dans le fond. Chaque paire de ces fourneaux a une cheminée commune qui fe perd dans le toît. Le cendrier en eft fort bas ; le foyer qui ne doit être chauffé qu'avec du charbon de tourbe, eft garni fur le devant d'une porte plus large que haute, & peut tenir au plus un tiers de nos boiffeaux de charbon ; fur le foyer eft établi à demeure un pot à fable de douze pouces de diametre fur cinq de profondeur ; chaque fourneau a encore au-deffus de lui, attaché contre le mur, un petit thermometre à Efprit-de-vin fur lequel font marquées en traits fort apparents les hauteurs auxquelles la liqueur doit être dans les différents inftants de l'opération.

Sur le devant du laboratoire, c'eft-à-dire, aux deux côtés de la porte, font deux grands mortiers de fer fondu qui fervent à faire le mélange dont nous allons parler ; dans le milieu eft une table longue ; & l'efpece de grenier que forme l'efpace entre le toît & le plafond du laboratoire fert de magafin pour ferrer entr'autres les ballons ou vaiffeaux fublimatoires qui font d'un verre blanc & mince , ayant la capacité de huit à dix livres, & d'une forme fphérique applatie par le col & le fond ; ce col a lui-même trois à quatre pouces de long fur un pouce d'ouverture.

Deux Ouvriers fuffifent pour la conduite d'un laboratoire tel que je viens de le décrire ; un d'eux, qui eft le chef, prend tantôt partie égale de Camphre brut de Sumatra & de Borneao , tantôt deux parties de celui-ci contre une de Sumatra, felon le degré de féchereffe & d'onctuofité qu'il remarque dans chacun de ces Camphres ; fon Aide les mêle exactement dans les mortiers, tandis qu'il prépare fes ballons ; il tient d'une main un entonnoir à tige courte & large, & de l'autre une febille de bois qui peut contenir fix livres du mélange ; il place l'entonnoir fur un ballon, verfe ce qui eft dans la febille, & paffe de fuite à un autre ballon : le fecond Ouvrier prend le ballon chargé, le porte dans le pot à fable, & l'en recouvre jufqu'à deux travers de doigts au-deffus de la matiere qui y eft contenue : cet ouvrage eft par où l'on finit chaque journée.

Le lendemain, dès fix heures au plus tard, on commence à établir le feu dans les fourneaux, vis-à-vis chacun defquels le fecond Ouvrier a placé un panier contenant ce qu'il faut de charbon de tourbe pour parfaire le travail. Pendant ce temps la porte & les fenêtres font exactement fermées ; fitôt qu'en augmentant le feu l'Ouvrier apperçoit les thermométres montés au plus haut degré néceffaire, il juge que fon Camphre eft fondu & commence à fe fublimer ;

en effet, on voit le long des parois du ballon , dans fa partie vuide , des ſtries onctueuſes qui retombent ſans ceſſe ſur le reſte de la matiere. L'Ouvrier ſaiſit cet inſtant pour ouvrir toutes les fenêtres & la porte , & ſe procurer ainſi un courant d'air frais ; il va paſſer le doigt autour de chaque matras , pour le dé-ſabler légérement , & il bouche chaque orifice avec un tampon léger de coton cardé. Alors la partie ſupérieure des ballons blanchit intérieurement , les ther-mometres baiſſent , & ſitôt qu'ils ſont deſcendus à la ligne qui indique le point de chaleur convenable à la ſublimation, il referme quelques fenêtres ou tou-tes , & tant que l'opération dure , il n'a d'autre attention que de viſiter les ther-mometres pour ouvrir ou fermer , ſelon la circonſtance , celles des fenêtres qui doivent procurer le frais à celui des ballons qui en a beſoin. L'opération dure ordinairement huit à neuf heures. Quand il ne ſe ſublime plus rien , l'Ouvrier ſaiſiſſant chaque ballon par ſon collet , le tire hors du ſable & le poſe ſeule-ment deſſus ; puis il ouvre de nouveau porte & fenêtres : on retire le feu des fourneaux , & deux heures après on tranſporte les ballons l'un après l'autre ſur la table longue , où l'on acheve de caſſer le ballon pour en ſéparer les pains blancs & tranſparents de Camphre rafiné , qu'on enveloppe ſur le champ dans une feuille de gros papier rouge dont les bords ſont repliés dans la partie concave du pain ſublimé ; c'eſt en cet état que les Négociants le débitent en-ſuite à leurs Correſpondants.

Le reſte de la journée eſt employé à préparer le travail du lendemain , à ra-tiſſer les pains qui auroient quelque ſaleté , à achever d'enlever ce qui en reſte quelquefois d'adhérent au verre , à examiner ſi ce qui eſt au fond du ballon eſt bien épuiſé de Camphre ; ces ratiſſures & reſtes du ballon ſe ſubliment à part, & on attend pour le faire qu'on en ait de quoi faire un travail entier.

Comme l'eſpece de verre dont on fait ces ballons eſt un peu rare en Hollan-de , on met à part les débris des ballons , & on les fait paſſer au Verrier qui eſt dans l'uſage de fournir la Fabrique.

L'eſſentiel de la purification du Camphre conſiſte à ſaiſir l'inſtant où cette ſubſtance volatile ſe liquéfiant commence à ſe réduire en vapeurs ; tandis qu'on le conſerve dans cet état dans le fond du ballon , on en rafraîchit la partie ſu-périeure pour donner aux vapeurs l'occaſion de ſe condenſer & de faire une croûte premiere à laquelle les autres vapeurs s'attacheront plus facilement. Sans cela ces vapeurs trop échauffées conſervent l'état fluide , & retombent dans le fond du matras ſans prendre conſiſtance. Cet accident arrivé au Chimiſte dont je parlois au commencement de cet article l'a induit en erreur , mais je ne ſais ce qui l'y a fait perſévérer.

Je parle , ainſi que je l'ai dit , d'après ma propre obſervation ; M. Bomare imitant la Raffinerie Hollandoiſe , faiſoit naître & diſparoître l'état concret du Camphre ſublimé à volonté.

Pour donner plus de poids encore à ma deſcription d'un Art iſolé & ignoré

preſque

presque généralement , je termine par annoncer que M. Model , Chimiste de Péterfbourg, a fait les mêmes obfervations dans fon laboratoire fur du Camphre brut qu'on lui avoit adreffé ; il a donné le détail de fon travail , en tout femblable à ce qui précede , dans fon Livre Allemand , qu'il a intitulé *Récréations Chimiques* , & dont M. Parmentier, Apothicaire Major des Invalides , a fait à ma follicitation , une traduction , qu'il fe propofe de donner inceffamment au Public.

De l'extraction en grand de l'huile d'Afpic.

Puisque j'ai eu occafion de parler de plufieurs travaux fur les huiles effentielles , je ne laifferai pas échapper celle de parler d'un Art d'autant plus ignoré , que d'une part les Auteurs ont beaucoup contribué à écarter les Savants & les Diftillateurs de la vérité , & que de l'autre on ne fe doute pas quelle efpece d'Ouvriers tient cette Fabrique , & encore moins où ils établiffent leur laboratoire. Cette huile prefqu'auffi commune que celle de térébenthine , avec laquelle prefque tous les Auteurs l'ont confondue , ou l'ont foupçonnée d'être falfifiée , fe prépare en pleine campagne par les Bergers & autres Paftres du Languedoc & de la Provence.

Lorfque l'efpece de lavande appellée *Lavande Sauvage* ou *Afpic* , qui croît avec profufion fur les côteaux & dans les prairies un peu élevées de ces deux Provinces , eft en pleine fleuraifon , les Bergers viennent à la ville prendre chez les Négociants qui font ce commerce , un grand alambic de cuivre , avec fa tête ou chapiteau étamé & un trépied un peu exhauffé : ce trépied eft leur fourneau. Ils s'établiffent dans la prairie près d'un ruiffeau , & les voilà Diftillateurs d'huile d'Afpic. Ils coupent fur pied les épis fleuris de l'Afpic , en empliffent leur alambic ; ils y ajoutent de l'eau , placent le chapiteau , allument bon feu avec des plantes feches fous le trépied , & reçoivent dans une groffe bouteille de verre , ce qui coule au filet. Lorfqu'ils ont retiré ce que l'habitude leur a montré que donnoit une charge d'alambic , ils vuident leur chaudiere , la rempliffent de nouvelle fleur & fe remettent à diftiller , foit en changeant de place , foit en allant plus au loin cueillir la fleur d'Afpic , & ils continuent ce manége jufqu'à ce que l'Afpic ne foit plus fleurie. A chaque fois ils ont eu le foin de retirer l'huile & de la verfer dans des outres de cuir. La faifon paffée , nos Diftillateurs reviennent à la ville , rendent leur appareil chimique à fon propriétaire , & lui vendent à un prix très-modique le fruit de leur défœuvrement. On fait qu'un Paftre ne peut quitter fes troupeaux de vue ; & ce travail qui ne les affujettit pas , eft tout bénéfice pour eux. Croiroit-on que malgré la modicité du prix , il y a encore à fe méfier de ces travailleurs ; ils ont quelquefois la malice de bien remuer l'huile à l'inftant où ils vont la livrer , pour y mêler de l'eau qu'ils y ont laiffé exprès ; & qu'on leur payeroit pour huile , fi on n'avoit l'attention de laiffer repofer les outres deux à trois jours avant de les dépoter & de peser l'huile. On y joint le soin de renverser l'outre pendant ce repos sur l'endroit par où on l'emplit ; lorsqu'on vient à l'ouvrir, l'eau sort la premiere, & dévoile la petite fraude.

Cette huile, comme il est aisé de le présumer, n'est pas des plus fines pour l'odeur ; mais elle differe de l'essence de térébenthine par une couleur jaunâtre & par son odeur de lavande. Il est vrai que je sais quelques Pays où l'on fait de l'huile d'Aspic en infusant pendant vingt-quatre heures, un quarteron de lavande seche dans une pinte d'essence de térébenthine. On reconnoît cette fraude en frottant l'huile dans la main. Si l'huile d'Aspic est pure, l'odeur de lavande reste jusqu'à la fin ; si elle est mêlée d'essence de térébenthine, cette odeur de lavande se dissipe la premiere, & on ne sent plus que la térébenthine. Les Peintres Vernisseurs en emploient beaucoup, & la tirent du pays ou l'achetent chez nos Distillateurs d'Eaux-fortes, qui passent pour en être les Fabriquants.

On fait passer l'huile d'Aspic, qui vaut dans le commerce de douze à quinze sols la livre, dans des vases de cuivre rouge très-minces, ayant une forme quarré long dont les angles sont arrondis ; on les nomme des *Estagnons*. Ceux pour l'huile d'Aspic tiennent de soixante à quatre-vingt livres. Les Négociants de Provence & de Languedoc envoient dans des estagnons plus petits l'Eau de fleur d'Orange, l'essence de Citrons, &c. Il ne faut pas les croire lorsqu'ils disent qu'il y a une différence entre la marchandise en estagnons & celle en bouteilles ; la différence n'est que dans le prix qu'ils y mettent, & point dans la chose. Je ne dois pas anticiper sur l'Art du Parfumeur, en ajoutant ici le travail des essences, & les moyens secrets de les allonger.

De l'huile de Cade.

LES mêmes raisons qui m'ont décidé à donner ici cet Art isolé de la Fabrique d'huile d'Aspic, me déterminent à parler aussi de l'huile de Cade que les Maréchaux achetent chez nos Distillateurs. La plûpart des Auteurs sont dans la persuasion que c'est une huile tirée à la cornue ; nos plus modernes Ecrivains l'ont dit, & cependant voici le fait ; ce sont encore les paysans du Languedoc qui en font les Fabriquants.

Il y a dans cette Province une espece de grand Genévrier appellé par les Botanistes, *Juniperus baccâ rubescente.* On fait un abatis de bois de ce Genévrier, & on le brûle sur le lieu. On place les fagots, un bout trempant dans un petit fossé qu'on creuse exprès & qu'on tient plein d'eau ; l'autre bout est plus élevé, & c'est celui-ci qu'on allume ; tandis que la flamme le consume il suinte par l'extrêmité plongée une huile noirâtre & légere qui surnage l'eau ; lorsqu'on a brûlé successivement tout l'abatis, on recueille l'huile & on la porte en ville. Je n'ai pas besoin d'avertir que nos Pastres Chimistes ont l'instinct d'arranger

leur feu de maniere que le vent ne dérange pas leur appareil, soit qu'ils distillent l'Aspic, soit qu'ils brûlent leurs fagots de Genévrier.

CHAPITRE QUATRIEME.

Distillation en grand, des Eaux Aromatiques.

QUELQUE nombreuse que soit la liste des Eaux distillées, les Distillateurs dont nous exposons le travail, se bornent à celles qu'on retire de dessus les plantes aromatiques; encore ne s'occupent-ils que de celles dont l'odeur est plus connue & le débit plus certain. L'Eau Vulnéraire à l'eau qui est le résultat du mélange d'un assez bon nombre de plantes aromatiques; l'Eau Rose & celle de Fleurs d'Orange que les Pâtissiers, les Parfumeurs entre-autres emploient abondamment, sont les trois principales que les Distillateurs préparent.

Après ce qui a été dit à l'article de l'Eau Vulnéraire spiritueuse, & surtout en indiquant le dernier Procédé, ce seroit tomber dans une répétition inutile, que d'entrer sur l'Eau Vulnéraire à l'eau dans quelques détails; il suffit de faire souvenir ici, qu'elle est ou la suite de la distillation de l'Eau Vulnéraire spiritueuse, en ayant soin de remplir l'alambic avec de l'eau, ou le produit immédiat de la distillation à l'eau dont on a seulement enlevé les premieres pintes pour les mêler à de l'Esprit-de-vin, & en faire l'Eau Vulnéraire spiritueuse.

Eau Rose.

POUR distiller de l'Eau Rose, les Distillateurs prennent la Rose à cent feuilles; ils en emplissent un alambic en les y foulant même à l'aide de quelques coups de pilon; ils versent de l'eau tant qu'il en peut entrer, & placent le chapiteau dont le refrigérant se remplit d'eau froide. Le feu doit être clair, point lent, mais vif & cependant d'une chaleur moyenne; on l'entretient jusqu'à ce que la liqueur distille au filet, & tombe immédiatement, c'est-à-dire, sans l'interposition du serpentin, dans la bouteille qui sert de récipient. Lorsque pour un alambic chargé de quarante livres de Roses, & d'à-peu-près autant de pintes d'eau, on a retiré six pintes de liqueur; on garde ce premier produit sous le nom d'*Eau double de Roses*.

Les Roses alors sont amorties, dans l'alambic & presqu'en bouillie; elles sont on ne peut plus disposées à monter avec l'eau, ce qui gâteroit le produit. On introduit autant d'eau que cet amortissement & la partie de liquide déja passée le permettent. On tient le feu égal, l'eau du refrigérant plus que tiede; & on retire depuis douze jusqu'à vingt pintes d'*Eau Rose simple*: on est averti de ceffer la diftillation en flairant l'eau qui coule ; dès qu'elle eft foible ou tout-à-fait fans odeur, on retire le récipient, & tout eft fini.

Je connois un Diftillateur, qui, par une théorie peu éclairée, fait fon *Eau de Rofes double* en verfant dans fon alambic plein de Rofes fraîches, de l'Eau de Rofes fimple, & il croit que parce qu'il la diftille deux fois, elle eft double ; il n'en fait pas plus ; auffi eft-il le feul.

Les autres Diftillateurs en fuivant la pratique indiquée ci-deffus, favent très-bien que toutes chofes égales, la partie la plus tenue de ce qui conftitue l'odeur paffe, & la premiere, & le plus abondamment, & que par conféquent le premier produit eft toujours du double odorant plus que celui qui le fuivra, & que cette odeur va toujours en diminuant à mefure que l'on diftille. Les Artiftes qui joignent la probité à l'intelligence, ne tirent pas à la quantité, & aiment mieux ceffer de diftiller lorfque l'odeur eft foible, que d'altérer la bonté de ce qui eft paffé en y laiffant mêler trop de phlegme inodore. Ceux au contraire qui font affez cupides pour donner leur Eau Rofe au rabais, comme à quinze fols la pinte, font prodigues de ce dernier produit inodore.

Les uns & les autres font dans l'ufage de mêler dans un feul & même vaiffeau tous leurs produits d'Eau Rofe quand le temps de la diftillation en eft paffé, à l'exception de l'Eau double, & par ce moyen ils ont une Eau Rofe dont l'odeur eft égale.

Comme plufieurs de nos Diftillateurs font dans l'ufage de fournir auffi en grand certaines préparations de Pharmacie ; ceux-là, au lieu de jetter le réfidu de la diftillation des Rofes, renverfent la cuve de l'alambic fur un tamis de crin placé fur une grande terrine, & expriment le marc avec les mains, ou même à la preffe ; la décoction louche, acide, & défagréable qui en découle, mêlée à deux tiers de caffonade & un tiers de miel, devient entre leurs mains un fyrop qu'ils vendent fous le nom de *Syrop de Rofes pâles* ; je laiffe penfer quel fyrop : & je m'abftiens de toute réflexion, afin qu'on ne dife pas *fecit indignatio verfum.* Les Diftillateurs honnêtes font bien éloignés de tripoter ainfi.

Je me fuis engagé à indiquer dans le cours de cet Ouvrage des manipulations tendantes ou à la perfection ou à l'économie. J'ai déja rempli cette promeffe, & je vais le faire dans cette nouvelle circonftance pour l'un & l'autre objet.

Je prends quarante livres de Rofes que je fais piler dans un mortier de marbre avec un pilon de bois ; je les mets à la preffe, & je tire près de quinze livres de fuc, avec lequel je prépare le fyrop de Rofes pâles, en fuivant les mêmes proportions que pour le fyrop de noirprun, c'eft-à-dire, une partie de caffonade fur deux de fuc de Rofes, que je clarifie & fais cuire en confiftance.

Le marc qui en réfulte porte avec lui une odeur de Rofes finguliérement développée ; je le fais éparpiller, on le met dans l'alambic, je verfe par-deffus le fuc de Rofes de l'année précédente, lorfque par hazard il m'en refte, ou à

fon

fon défaut de l'Eau fimple, de maniere que le tout ait la confiftance de bouillie très-claire ; je laiffe macérer pendant vingt-quatre heures ; au bout de ce temps j'acheve de remplir l'alambic, & en diftillant avec les mêmes précautions que j'ai trop de fois indiquées pour y revenir, j'obtiens feize pintes d'Eau Rofe, non-feulement très-odorante, mais finguliérement chargée de la matiere fébacée connue fous le nom d'*huile de Rofes.* Comme cette fubftance, quelqu'abondante qu'elle paroiffe, eft difficile à féparer, parce qu'elle s'attache aux parois des bouteilles, je fuis dans l'ufage, lorfque toute mon Eau Rofe eft diftillée, de la verfer, comme font les Diftillateurs dans un vafe commun ; puis avant de la reverfer dans fes bouteilles de quatre pintes, je mets dans chacune à-peu-près une once d'Efprit-de-vin très-rectifié ; il diffout toute cette matiere fébacée, & la répand uniformément dans le fluide, d'où réfulte une odeur plus durable & plus forte. Je crois y avoir remarqué un autre avantage, dont j'ai déja fait mention dans l'article de l'Eau Vulnéraire au Chapitre précédent ; cette petite quantité d'Efprit-de-vin femble garantir de la moififfure toutes les Eaux fimples. Une pareille Eau Rofe a le double d'odeur qu'a celle des Diftillateurs, même celle qu'ils vendent comme Eau double ; il y a donc, comme on voit, dans mon Procédé un double avantage, celui de l'économie & celui de la meilleure qualité de la chofe. Le même marc ainfi privé de fon fuc, me fert auffi à préparer les deux compofitions Pharmaceutiques appellées l'*huile & l'onguent Rofat* ; mais je ne m'amuferai pas à décrire ce travail particulier qui n'a avec mon but principal aucun rapport évident.

Eau de fleurs d'Orange.

On faifoit autrefois plus qu'à préfent des Eaux de fleurs d'Orange de qualité & de prix finguliérement variés, depuis deux louis jufqu'à trois livres la pinte ; mais les Diftillateurs du Languedoc en ayant fourni tous les magafins prétendus de Montpellier établis à Paris, dans un prix encore au-deffous de trois livres, puifqu'on en a vu ne valoit que vingt-quatre fols, & que le prix courant eft de trente à trente-fix fols, nos Diftillateurs ont appris d'eux à courir à la quantité en négligeant la qualité.

L'Eau de fleurs d'Orange des Languedociens, vient dans des eftagnons ; elle eft extrêmement limpide ; elle a une odeur âcre herbacée, tourne facilement à l'aigre ; on n'y trouve jamais d'huile ; pour dire en un mot la vérité fans prévention, le bon marché en fait tout le mérite. Outre nos Diftillateurs, les Confifeurs qui emploient beaucoup de pétales ou feuilles de fleur d'Orange, ainfi que les Officiers de maifon & les Liquoriftes, ont pris l'habitude de diftiller les calices & étamines de ces fleurs qu'ils rejettoient autrefois ; les Eaux de fleur d'Orange ainfi préparées ayant les mêmes inconvénients que celle des Languedociens, j'ai cherché à découvrir la méthode de ces derniers.

Leurs Orangers font non-feulement abondants en fleurs, mais encore en jeunes fruits ; la trop grande quantité de ceux-ci nuiroit à la maturité de ceux qu'on veut faire parvenir au dernier période ; on fait donc à leur égard ce que dans nos vergers les Jardiniers intelligents font dans les années d'abondance ; ils font main-baffe fur de jeunes fruits mal placés, ou qui ne paroiffent pas d'une belle apparence ; les Languedociens en jettant par terre les jeunes fruits des Orangers, les joignent aux fleurs & aux feuilles que le vent ou l'excès de maturité fait tomber ; on ne cueille rien fur l'arbre, on porte à la diftillation les feuilles paffées, les fleurs fanées, les fruits avortés, & voilà ce qu'ils donnent après pour de l'Eau de fleurs d'Orange. Eft-il étonnant maintenant que cette eau foit fi tranfparente & d'un goût fi défagréable ? Joignez à cela le peu de foins qu'on apporte à la conduite du feu dans la diftillation.

Nos Diftillateurs de Paris font ordinairement de deux fortes d'Eau de fleurs d'Orange ; l'une qu'ils appellent *double*, & l'autre qu'ils nomment *fimple*. Ils y procédent comme nous avons dit pour l'Eau Rofe, avec cette différence qu'ils ne tirent pas leurs deux eaux fucceffivement. Quand ils chargent pour l'eau double, fur trente livres de fleurs, ils verfent vingt pintes d'eau & en retirent quinze. Lorfque c'eft pour l'eau fimple, fur vingt livres de fleurs, ils mettent trente pintes d'eau & en retirent vingt-cinq. L'eau qu'ils obtiennent eft un peu louche, blanchâtre & chargée d'une huile brune qu'on en fépare le plus exactement poffible ; parce qu'à vieillir elle devient confiftante, une partie s'en rediffout dans l'eau, la colore d'une maniere défagréable & lui concilie de l'amertume.

CHAPITRE CINQUIEME.

Des moyens imaginés pour masquer les Esprits-de-vin, & leur rendre leur premiere pureté.

Il fut un temps où les Languedociens & les Provençaux avoient la réputation d'être les seuls qui entendissent à préparer les Esprits odorants ou aromatiques. Esprit de Lavande, Esprit de Thym, Eau de la Reine de Hongrie, tout venoit de chez eux. Les essences, pomades de la ville de Grasse sur-tout, ont conservé encore la réputation dont elles jouissent. Ils faisoient leurs Esprits aromatiques d'une maniere fort simple. Leur Esprit-de-vin étant tiré de vins très-liquoreux, est toujours âcre & sec; c'est à quoi on reconnoît les liqueurs de Montpellier; ils y mêloient à volonté l'espece d'huile essentielle qu'ils jugeoient à propos, & l'envoyoient avec le nom d'Esprit de telle ou telle plante.

Comme cette pratique peut être de ressource dans un cas pressé, & est imitée par nos Distillateurs quand ils ne veulent pas se donner la peine de distiller; je suppose qu'ils veuillent faire de l'Esprit de Lavande; ils mettent sur vingt pintes d'Esprit-de-vin de la premiere force une livre d'huile essentielle de Lavande & dix pintes d'eau; le mélange reposé est clair & d'une forte odeur. Il faut convenir cependant que ces Esprits faits impromptu, n'ont pas la finesse de ceux qu'on a distillés, parce que cette opération acheve une combinaison qui n'est jamais qu'ébauchée par le simple mélange.

Ce n'est pas qu'on n'ait poussé l'art de marier les odeurs dans ces sortes d'esprits, de maniere à y faire passer l'odeur fugace des plantes, telles que la jonquille & le jasmin, après l'avoir fixée sur des huiles exprimées; mais la connoissance de ces manipulations appartient à l'*Art du Parfumeur*, & je n'ai aucun dessein d'envahir sur le travail d'un autre Auteur.

Nos Distillateurs n'eurent pas plutôt été en état d'établir une concurrence avec les Provençaux dans cette branche de commerce, que ces derniers s'apperçurent que leur consommation diminuoit sensiblement. On ne continua pas moins de tirer des Esprits de Montpellier, mais avec une précaution qui devenoit lucrative à nos Artistes.

Par une distinction dont on ne peut deviner la cause, l'Adjudicataire des Fermes ne recevoit à l'entrée de Paris, pour les Esprits odorants de Montpellier qu'un droit très-médiocre; tandis que l'Esprit-de-vin pur payoit comme aujourd'hui des droits exorbitants. Pour sauver ces droits, nos Négociants recommandoient à leurs Correspondants de ne mettre pour chaque bouteille ou *rouleau* tenant à-peu-près chopine qu'une goutte d'huile essentielle qui donnoit le nom à toute la liqueur; d'autres se contentoient de frotter seulement les bouchons des rouleaux avec cette huile : les Prépofés fentant l'odeur étrangere à celle de l'Efprit-de-vin n'en demandoient pas davantage , & l'Efprit-de-vin entroit fans payer des droits que l'induftrie trouvera toujours onéreux , puifqu'ils nuifent à fa perfection , & néceffitent l'homme induftrieux à ne porter fa fagacité que vers la fraude & autres moyens nuifibles à la fociété en général , plus encore qu'ils ne font de tort prétendu au Fermier en particulier.

Pendant long-temps ces fortes d'Efprits-de-vin ne fervoient que pour le vernis ; leur odeur empêchoit, quelque légere qu'elle fût , qu'on ne les employât, ou pour les liqueurs potables , ou dans les préparations de Chimie. Un Frere Bénédictin nommé *Frere Mathurin*, fut pendant long-temps le feul qui eût ou qui pratiquât à Paris le fecret d'enlever l'odeur à de pareils Efprits ; & ce fecret lui donnoit occafion de faire un bénéfice confidérable , parce que vendant fon Efprit-de-vin toujours quelques fols au-deffous de fon prix courant dans le commerce , il en avoit un débit très-grand. N'examinons pas fi le commerce de notre Moine étoit bien légitime ; ce fut à qui pourroit l'imiter, & enfin on s'apperçut que deux livres de cendres de farment délayées dans douze pintes d'Efprit aromatifé de Montpellier , fuffifoient pour fixer l'huile étrangere & donner un Efprit-de-vin diftillé de nouveau , abfolument inodore. Voici le détail de l'opération.

On mettoit la cendre de farments au fond de la cucurbite d'étain ; on y verfoit deux *taupettes* ou *rouleaux* d'Efprit odorant pour délayer uniformément la cendre ; & quand le mélange étoit bien fait , on achevoit de remplir la cucur-bite avec le même Efprit , en le verfant de haut & remuant le total. On pro-cédoit à la diftillation ; fur douze pintes on retiroit la premiere chopine qui fe trouvoit encore odorante & qui fervoit aux Vernis, Baumes , Eaux aromati-ques , &c. Les dix pintes qui fuivoient, étoient de pur Efprit-de-vin de la meilleure qualité ; il n'y avoit que la pinte & demie qui paffoit en dernier , qu'il falloit encore mettre de côté , fi l'on vouloit fauver une faveur amere que cette derniere portion enlevoit & auroit communiquée au total. Un vrai Phyficien conçoit aifément ce qui fe paffe alors ; la partie la plus éthérée , la plus volatile de l'huile étrangere aidée par l'Efprit-de-vin monte avec lui , & fe fépare du refte ; puis ce refte d'huile devenu pour cela même moins volatil , demeure dans l'alambic, jufqu'à ce que la durée de la chaleur , l'effort qu'elle fait pour enlever les dernieres portions d'efprit qui , je le répete , font toujours moins ténues que les premieres , agiffent fur le refte de l'huile , en détachent quelque portion & l'entraînent par le même effort avec ces dernieres portions. Voilà toujours fur douze pintes d'Efprit , dix pintes d'excellent Efprit inodore ; & les deux autres pintes propres à être employées , foit par le Chimifte , foit par le Vernitfeur : j'ai dans le temps répété plufieurs fois ce Procédé , & je me fuis affuré de fon fuccès. Je l'ai même étendu plus loin conjointement avec M. Bataille , Apothicaire également recommandable pour fon induftrie & pour fa probité ; je vais en parler dans un inftant.   Nos

Nos Diftillateurs poffédant le fecret du Frere Mathurin, ne jouirent pas long-temps de leur découverte. On impofa fur les Efprits odorants le même droit que fur l'Efprit-de-vin ordinaire ; enforte que je ne fais mention de cette premiere induftrie, qu'afin de ne rien laiffer à défirer fur l'Art que je décris.

Depuis ce premier moyen avorté, pour ainfi dire, on fait entrer dans Paris des Eaux-de-vie de la premiere qualité, fous le nom de *Vernis fimples*, & qu'on auroit mieux fait d'appeller *Efprit à vernis*, parce qu'en effet on ne peut difconvenir, 1°, que ces Eaux-de-vie ne contiennent des fubftances propres à faire du vernis, comme font l'arcanfon, le galipot & autres ; 2°, que la quantité de ces fubftances n'eft rien moins que fuffifante pour les qualifier vernis, puifque le vernis le plus fimple tient au moins un tiers de fon poids de matiere réfineufe, tandis que les prétendus vernis fimples du commerce n'en tiennent pas une once par pinte.

* Les conteftations nouvelles entre le Fermier & le Négociant à propos de cette efpece de vernis, ont fait naître la curiofité de voir fi, comme le prétend le Fermier, l'efprit qu'on en retire eft de toute qualité, & voici l'expérience fort fimple que j'ai eu occafion de faire avec M. Bataille, auquel j'en dois l'idée toute entiere.

Nous avons mis dans un alambic une pinte de vernis fimple & une pinte d'eau ; nous avons diftillé à feu nud, avec l'attention de fractionner ou féparer le produit par demi-feptiers ; le premier étoit chargé d'huile & louchiffoit avec l'eau ; les deux fuivants étoient de toute qualité, fecs, inodores, fe mêlant à l'eau fans y blanchir ; le dernier étoit âcre, d'une faveur amere mêlée d'un goût de fuif, & louchiffant légérement l'eau ; nous avons laiffé ce dernier de côté, & ayant mis les trois premieres portions dans la cucurbite d'un bain-marie, avec moitié d'eau, nous avons procédé à une nouvelle rectification, en ayant le foin de fractionner le produit par deux onces ; les deux premieres onces blanchiffoient légérement avec l'eau, mais tout ce qui paffa enfuite étoit de très-bon Efprit-de-vin, tellement bon qu'un Chimifte qui eut occafion de le confronter avec le fien propre, & qui avoit fans doute alors quelque diftraction, prit le fien pour l'Efprit rectifié des vernis fimples. Mais que ferviroit à nos Diftillateurs ce nouveau procédé plus fimple & auffi fûr que celui du Frere Mathurin ? Le Fermier n'eft-il pas aux aguets pour folliciter à fon profit un impôt fur cette nouvelle induftrie ?

Ce qui précede fuffiroit fans doute pour détruire le préjugé où l'on eft que l'Efprit-de-vin contient de l'huile, & qu'il lui doit fon inflammabilité, quand elle y eft en jufte proportion, & fon acrimonie fi elle y eft furabondante. J'ai ofé dire le contraire dans mes Inftituts, & le prouver dans mes Cours, ce qui n'empêche pas qu'on ne m'ait fait le reproche de m'être trompé ; il eft vrai qu'on a oublié d'en fournir la preuve. Comme je ne tiens jamais obftinément à mes opinions, mon premier foin, lorfqu'on m'a critiqué, a toujours été de revoir si je ne m'étois pas trompé. Pour cet effet j'ai ajouté à de bon Esprit-de-vin bien rectifié depuis une goutte jusqu'à deux gros par once d'huiles essentielles les plus odorantes & les plus analogues à l'Esprit-de-vin pour la volatilité, telles que l'essence de térébenthine, l'huile de Citron, celle d'Aspic & celle de Lavande. En traitant l'Esprit-de-vin par le procédé que je viens d'indiquer, non-seulement l'huile essentielle n'a pas monté avec l'Esprit-de-vin, mais elle s'en est séparée; enforte que malgré ce mélange, en le distillant, l'Esprit reprend sa premiere pureté, & n'en conserve pas la moindre trace d'odeur.

J'ai noyé une pinte d'Esprit-de-vin dans six pintes d'eau, dans un vaisseau fermé; il ne s'y est formé aucun atôme des prétendues gouttes huileuses de Kunckel; j'ai débouché le vase, & au bout de huit jours il y avoit quelques taches que j'ai enlevées avec soin; ce n'étoit rien moins que de l'huile, mais une matiere tenace & résiniforme qui pesoit au plus trois grains; or la présence de cette résine ne suppose pas même implicitement celle d'une huile.

En comparant au pese-liqueurs l'huile la plus volatile & l'Esprit-de-vin le mieux rectifié, la plus grande pesanteur de l'huile est singuliérement sensible.

Pour ne rien omettre, sans cependant entrer dans la suite d'expériences que j'ai consignées dans mon Mémoire *sur les différentes Tables des Rapports*, j'ai voulu dépouiller de l'Esprit-de-vin de cette prétendue huile par un nouvel intermede dont on vantoit singuliérement l'efficace pour deshuiler l'Esprit-de-vin, & M. Charlard a eu la complaisance de faire avec moi cette épreuve en grand. Nous avons mis dans la cucurbite d'un de ses alambics de l'Esprit-de-vin à rectifier en le noyant de moitié d'eau, & dans la cucurbite de l'autre, le même Esprit-de-vin noyé avec une pinte de lait pour seize pintes, & le surplus en eau; la distillation a été établie en même temps, le feu conduit par la même personne, & les produits reçus en même temps par chacun des tuyaux du serpentin, & nous avons mis de côté le premier quart. On prétend que rien ne deshuile mieux l'Esprit-de-vin que le lait : le pese-liqueurs m'a prouvé que bien loin de cela, l'Esprit rectifié à l'eau étoit d'un quatorzieme plus léger que celui rectifié au lait.

Si l'on réunit ce précis d'expériences avec les faits exposés dans ce Chapitre, & ce que j'ai dit dans le second Chapitre de cette Partie, rien ne sera plus démontré que la proposition suivante : l'Esprit-de-vin ne contient essentiellement aucune substance à qui le nom d'*huile* convienne; & l'Auteur du Dictionnaire de Chimie a eu bien raison d'observer qu'il falloit bien prendre garde à l'abus qu'on fait trop souvent du mot *huile*, pour désigner des substances qui n'en ont aucun caractere. *Voyez* Dictionnaire de Chimie au mot *Huiles.*

Cette légere discussion seroit superflue, si nos Distillateurs n'étoient des Artistes bien capables de sentir les moyens de perfection qu'on leur propose, & d'en apprécier les raisons.

CHAPITRE SIXIEME.

Accidents qui peuvent arriver dans les travaux précédents, & moyens d'y remédier.

L e foin des alambics dans les laboratoires de nos Diftillateurs étant confié pour l'ordinaire à des Ouvriers qui ne fe conduifent que par routine, & qui d'ailleurs ont fouvent plufieurs travaux à conduire en même-temps, il n'eft pas poffible que leurs diftillations entr'autres ne foient fujettes à quelques inconvéniens. Le plus fréquent eft celui qui naît de leurs diftractions ; un coup de feu inopiné & trop violent fait fouvent gonfler les matieres contenues dans l'alambic au point de les faire paffer avec la décoction par le bec du chapiteau : cet accident eft fur-tout fréquent, lorfque la diftillation s'exécute à feu nud, que les ingrédients font en poudre trop fine, ou que les plantes font muqueufes, enforte que les Rofes, par exemple, y font plus fujettes dans leur état entier, que lorfqu'elles ont été mifes à la preffe conformément au procédé que j'ai indiqué : dans quelqu'état qu'on les diftille, elles y font plus 'fujettes que la fleur d'Orange. Lorfque cet inconvénient a eu lieu, il en réfulte toujours un mal irréparable ; c'eft l'odeur herbacée que contracte toute l'eau qui diftillera enfuite, & la plus grande tendance à fe corrompre qui s'enfuit.

Quoi qu'il en foit, dès qu'on s'apperçoit que l'eau qui diftille eft colorée, le premier foin doit être de fupprimer promptement le feu, de laiffer couler la liqueur jufqu'à ce qu'elle reprenne fa tranfparence ; alors l'Ouvrier reverfe tout ce qui a diftillé par une des tubulures dans l'alambic, nétoie bien fon récipient, rallume fon feu en le ménageant avec un foin d'autant plus grand que cet accident eft précifément plus prompt à renaître parce qu'il eft arrivé une premiere fois.

L'attention à prévenir tout ce travail, en conduifant bien fon feu, eft bien autrement importante quand on diftille des huiles effentielles ; une grande partie de l'huile eft réabforbée par la liqueur colorée & acide qui paffe, & le déchet devient d'autant plus confidérable que les huiles qu'on veut obtenir font plus précieufes.

Le fecond accident qui puiffe arriver aux Eaux diftillées n'eft pas toujours la fuite du premier ; c'eft cette tendance à contracter la moififfure qui fuppofe ou que le feu a été trop vif, fans que pour cela la liqueur ait dépaffé, ou que la plante qu'on a diftillée eft trop abondamment vifqueufe. C'eft par conféquent toujours un défaut qu'écrafer fous le pilon les plantes fraîches fans les exprimer enfuite. Les premiers Auteurs de la Pharmacopée de Paris, celle qui a été imprimée fous le décanat de Jacques Hardouin, avoient en partie fenti l'avantage du procédé d'écraſer & exprimer les plantes ; mais en mettant indifféremment le ſuc récent de toutes les plantes qu'ils vouloient qu'on diſtillât , ils retomboient dans l'inconvénient que leurs eaux étoient ſurchargées du muqueux de la plante , & par conſéquent ſuſceptibles de ſe gâter très-promptement. C'étoit pour prévenir cette moiſiſſure , que quelques Auteurs preſcrivoient de verſer dans les Eaux diſtillées quelques gouttes d'acide ſulphureux.

J'ai déja eu occaſion de faire obſerver dans les Chapitres précédents que pour toutes les Eaux aromatiques , une once d'Eſprit-de-vin par quatre pintes , procuroit deux avantages , l'un de diſſoudre toute l'huile éparſe , & par conſéquent de donner à l'eau une odeur plus marquée & plus conſtante , & l'autre de les garantir de la mucoſité. Ce moyen peut donc être employé avec ſuccès pour toutes les Eaux de ce genre ; & je laiſſe aux Diſtillateurs à ſe décider pour celui-ci, ou à continuer l'uſage dans lequel ils ſont d'expoſer les bouteilles pleines d'Eaux diſtillées, aromatiques ou non, pendant les trois mois de l'été au grand ſoleil , en les tenant bouchées d'un ſimple papier ou d'une patte de verre à boire. On s'apperçoit qu'au bout de quelques jours elles louchiſſent; enſuite elles s'éclairciſſent inſenſiblement en dépoſant une légere quantité de ſédiment terreux ; alors elles ſont plus à l'abri de contracter aucune mucoſité.

Pour les maintenir dans cette bonne diſpoſition , il faut obſerver de ne jamais boucher les bouteilles pleines d'Eaux diſtillées avec des bouchons de liege , ſous lequel l'Eau la mieux diſtillée ne tarde pas à ſe corrompre.

On a même remarqué , & j'ai eu occaſion de l'obſerver pour de l'Eau double de fleurs d'Orange , que les Eaux aromatiques qui ont perdu leur odeur quand on les a bouchées avec du liege , reprennent cette odeur ſi on y ſubſtitue le bouchon de papier ou quelque choſe d'équivalent.

Le même moyen d'expoſer au ſoleil les Eaux diſtillées, ſert efficacement à nos Diſtillateurs pour enlever à leurs Eaux *l'odeur de feu* dont eſt empreinte toute liqueur fraîchement diſtillée. C'eſt une odeur déſagréable , que les Chimiſtes appellent l'*Empyreume*, mêlée de celle de la plante , & de l'odeur que répand un végétal qui brûle. Elle eſt le réſultat néceſſaire de l'action du feu ou violent ou long-temps continué. Cette odeur ſe contracte d'autant plus volontiers qu'il y a eu dans l'alambic une plus grande quantité de la plante à diſtiller; elle ſe paſſe bien à la longue , mais elle eſt plus promptement diſſipée en expoſant les Eaux au ſoleil.

Cette odeur de feu paroît une ſuite néceſſaire de la forme & de l'appareil des vaiſſeaux diſtillatoires. Quelle que ſoit la chaleur extérieure , celle qui naît dans l'intérieur de ces vaiſſeaux fermés de toute part , eſt toujours trop conſidérable ; les vapeurs , avant de ſe condenſer ou d'avoir enfilé le bec du chapiteau pour s'écouler, ſe refoulent ; & on ſait de quelle chaleur ſont capables les vapeurs dans cet état , qui approche plus ou moins de celui qu'on leur donne dans la fameuſe machine de Papin. Auſſi l'eau la plus pure qu'on diſtille ſeule ,

&

& fi l'on veut dans des vaiffeaux neufs, contracte-t-elle cette odeur de feu. Auffi les Efprits-de-vin foit purs, foit aromatiques, quoique diftillés au bain-marie, emportent-ils cette odeur qui contribue à leur faveur âcre. Comme nous avons obfervé que ce qu'on appelle la *mere-goutte* paffe à un degré de chaleur ni long, ni vif, on fent pourquoi cette mere-goutte conferve toujours l'avantage fur les autres portions du même efprit qui paffent enfuite, & qui demeurent plus long-temps & plus vivement chauffées. Qu'ajouteront les rectification réitérées tant recommandées par quelques Auteurs ? un goût de feu de plus, ou plus fortement adhérent. Ajoutons que la mere-goutte eft compofée de portions les plus uniformément atténuées de l'Eau-de-vie qu'on diftille, & que les rectifications ne peuvent jamais donner cette uniformité de ténuité, d'où réfulte la fineffe & l'excellence de ce premier produit.

Le foin de garder long-temps les liqueurs diftillées, fur-tout celles qui étant fpiritueufes, ont en outre leur aromate produit par des plantes diverfes ; ce foin concourt auffi tant à détruire cette odeur de feu qu'à donner un ton plus égal & mieux combiné aux aromates divers.

J'ai indiqué fuffifamment au Chapitre quatrieme, comment on remplit promptement la même intention lorfqu'on eft preffé. Il s'agit d'expofer la liqueur qu'on améliore, d'abord à une douce chaleur, puis à un froid exceffif.

Dans la diftillation des liqueurs fpiritueufes on court un rifque très-grand, lorfqu'en diftillant à feu nud, la liqueur vient à bouillir fortement & à s'échapper par toutes les jointures ; ou lorfque l'Ouvrier en travaillant dans l'obfcurité approche de trop près une chandelle ou une lampe allumée. Dans le premier cas, il faut jetter beaucoup d'eau froide fur l'alambic, & dans le feu pour éteindre celui-ci & rafraîchir l'autre fubitement. Il faut beaucoup de fang-froid dans l'Ouvrier ; il y a trop d'exemples de malheurs arrivés lorfqu'il perd la tête ; le feu le gagne, il brife tout, fe trouve étouffé par l'air trop raréfié, brûlé par la flamme de l'Efprit-de-vin, & paye ainfi de la vie ou par des fouffrances très-longues un moment d'inattention : heureux celui qu'on peut fauver en l'enveloppant au plus vîte dans des draps mouillés, pour éteindre la flamme & lui rendre la refpiration.

Dans le fecond cas, le danger eft plus grand & plus fubit ; la vapeur qui fort par le bec du chapiteau s'allume & communique la flamme à la liqueur contenue dans l'alambic ; le fracas, le renverfement du chapiteau ne font rien en comparaifon du danger que l'Ouvrier court d'être renverfé & fuffoqué fur le champ par l'effort de la vapeur qui s'échappe. Le plus fûr, s'il en a le temps, eft de boucher exactement le bec du chapiteau, d'éteindre le feu, & de rafraîchir très-promptement. Quand il eft affez heureux pour avoir étouffé la flamme, il doit attendre une bonne heure avant de recommencer fa diftillation. Il peut encore, s'il a quelqu'un pour l'aider, enlever promptement le chapiteau, &

couvrir la cuve d'un drap mouillé. Ce dernier accident étant le plus dange-reux, on fent combien il eft effentiel de veiller les Ouvriers quand ils travail-lent de nuit à ces fortes de diftillations.

CHAPITRE SEPTIEME.

Des épreuves par lefquelles on s'affure dans le Commerce des degrés de force des Efprits-de-vin, & de ce qu'on pourroit faire pour le mieux.

CE qui eft dit jufqu'à préfent fur le choix des Eaux-de-vie, & fur les fortes fous lefquelles les Efprits-de-vin doivent fe trouver dans le commerce, laiffe affez à entendre que le prix de ces différents Efprits devant être établi fur leurs variétés, il a été naturel d'imaginer des moyens prompts, faciles à exé-cuter, pour s'affurer des degrés de force des Efprits répandus dans le commerce. Pour dire la vérité, tous ces moyens ont leurs imperfections même aux yeux du Commerçant, qui n'eft pas à cet égard auffi fcrupuleux que le doit être le Phyficien.

Une belle tranfparence cryftalline, une mobilité finguliere, un *bel œil*, font des premieres preuves qui fatisfont l'Acheteur. Si en fecouant la bouteille qui contient l'efprit, il naît des bulles qui fe portant avec rapidité, & comme des perles détachées vers le haut, y crevent fur le champ, cette marque eft encore de bon augure. Si l'on prend un peu d'Efprit-de-vin dans la main, & qu'en l'y frottant fortement il fe diffipe fans laiffer d'humidité, fans donner d'odeur défagréable, & en communiquant aux mains un froid très-fenfible, on préfume encore avec raifon qu'un pareil efprit eft de bonne qualité.

Tous ces fignes ne caractérifent point une comparaifon marquée & certaine entre les efprits qu'on marchande dans les magafins; &, quoiqu'à force d'habi-tude, ils puiffent fuffire à la rigueur entre Commerçants de bonne-foi, ils ne fuffifent réellement pas en bonne Phyfique, & l'Adjudicataire des Fermes les a trouvés encore plus infuffifants depuis l'introduction dans le commerce des Eaux-de-vie 6-11, &c. Par une rafinerie dont lui feul a la clef, il a prétendu que plus les Eaux-de-vie approchent de l'état Efprit-de-vin, plus l'impôt qu'il perçoit doit être fort. Puifque lui-même étoit l'Auteur de la prétention, il au-roit fallu lui impofer la loi de déterminer évidemment à quel point une liqueur fpiritueufe doit ceffer d'être Eau-de-vie pour porter le nom d'*Efprit-de-vin*, & à quels fignes on doit reconnoître ce dernier.

On s'eft beaucoup attaché dans ces dernieres années à faire des recherches fur les pefe-liqueurs, jugés l'inftrument le plus commode, mais manquant d'u-ne uniformité ou d'une précifion comparable, pour remplir & les vues du

Négociant & l'intérêt du Fermier ; mais avant de parler de ces pefe-liqueurs, je dois faire mention des deux fortes d'épreuves dont on fe fervoit autrefois à Paris ; on difoit que l'efprit étoit à l'épreuve de l'huile ou à celle de la poudre, & voici comme on conftatoit ces deux épreuves.

Dans une bouteille longue de deux à trois pouces, d'un demi-pouce de diametre, arrondie vers fon fonds, & ayant un col étroit & renverfé qu'on appelloit l'*Eprouvette*, on verfoit quelques gouttes d'huile d'olives & à-peuprès jufqu'aux trois quarts, de l'efprit qu'on éprouvoit ; en fecouant l'éprouvette, fi l'huile tomboit au fond en confervant fa tranfparence, c'étoit de l'Efprit-devin ; & la promptitude avec laquelle l'huile tomboit, indiquoit le degré de bonté de cet efprit.

D'autres faifoient fervir l'éprouvette en y mettant un peu d'alkali fixe bien fec, & verfant deffus l'efprit à éprouver. On agitoit fortement ; & après avoir laiffé raffeoir, on voyoit fi l'alkali étoit devenu pâteux ou liquide, ce qui indiquoit que l'efprit étoit phlegmatique ; à peine l'efprit bien fec fait-il pelotonner l'alkali fixe ; mais les vendeurs fubtils avoient toujours l'alkali prêt, & ne fourniffoient pour l'épreuve que de l'alkali tiré de la potaffe qui contient jufqu'à un tiers de fon poids de tartre vitriolé, & eft d'autant moins fujet à s'humecter. L'éprouvette fert encore pour les Eaux-de-vie, & lorfqu'en la fecouant elle forme un chapelet de gouttes perlées, détachées & uniformes, on dit que cette Eau-de-vie fait *preuve de Hollande* ; ce qu'on reconnoît auffi en verfant l'Eau-de-vie de bien haut dans une taffe. Il eft bon de remarquer que les Eaux-de-vie fimples faites avec le 6-11, &c, ne font la preuve de Hollande que pendant peu de temps après leur mélange, & qu'au bout de douze heures elles ne foutiennent plus cette efpece de probation.

L'épreuve de la poudre fe faifoit de la maniere fuivante. Dans une cuiller d'argent ou dans une gondole légere de même métal, on mettoit une pincée de poudre à canon, on verfoit deffus de l'Efprit-de-vin qu'on allumoit. Lorfqu'il ceffoit de fe confumer, la poudre devoit prendre feu ; & fi elle ne le faifoit pas, c'étoit une preuve que l'efprit trop phlegmatique avoit humecté la poudre.

Indépendamment de l'incertitude d'une pareille épreuve, puifque la chaleur de l'Efprit-de-vin enflammé fuffit pour diffiper une bonne partie du phlegme, les Marchands avoient grand foin, quand l'Acheteur n'étoit pas fur fes gardes, de mettre beaucoup de poudre & peu d'efprit ; la fommité du tas de poudre s'allumoit avant que le refte de l'efprit fût confumé. C'étoit pourtant une pareille épreuve dont le Fermier inquiet vouloit encore fe fervir à Paris il n'y a pas deux ans.

L'incertitude de tous ces moyens n'échappoit cependant pas au Phyficien qui ne peut être trop fcrupuleux, au Fermier qui voudroit que tout fût Efprit-de-vin, & au Marchand qui veut bien favoir comment faire illufion à l'Acheteur, mais qui ne veut pas que le Fabriquant lui en impofe. Le pefe-liqueurs s'offroit à tous trois ; mais lequel choifir ? fera-ce celui de Homberg ? fera-ce celui de Fahrenheit ? s'en tiendra-t-on au pefe-liqueurs commun en le rectifiant ?

Malgré la précifion du pefe-liqueurs de Fahrenheit que M. Lavoifier a imité en quelque forte pour conftruire fon pefe-liqueurs à eaux, il eft trop incommode dans le commerce, & les Phyficiens feuls qui en ont le loifir, & qui cherchent la plus grande exactitude, peuvent s'en fervir.

L'aréometre de M. Homberg eft une petite phiole légere garnie de deux cols, dont l'un extrêmement fin n'a que les deux tiers de la hauteur de l'autre, qui a un petit bouton extérieur à cette hauteur. On tare cette petite bouteille, c'eft-à-dire, qu'on s'affure de fon poids ; puis l'ayant emplie d'eau diftillée, on la pefe ; on fait par ce moyen une fois pour toutes quel poids d'eau diftillée elle peut contenir. En y faifant paffer fucceffivement différents autres fluides, & les pefant pareillement, comme ils occupent un volume égal à celui de l'eau, on fait aifément quelle eft la différence de leur poids comparé à celui de l'eau.

Prefque tous les Phyficiens ont fait fur cet inftrument, & fes défauts, des obfervations critiques que je n'expoferai ni ne difcuterai ; j'obferverai feulement, qu'il feroit très-facile de rendre cet aréometre utile dans le commerce, en convenant d'abord de lui donner une capacité toujours égale & déterminée, telle que celle qui contiendroit trois cents foixante & quatorze grains d'eau diftillée. Ce poids étant celui du pouce cube d'une pareille eau, généralement reconnu par les Phyficiens lorfque l'atmofphere eft d'une chaleur tempérée, on fera fûr que toutes les fois qu'on emplira un pareil aréometre jufqu'à la hauteur défignée, on aura un pouce cube de tout autre fluide. La variation de denfité entre le plus grand froid & le plus grand chaud atmofphérique donne, fuivant Mufchenbroeck, pour différence de poids du pouce cube un foixante & quatrieme du total : or une pareille précifion peut bien s'évanouir pour le Commerçant ; d'ailleurs l'infpection du barometre & du thermometre dont font ornés pour le préfent la plûpart des cabinets de nos Négociants, doit fuffire pour évaluer cette très-légere différence.

Refte l'embarras de la balance & de fon appareil, joint à la fragilité de l'aréometre : ceci n'eft pas encore fans remede. On voit les Marchands de Piaftres porteurs d'une boîte garnie d'un trébuchet & des poids tous préparés pour vérifier la bonté de l'efpece de monnoie d'or qu'ils vendent ou achetent fur la place. Nos Négociants ne vont pas en emplette de liqueurs fpiritueufes fans avoir dans leur poche le pefe-liqueurs dont ils fe fervent, enfermé dans un étui de fer blanc. Qui empêcheroit que dans une boîte double peut-être en hauteur & moins longue que ces étuis, ils n'euffent d'une part dans un compartiment garni de coton leur aréometre de Homberg armé d'un petit crochet pour être attaché immédiatement à un bout du fléau d'une balance *trébuchet*, & leur

balance

balance ayant à l'autre bout de son fléau un petit plateau suspendu à des soies, déja lesté pour être en équilibre avec l'aréometre vuide lorsqu'on l'accrochera au fléau ; puis une douzaine ou davantage de poids marqués chacun suivant la pesanteur que doivent avoir les différentes Eaux-de-vie , Esprits-de-vin , sous le volume du pouce cube qu'ils auront nécessairement dans l'aréometre : la même boîte peut, en cas de besoin , contenir jusqu'à un très-petit entonnoir pour emplir plus commodément le pese-liqueurs. Ne pourroit-on pas encore attacher l'aréometre de Homberg à une petite romaine dont la tige seroit divisée en poids connus, ce qui abrégeroit son service & en rendroit le transport plus facile ?

En attendant qu'on fasse attention à mon idée , l'aréometre de Homberg n'en est pas moins abandonné par les Négociants. On s'en tient au pese-liqueurs commun dont on attribue l'invention à Hypacie, fille de Théon, qui brilloit dans Alexandrie au commencement du cinquieme siecle , ce qui peut bien être ; mais les Physiciens modernes en font honneur, les uns à Amontons, les autres au Pere Mersenne. Boyle est le premier qui substitua le verre au succin dont étoient construits autrefois les *Hygrometres* ; c'est le premier nom que porta l'instrument dont nous parlons. Il paroît le plus commode , & chaque Négociant s'en munit d'un, sans s'informer sur quels principes il est construit, & chacun sait par sa propre expérience à quel degré de son pese-liqueur doit se trouver l'Esprit qu'il examine ; c'est son petit secret.

Tout pese-liqueurs est composé de trois parties ; la tige creuse est grosse au plus comme le tuyau d'une plume à écrire & longue de trois à quatre pouces; la boule, creuse aussi, d'un pouce & demi de diametre ; & le leste , autre boule de cinq à six lignes de diametre chargée en mercure & attachée à la boule creuse par une tige très-menue d'à-peu-près un pouce de long ; ce leste sert à faire tenir l'instrument perpendiculaire ; plus il est éloigné de la boule , plus il donne de sensibilité au pese-liqueurs. La boule creuse déplace une surface de liquide considérablement sensible , mais toujours proportionnelle au poids du corps qui la déplace ; & la tige sert à diriger l'immersion de l'instrument & à indiquer les degrés de cette immersion par une échelle tracée sur un rouleau de papier qu'on a introduit dans son canal. Au reste ces instruments de toutes les formes, grandeurs & divisions possibles , sont exécutés à Paris avec une précision & une adresse singuliere par le sieur Capy, Ouvrier en instruments de Physique pour la partie qui s'exécute en verre, & dont l'Abbé Nollet faisoit , avec raison, le plus grand cas. Je crois inutile d'insister sur la maniere de se servir de cet instrument; il ne faut pas être bien fin pour en sentir l'usage, & l'appliquer à l'achat des liqueurs spiritueuses.

La maniere de construire l'échelle, arbitraire d'abord , & abandonnée le plus souvent à des Faiseurs de barometres qui ont une mauvaise routine ; cette construction d'échelle a été soumise par bien des Physiciens à des principes.

Hofmann dans ſes Obſervations Chimiques , propoſe de plonger le peſe-liqueurs dans le meilleur Eſprit-de-vin , ſeize onces , par exemple , puis d'ajouter ſucceſſi-vement , & once par once juſqu'à quinze parties d'eau contre une d'Eſprit-de-vin ; chaque mélange donnant un degré d'immerſion différent , non-ſeulement ces différents degrés forment ſon échelle , mais indiquent encore , ſelon lui , la proportion du phlegme & de l'eſprit qui ſe trouvent dans un liquide ſpiritueux quelconque. M. de Réaumur a nui à cette théorie ſi ſimple , en démontrant que tous ces mélanges n'avoient jamais un volume comparable à la ſomme des vo-lumes de l'eau & de l'eſprit pris ſéparément.

La Juſtice de Saint-Jean-d'Angely , celle de Coignac & des environs , ont un étalon auquel on ſe rapporte en cas de conteſtation ; le peſe-liqueurs eſt d'ar-gent ; ſa tige eſt diviſée en vingt-deux parties égales ; mais chaque partie eſt elle-même diviſée en deux , & voici leur uſage : en été , il faut que le peſe-liqueurs plonge juſqu'au numéro plein marqué ; en hiver , il ſuffit qu'il plonge juſqu'au point qui diviſe le degré en deux.

Les Fermiers , les Hôtels de Ville n'en déſirent pas moins un peſe-liqueurs comparable , de conſtruction facile ; & les premiers ont adopté dernierement la graduation d'un ſieur Cartier , qui , dit-on , prend , comme l'avoit fait déja M. Baumé , l'eau ſaturée de ſel marin pour principe de conſtruction. M. de Parcieux en avoit conſtruit un dont la tige très-longue & très-déliée avoit une marche ſi ſenſible , que pour quelques grains de différence dans une pinte d'eau de puits , le peſe-liqueurs remontoit d'un pouce & plus. M. Lavoiſier en a conſtruit un pour le même objet ; c'eſt le peſe-liqueurs de Fahrenheit corrigé. Ces deux peſe-liqueurs ne peuvent ſervir que dans les cabinets des Curieux. M. de Montigny , Tréſorier de France & Membre de l'Académie , en a propoſé un très-ſavant & très-ſimple. M. de Lantenay a pareillement donné une théorie de conſtruction fort bien conçue. D'autres Phyſiciens propoſent de changer la graduation , & de faire les degrés inégaux en raiſon de l'inégalité remarquée entre les volumes avant & après les mé-langes d'eau & d'eſprit. Toutes ces théories , dont je ne dois donner ici que la no-tice , ne paroiſſent pas encore atteindre le but déſiré , puiſque les Etats de Lan-guedoc en partageant entre deux Auteurs , dont le travail n'eſt pas encore public , le prix qu'ils avoient promis , propoſent de nouveau le même objet à traiter.

J'indiquerai les deux moyens ſuivants de ſatisfaire à tout ce qu'on déſire ; en attendant toutefois un moyen plus ſûr & plus ſimple que ſans doute les Etats de Languedoc adopteront & publieront.

Je crois qu'un peſe-liqueurs doit indiquer non-ſeulement le degré de légére-té comparable entre différentes liqueurs , mais encore le volume déplacé par ce peſe-liqueurs , volume qui varie à raiſon de la denſité de chaque liqueur. Pour cet effet , je fais enſorte que mon peſe-liqueurs , tout leſté , peſe juſte 374 grains , poids , aſſez généralement reconnu , du pouce cube d'eau ; puis je plonge l'inſtru-ment dans de l'eau diſtillée , & le lieu de repos eſt marqué par zéro ; le reſte de la tige eft divifé en 66 parties égales, parce que je fais d'autre part que le pouce cube d'Efprit-de-vin *mere goutte*, eft de trois cents huit grains, ou 66 grains en moins. J'ai donc la certitude qu'en quelque degré que mon pefe-liqueurs arrête, il me donne la différence en légéreté par grains qu'il y a entre le pouce cube d'eau & le pouce cube de la liqueur que j'examine.

Mais quoique mon pefe-liqueurs pefe autant qu'un pouce cube d'eau, il ne déplace pas ce cube entier, parce que fon volume eft différent. En plongeant mon pefe-liqueurs dans l'eau avec les précautions requifes, je m'affure de la quantité d'eau véritablement déplacée, & traçant fur une autre échelle zéro au haut de la tige, comme repréfentant le point où doit être déplacé un volume d'eau de 374 grains, je divife le refte de la tige de haut en bas en autant de parties égales qu'il fe manque de grains d'eau déplacée réellement pour aller jufqu'à 374 : cette feconde échelle m'indique ce qu'il fe manque du pouce cube de tout liquide que j'examine, & j'en fais la défalcation pour apprécier jufte le degré de légéreté trouvé par la premiere échelle. Par cette double échelle je crois qu'on eft fûr d'avoir, 1o, le volume du liquide qu'on examine, eftimé ; 2o, fa différence entre l'eau diftillée & l'Efprit-de-vin ; 3o, la pefanteur réelle de fon pouce cube, tandis que les autres graduations indiquent bien que différents liquides ont des pefanteurs variées, mais ne donnent pour marche de ces variations que des divifions arbitraires. Au refte, je ne ferois ni étonné ni mortifié quand il fe trouveroit que ma conftruction fût reconnue défectueufe ; je n'ai deffein que de concourir au bien commun fans aucune prétention, & fans entêtement : tel a été de tous les temps mon principe.

Voici un fecond moyen que je foumets volontiers à l'examen des perfonnes intéreffées à la perfection du pefe-liqueurs.

Je fuppofe cette perfection, finon impoffible, au moins difficile ; & dans ce cas je laiffe à chacun la liberté de fe fervir de tel pefe-liqueurs qu'il jugera à propos de préférer ; mais il faut que le Vendeur, l'Acheteur, le Fermier, le Brûleur, le Diftillateur, tous ces gens-là dont les intérêts particuliers font différents, puiffent au moins s'entendre en fe fervant chacun d'un pefe-liqueurs différent. Pour cet effet exécutons pour le pefe-liqueurs ce qu'on a fait depuis long-temps pour les thermometres, une table pareille à celle que l'Abbé Rozier a inférée dans fon Journal de Décembre 1772. Pour la conftruire avec fuccès, j'ai pris les liqueurs dont il va être queftion au degré de la température moyenne ; l'immerfion fucceffive de chaque pefe-liqueurs dans le fluide fpiritueux a été faite avec toutes les précautions requifes par les Phyficiens, & j'en ai formé le Tableau fuivant, que je ne préfente que comme un effai ; on lui donnera à volonté l'extenfion & la correction fuffifantes.

TABLE de comparaison pour jauger les Esprits & autres Liqueurs, avec tel Aréometre qu'on voudra.

PESE-LIQUEURS DE **MM.**

Liqueurs à jauger.	DE LANTENAY,	CARTIER,	BAUMÉ,	BUSSAT,	LES JUGES D'AUNIS,	MARCHANDS DE PARIS,	DEMACHY,
Esprit-de-vin très-rectifié.	...80...	..36 fort.	...40...	..100..	...16...	..130..	66. 0.
Esprit de mélasse.......	...78...	...35...	...38...	...93...	..$15\frac{1}{2}$..	..127..	64. 1.
Esprit-de-vin ordinaire.	...74...	...33...	..$35\frac{1}{3}$..	...87...	...13...	..121..	62. 2.
Eau-de-vie de Coignac 6-11.	...65...	...31...	..$32\frac{3}{4}$..	...79...	...12...	..106..	52. 7.
Idem. 4-7.........	...60...	...30...	...32...	...75...	..$11\frac{5}{4}$..	..100..	49. 9.
Idem. *de Barcelone....*	...61...	...31...	..$32\frac{3}{4}$..	...79...	..$11\frac{1}{2}$..	..102..	51. $7\frac{3}{4}$
Idem. *de Montpellier...*	...59...	..$29\frac{3}{4}$..	...31...	...75...	..$11\frac{1}{3}$..	...96...	47. $9\frac{3}{4}$
Eau-de-vie potable ou simple de quatre ans.	...30...	...20...	..$30\frac{1}{2}$..	...40...	...$3\frac{1}{2}$..	...48...	$23\frac{3}{4}$. 22.
Idem. *de vingt ans.....*	...28...	...20...	...20...	...40...	...$3\frac{1}{2}$..	...46...	22. $22\frac{3}{4}$.
Idem. *artificielle avec le 6-11.*	...25...	...19...	..$18\frac{3}{4}$..	...34...	...$2\frac{1}{2}$..	...40...	20. $23\frac{3}{4}$
Vin rouge de Champagne.	....5...	...12...	...11...	...10...	...néant..	...13...	2. 33.
Vin blanc de Bourgogne..	....4...	..$11\frac{3}{4}$..	...11...	....9...	...néant..	...14...	2. 33.
Vinaigre blanc d'Orléans.	sous zéro	...10...	....9...	....2...	...néant..	sous zéro	sous zéro.
Eau distillée.........	....0...	...11...	...10...	....5...	{ Boule découverte au tiers..	....0...	0. 34.

A l'aide de ce Tableau, tel qu'il est, sept personnes, ayant chacune un des pese-liqueurs dont il y est fait mention, pourront se comprendre, juger leur marchandise & se concilier. Pour rendre ce Tableau authentique, il seroit besoin sans doute, que les expériences qui doivent concourir à sa formation fussent faites par plusieurs Artistes, en présence de députés de chaque ordre des personnes intéressées à la perfection de la chose, afin qu'on ne pût soupçonner le résultat de ce travail d'aucune partialité; il seroit aussi nécessaire de se pourvoir de toutes les liqueurs spiritueuses commerçables, dans leurs différents âges, & des différentes Provinces. Mais je craindrois d'abuser de la permission de disserter sur cet objet, malgré son importance pour l'Art que je traite, si je m'y arrêtois plus long-temps: je passe donc à la troisieme Partie.

TROISIEME

TROISIEME PARTIE.

De la Préparation en grand des Produits Chimiques solides.

LES différents travaux que j'ai exposés jusques ici, font entre les mains de la plupart des Artistes connus sous le nom de *Distillateurs d'Eaux-fortes*, &c, qui, s'ils ne font pas un Corps particulier n'en font pas moins en affez grand nombre pour que leurs opérations passent pour appartenir à une espece d'Artistes connus. Si, dans l'une & l'autre Partie, j'ai ajouté quelques manipulations particulieres à quelques Fabriques, ç'a été pour ne pas déranger l'ordre de l'Ouvrage, & traiter sous un même point de vue tout ce qui peut avoir rapport aux Produits Chimiques acides & fluides. Les objets qui vont nous occuper dans cette derniere Partie, appartiennent à des Fabriquants particuliers qui n'ont rien de commun avec nos Distillateurs d'Eaux-fortes. Difperfés & établis chacun dans le pays qui lui convient, non-feulement ils n'envahissent pas fur leurs befognes réciproques ; mais ils s'occupent uniquement de l'objet de fabrique qu'ils cultivent. Ainfi l'Antimoine fe prépare à Orléans par des Entrepreneurs qui feroient bien embarraffés de faire aucune autre préparation Chimique. Le Hollandois qui fabrique le Vermillon, n'a jamais entrepris de fabriquer le Sublimé corrofif que prépare fon Compatriote.

Dans les préparations Chimiques folides, il en eft cependant qui dépendent encore du travail de nos Diftillateurs d'Eaux-fortes ; elles font le complément de leur économie, lient entr'elles les trois Parties de mon Ouvrage, & autorifent les efpeces d'excurfions que je fais dans des Fabriques étrangeres à nos Artiftes ; enforte que fous le titre d'un feul Art, j'en décris un très-grand nombre qu'on auroit eu peine à faire connoître féparément, & que j'ai raffemblés pour la plus grande fatisfaction du Lecteur, en faififfant l'efpece de connexion qu'ils peuvent avoir entr'eux.

Prefque tous les Arts Chimiques ont entr'eux une liaifon pareille qui n'échappera pas à ceux qui en entreprendront la defcription. Ainfi l'Art du Teinturier déja décrit en partie par M. Macquer, a encore trois branches au moins indépendantes l'une de l'autre. Ainfi l'Art du Fondeur comprend le Fondeur du grand & du petit moule, le Fondeur en caracteres, &c.

Toutes ces confidérations exigent que cette troifieme Partie ne foit pas divifée par Chapitres, qui fuppofent une fuite de travaux du même Artifte, mais en Sections dont chacune réunit fous un titre général, les travaux analogues à une même Fabrique, lefquels y font décrits en autant d'Articles.

Je ne répéterai pas ce que j'ai dit en commençant cet Ouvrage fur la matiere

DISTILLATEUR, &c.   C c traitée dans chaque Section ; j'obferverai feulement une fois pour toutes, que dans les circonftances où je n'ai pu m'affurer par moi-même des chofes que j'attribue à chaque Manufacture, j'ai toujours exécuté en petit, & fouvent avec les mêmes appareils, les Procédés effentiels. J'entre en matiere.

SECTION PREMIERE.

Préparations Chimiques en grand, de fubftances terreufes.

ARTICLE PREMIER.

Du Ciment.

ON peut fe fouvenir qu'en finiffant d'expofer le travail des Eaux-fortes par l'argille, j'ai dit dans la premiere Partie, qu'il reftoit dans les cuines une matiere rouge pulvérulente connue fous le nom de *Ciment d'Eau-forte* ; c'eft l'argille elle-même durcie au point de reffembler à de la brique bien cuite ; elle contient tous les fels que le feu n'a pu exalter ou décompofer. Les Paveurs l'achetent dans cet état fur le pied de dix-huit livres le muid, pour le mêler à de la chaux, & s'en fervir à paver les cours, réfervoirs, & autres endroits qui doivent être folidement pavés. On fait qu'un pareil ciment durcit bientôt, & fait un ouvrage de réfiftance, ce qu'il ne fait plus quand il eft leffivé & privé de tous fes fels, de la maniere qu'il fera dit dans la feconde Section. Dans ce dernier état, il ne fe vend plus que douze francs le muid, & l'ouvrage des Paveurs, qui le préférent à caufe du bon marché, eft bientôt dégradé ; il eft donc effentiel pour les Propriétaires qui veulent avoir du pavé folide, d'acheter eux-mêmes le ciment non lavé chez des Artiftes honnêtes.

J'ai fait voir dans le dernier Chapitre de la premiere Partie, que le ciment lavé pouvoit fervir encore à décompofer de nouveau falpêtre. J'efpere que les Artiftes de Province qui tirent à grands frais leur argille des environs de cette Capitale, me fauront gré de cette branche d'économie que je leur préfente.

Ce n'eft pas le feul ufage qu'on faffe du ciment lavé ; les Jardiniers d'ornements s'en fervent pour varier les couleurs de leurs compartiments ; on s'en fert encore avec avantage pour terraffer & donner de la folidité aux lieux fouterrains.

Article Second.

De la Terre à polir.

Cette terre est dûe à la décomposition du salpêtre par le vitriol, indiquée sous le nom de *second Procédé* dans le troisieme Chapitre de la premiere Partie. Le vitriol martial, ou couperose verte, est privé de toute humidité, & réduit par l'excès de chaleur en une substance rouge qu'il ne s'agit plus que de dessaler & de mettre en poudre fine.

Pour cet effet, on vuide les cuines dans des tonneaux défoncés, & on y verse beaucoup d'eau ; on agite de temps à autre la matiere avec un bâton ; on la laisse éclaircir, on la fait écouler, on en ajoute de nouvelle jusqu'à ce qu'elle ne porte plus de saveur avec elle. La terre est dessalée ; alors on remue cette masse dans de l'eau, & lorsqu'elle est bien trouble, on la transvase promptement dans d'autres tonneaux où on la laisse se rasseoir ; on ne cesse ce dernier travail que lorsque l'eau ne se charge plus de couleur ; on décante l'eau claire, on laisse bien égoutter la terre qui est au fond, & lorsqu'elle n'est plus humide qu'autant qu'il le faut pour se paîtrir, on la moule en bâtons longs & ronds qui pesent à-peu-près cinq à six onces ; on les met sécher au grand air, mais ni au soleil ni près du feu.

Les Polisseurs de glaces & ceux qui veulent donner à leurs ouvrages un poli très-luisant, achetent cette terre ainsi préparée, qu'on leur vendoit autrefois beaucoup plus cher, parce qu'il y avoit peu de Distillateurs qui sussent en tirer parti.

On abrege le dessalement du vitriol en versant l'eau bouillante qui dissout les sels bien plus promptement. Plusieurs ne traitant leurs Eaux-fortes que pour avoir cette terre, mettent le vitriol, ainsi que j'en ai averti, jusqu'au triple de ce qui en suffit pour décomposer le salpêtre.

D'autres plus économes, épargnent le temps & le bois, sur-tout quand ils n'ont pas besoin de l'espece d'Eau-forte du second Procédé. Sous la cheminée du laboratoire on met sur le fourneau à bassine une marmite de fer qu'on emplit à moitié de vitriol ou couperose verte. A l'aide d'une chaleur douce qu'on donne d'abord, le vitriol se liquéfie, se desseche & prend une couleur d'un blanc sale ; on le détache exactement des parois de la marmite, & on l'écrase le plus qu'on peut avec une spatule de fer ; on augmente alors le feu, la couleur devient jaune, puis lorsque le fond de la marmite rougit, la masse se change en une poudre rouge connue plus généralement sous le nom de *Colcothar*, & que les Distillateurs vendent sous le nom de *Terre à polir*, après l'avoir lavée & modelée comme il est dit plus haut. C'est en effet la même chose ; mais il faut croire que les Polisseurs ont remarqué que le colcothar étoit trop lavé ; ils

achetent le réfidu de la diftillation du fecond Procédé , tel qu'il fort des cuines, & le préparent eux-mêmes comme il fuit.

Ils ne délayent la terre à polir que pour la débarraffer de grains fableux qui
nuiroient à leur travail ; mais ils ne rejettent point l'eau : ils la font deffécher
avec la terre ainfi délayée , jufqu'à ce qu'ils puiffent en former des bâtons.
Par cet artifice , outre la terre à polir ils ont tout le tartre vitriolé contenu
dans le réfidu des cuines , & dont je parlerai dans la Section fuivante. Ils
conviennent tous que la terre à polir non deffalée eft plus *gripante* fur la glace ,
& donne un poli plus parfait : nous obfervions il n'y a qu'un inftant que le
ciment d'Eaux-fortes non lavé donnoit au ciment des Paveurs une qualité plus
ferme & plus dure ; voilà deux effets bien analogues & que je crois bien
dignes d'être remarqués.

A R T I C L E   T R O I S I E M E.

De la Magnéfie blanche.

D E P U I S qu'un Médecin célebre d'Allemagne eut indiqué comme remede une efpece de poudre qu'on tiroit à grands frais par la calcination de l'eau
mere du nitre , poudre qu'on a appellée *Magnéfie blanche* , (*Voyez* Hofmann,
Obfervations Phyfico-Chimiques, édition Françoife , Tome I , *page 215* ,) depuis ce temps cette préparation a été d'une affez grande confommation pour
exciter nos Diftillateurs d'Eaux-fortes à la travailler en grand.

Je n'examinerai pas ici fi la méthode de la calcination qui n'eft pratiquée
par aucun d'eux , eft cependant préférable , ni laquelle des deux Magnéfies que
je vais décrire mérite la préférence ; encore moins difcuterai-je fi la Magnéfie
eft dûe à la bafe du fel marin ou à la terre des platras qui ont fourni le nitre ;
je m'éloignerois trop de mon objet principal ; c'eft l'expofé du travail en grand
de la Magnéfie par nos Diftillateurs.

On fe procure de l'Eau mere de nitre de la premiere ou de la feconde cuite
& jamais de la troifieme : j'ai déja dit que les Diftillateurs achetent cette Eau
mere un fol la livre , tandis que les Apothicaires la payent aux Arfenaux , une
pinte fur le prix de la livre de nitre, dix fols la pinte d'Eau mere de premiere
cuite , &c. On étend cette liqueur lourde , rouffe & épaiffe dans une très-grande quantité d'eau , telle que vingt pintes fur une , & on y verfe le cinquieme
de fon poids de leffive alkaline faite avec la potaffe , comme il fera dit à la feconde Section. Le total devient fur le champ laiteux ; on l'agite fortement, puis
on le laiffe raffeoir. On verfe fur la portion éclaircie quelques gouttes de la
leffive alkaline ; fi la Magnéfie eft toute précipitée , l'eau refte claire ; finon elle
fe trouble , & on ajoute encore , fuivant l'exigence , quelques onces de liqueur
alkaline. Quand toute la Magnéfie eft précipitée , on la laiffe raffeoir , on tire

l'eau

l'Eau à part pour la faire évaporer & en retirer un vrai nitre formé par l'alkali qu'on y a versé & par l'acide nitreux qui formoit avec la Magnéfie l'état Eau mere de la liqueur qu'on a précipitée. On lave à grande eau la matiere précipitée, on la verfe fur des filtres de papier pour l'égoutter & achever de la laver, ce qui s'appelle en général *édulcorer* ; puis on la fait fécher à l'étuve ou au grand air, en la garantiffant de la pouffiere par des feuilles de papier qu'on étend fur les filtres.

C'eft dans cet état une poudre d'un blanc éblouiffant, finguliérement légere, d'une fineffe extrême & de toute infipidité ; le nitre qu'on retire fuffifant lui feul pour dédommager des frais de fa préparation, la Magnéfie réfultante de ce premier Procédé donne un profit prefque entier, à quelque prix que l'établiffe le Fabriquant.

En attendant que nous parlions plus au long des préparations falines ; il fe vend dans le commerce un faux fel d'Ebfom qui vient d'Angleterre, du Boulonnois, & qu'il faut diftinguer de celui qu'on prépare dans les falines de la Lorraine. Ce premier fel eft moins aqueux, plus mat, & plus amer que le fecond ; c'eft lui que choififfent encore nos Diftillateurs pour en retirer la Magnéfie, ou bafe alkaline terreufe qui le caractérife.

On le diffout donc dans beaucoup d'eau, & on y verfe une leffive de foude en fe comportant précifément comme dans le précédent Procédé. La feule différence eft que la liqueur furnageante évaporée donne un vrai fel de Glauber à bafe alkaline, au lieu de nitre que procure le premier Procédé. Quant à la Magnéfie qu'on obtient, elle ne differe de l'autre par aucune qualité reconnue ; la différence n'eft que dans la prétention de chacun de ceux qui adoptent l'un ou l'autre Procédé. Cinquante livres d'Eau mere du nitre donnent 25 livres de nitre, & vingt livres de Magnéfie ; cinquante livres de fel d'Ebfom Anglois, donnent vingt-cinq à trente livres de fel de Glauber véritable, & vingt-cinq livres de Magnéfie.

Quelque facile que foit cette préparation, quelqu'évident qu'en foit le bénéfice pour celui qui la prépare en grand, j'ai vu un Marchand affez ofé pour faire bouillir de la craie dans de l'eau, & un autre pour faire la même chofe avec de la chaux vive effleurie à l'air libre, & vendre ces deux fubftances au lieu de Magnéfie ; il s'agiffoit de la donner encore au-deffous du prix médiocre où l'établiffent les Fabriquants honnêtes. La vraie Magnéfie fe diffout en entier dans les acides, & fans y caufer d'effervefcence fenfible ; la craie & la chaux laiffent toujours un dépôt, & ne fe diffolvent qu'avec bruit. Si l'on frotte une piece d'argent avec la craie ou la chaux, elles s'y noirciffent très-fort ; la vraie Magnéfie s'y noircit beaucoup moins ; l'une & l'autre enfin ont fous la dent une afpérité, une maniere de deffécher la falive que n'a pas la véritable Magnéfie.

J'ai vu dans Paris un prétendu Diftillateur qui préparoit fa Magnéfie en verfant fur fon Eau mere du nitre, très-peu d'acide du vitriol ; il lavoit à l'eau froide le précipité, abondant, talqueux & très-blanc qui en réfultoit : la beauté apparente de cette Magnéfie prétendue n'empêche pas que ce ne foit un vrai plâtre artificiel que fabriquoit notre méchant Artifte fans s'en douter. Il eft du moins plus excufable que les Ecrivains Chimiftes qui ont prefcrit ce Procédé ; il n'eft ni Chimifte, ni inftruit dans la langue Latine ; mais toujours peut-on lui demander, Pourquoi travailler aux chofes que vous ne connoiffez pas ?

A R T I C L E Q U A T R I E M E.

Des yeux d'Ecreviffes.

R i e n n'eft plus commun que la diftribution de la craie trochifquée, par ces Colporteurs qui craignent toujours de ne pas donner leur marchandife à affez vil prix. Entre leurs mains & celles de leurs Fabriquants particuliers la craie s'appelle *Yeux d'Ecreviffes*, *Corne de Cerf*, *Ecaille d'Huître*, *Coquille d'Œuf*, *Corail blanc* ; enfin elle porte le nom de tous les Trochifques blancs, ufités en Médecine comme abforbants. Tant pis pour ceux qui leur donnent leur confiance. Pour ce qui regarde l'Art que je décris, ce que j'ai à dire fur les Yeux d'Ecreviffes confifte à indiquer comment on abrege l'art de les broyer & de les réduire en trochifques, après avoir dit un mot de la maniere dont on fe les procure, & de celle de les fabriquer ou contrefaire.

Les Yeux d'Ecreviffes font, comme l'on fait, de petites pierres dures, rondes, légérement chagrinées, d'un blanc fale, quelquefois tachetées de rouge & ayant fur une de leurs faces un petit enfoncement qui reffemble affez bien à l'empreinte d'un cachet. En les caffant on y diftingue des lignes tranfverfales qui annoncent qu'ils font formés par couches. On les retire abondamment du Boryfthene & des autres grands fleuves qui arrofent la petite Tartarie, la Valachie & l'Ukraine. Les villes d'Aftracan & d'Oczakow font les entrepôts d'où on les diftribue enfuite dans toute l'Europe.

Tous les Teftacés font fujets à une révolution annuelle dans laquelle ils perdent leur ancien teft : à cette époque, les Ecreviffes ont intérieurement de chaque côté, vers la bafe de leurs ferres, une concrétion qui commence par être glutineufe, parvient enfuite à être fort dure & finit par difparoître entiérement ; c'eft ce qu'on appelle improprement *Yeux d'Ecreviffes*.

Pour les recueillir, les habitants pêchent ces Teftacés à l'époque que je viens de dire, pour les porter dans de grands foffés très-éloignés de toute habitation ; on les y écrafe, & on les laiffe pourrir pendant tout l'hiver ; on les lave enfuite, & les yeux d'Ecreviffes fe féparent aifément du refte qui eft putréfié. La quantité annuelle de cette pêche n'étonnera plus, quand on faura que les habitants de ces contrées ne mangent point d'Ecreviffes ; leur reproduction n'eft ni interrompue ni confommée comme dans les Pays où les Ecreviffes font un comeftible recherché.

On a l'art de faire des yeux d'Ecrevisses artificiels, soit avec d'autres Testacés, soit avec de la craie ; on les met en pâte avec de la colle de quelque substance animale, comme la colle de peau de parchemin, de poisson, &c. on en fait de petites boules, dont on applatit une partie en y enfonçant une espece de petit cachet, puis on les fait sécher. M. Kruger a connu un Juif qui faisoit ce commerce (*voy. Ephem. natur. curios. T. XXI, p. 262, Obs. 147*).

Ces yeux d'Ecrevisses factices ne sont jamais chagrinés à la surface ; ils ne sont pas disposés par couches ; leur espece de cachet est toujours uniforme ; ils sont d'un blanc poudreux, se colent fortement à la langue, sont toujours très-gros, & ne sont ni si pesants ni si sonores que les véritables yeux d'Ecrevisses.

On met en général les corps durs en poudre en les broyant sur une pierre dure appellée *le Porphyre* avec une autre pierre nommée *la Molette.* Ici ce mot ne désigne pas l'espece de pierre très-dure connue par les Naturalistes sous le nom de *Porphyre,* mais toute pierre dure sur laquelle on broye, ce qui s'appelle *Porphyriser* un corps ; ce mot vient de ce qu'en effet les meilleures pierres à broyer sont les Porphyres, vert & rouge ; après eux l'espece de pierre appellée, je ne sais pourquoi, *Ecaille de mer,* puis les granits durs ; les Peintres broyeurs de couleurs ont des Porphyres de marbre, de grès, de pierre de liais, &c.

Après avoir concassé les yeux d'Ecrevisses dans un mortier de fer, pour les réduire en poudre grossiere, on les jette dans de l'eau, & on les y fait bouillir très-long-temps, en la renouvellant, jusqu'à ce qu'elle ne soit plus jaune. On les lave ensuite à l'eau froide, & on les broye par parties, en les tenant en forme de pâte liquide, jusqu'à ce qu'on les trouve en poudre assez subtile pour ne point crier sous les ongles quand on l'y frotte.

Cette longue ébullition enleve presque toute la substance gélatineuse des yeux d'Ecrevisses, & les rend si faciles à s'écraser sous la molette, qu'entre deux hommes de force égale, auxquels on donneroit égale quantité d'yeux d'Ecrevisses à broyer, l'une qui ne seroit pas préparée par l'ébullition, l'autre qui auroit bouilli, celui qui traitera cette derniere partie en aura porphyrisé douze livres avant que le premier ait pu achever trois livres de sa part. On réduit en trochisques les yeux d'Ecrevisses ainsi broyés, comme tout autre corps dur préparé de la même maniere. On a un entonnoir fixé par son colet sur une planchette longue, à un pouce du colet de l'entonnoir, & en dessous il y a un petit pied pareillement fixé à la planchette, & qui est de deux à trois lignes plus longue que n'est le col de l'entonnoir. On met dans l'entonnoir les yeux d'Ecrevisses broyés & en pâte légérement liquide ; on a des feuilles de papier étendues sur une planche, ou encore mieux des dalles de craie, sur lesquelles on promene l'entonnoir à l'aide de la planchette, dont une extrémité est arrondie pour pouvoir l'empoigner, en la frappant à petits coups par son pied sur la feuille de papier ou sur la craie ; cette secousse fait tomber une goutte arrondie & en pointe de la pâte d'yeux d'Ecrevisses ; & c'est ce qu'on appelle des *trochisques.* L'artifice que je viens de décrire abrege singuliérement le temps, & est connu à toutes les personnes qui broyent des corps durs.

ARTICLE CINQUIEME.

De la Corne de Cerf.

ON prépare la Corne de Cerf de deux manieres, l'une par la calcination, l'autre par ébullition ; cette derniere nous occupera d'autant plus qu'elle exige plus de manipulation.

On met dans la cucurbite d'un alambic autant de cornichons de Cerf qu'elle peut en contenir ; on y met de l'eau de maniere à les furnager ; on bouche la cucurbite avec son couvercle d'étain, & l'on établit dessous un feu modéré jusqu'à faire bouillir l'eau. On entretient cette chaleur pendant trois ou quatre heures, en ajoutant par la tubulure de nouvelle eau bouillante, s'il est besoin ; il n'y a d'autre terme à l'ébullition que celui où quelques cornichons retirés de la cucurbite montrent qu'ils font amollis au point de pouvoir être taillés avec un instrument tranchant. Alors sans retirer la cucurbite de dessus le feu, qu'on diminue seulement, on retire l'un après l'autre les cornichons pour en enlever promptement & à l'aide d'un canif ou de tout autre instrument tranchant, mince & affilé, la premiere écorce qui est toujours brune, & la portion de substance médullaire qui peut se trouver au centre ; on les jette à mesure dans de l'eau tiede ; on les en retire pour les laver à plusieurs eaux, puis les faire sécher à une chaleur douce, afin de leur conserver la blancheur éclatante qu'ils doivent avoir. On les traite ensuite sur le porphyre & de la même maniere que les yeux d'Ecrevisses.

Ceux de nos Distillateurs qui ont une machine de Papin garnie de son fourneau, telle que M. Tilhaye, Artiste intelligent, en fabrique & en vend, tant à Rouen qu'à Paris, ceux-là épargnent beaucoup de temps & de charbon, & obtiennent les mêmes résultats en y traitant les cornichons de Cerf. C'est le nom qu'on donne aux extrêmités des cornes ou bois de Cerf. Il s'agit comme l'on voit, d'enlever par la chaleur & l'eau la partie gélatineuse de ces cornes, en ne conservant que la partie terreuse bien blanche ; ce n'est pas qu'il ne reste toujours une portion de gelée quand on multiplieroit à l'infini les ébullitions & les lotions ; c'est même cette substance restante qui distingue la corne de Cerf philosophiquement préparée de celle qui est calcinée.

Cette derniere consiste à prendre les morceaux de corne de Cerf restants dans la cornue sous une forme charbonneuse après la distillation de cette substance, & à détruire, par l'action nue & immédiate du feu, cette couleur noire.

Pour cet effet on met dans la capacité d'un fourneau ordinaire dont on a ôté la grille, un lit de charbon & un lit de cette corne de Cerf ; on continue d'emplir ainsi le fourneau en finissant par du charbon ; on laisse le fourneau

ouvert

ouvert de toute part, afin de modérer la violence du feu qui fixeroit indeftruc-
tiblement certaines portions de noir en donnant à quelques morceaux un commencement de vitrification : on met le feu par le bas du fourneau, & quand
le tout eft confumé, éteint & refroidi on retrouve la corne de Cerf calcinée
& blanche ; on fépare les morceaux qui ne feroient pas abfolument blancs,
on lave les autres & on les broye fur le porphyre, comme il a déja été dit.

Des Artiftes peu curieux de travailler loyalement broyent une partie de cette
derniere corne de Cerf avec de l'eau rendue légérement glutineufe par des rognures de peau blanche qu'ils y font bouillir, & la vendent pour la corne de Cerf
philofophique.

Je ne dois pas quitter cet article fans faire mention d'une autre falfification que
M. Dozy prête à fes Compatriotes, & qui eft la fuite d'un Procédé dont j'aurai inceffamment occafion de parler. Ils diftillent les gros os de bœuf, & cal-
cinent le charbon qui en réfulte, avec lequel ils préparent tous les abforbants
poffibles en leur faifant porter différents noms.

SECTION SECONDE.

De la Fabrique de plufieurs Sels.

ARTICLE PREMIER.

Du Sel retiré du ciment d'Eaux-fortes.

Je difois en commençant la précédente Section que le ciment devoit être
confidéré ou comme chargé ou comme privé de fel. Pour le mettre dans ce
dernier état, les Diftillateurs jettent leur ciment dans des tonneaux défoncés &
placés debout fur des banquettes qui les tiennent à un pied & demi à-peu-
près au-deffus de terre. Au bas & fur le devant de ces tonneaux eft un trou
bouché avec de la paille, fous lequel on place une cuve ou demi-tonneau deftiné à recevoir la liqueur qui coulera. En un mot, c'eft précifément le même
appareil que pour le travail de nos Salpêtriers & des Blanchiffeufes. On verfe
de l'eau fur ce ciment ; elle pénetre jufqu'au fond & s'écoule dans la cuve mife
au-deffus. On la fait paffer une feconde fois pour la charger davantage ; puis on
retire cette premiere leffive. On verfe de nouvelle eau fur le ciment pour achever
de le deffaler ; & comme cette feconde eau eft peu chargée de fel, on la réferve
pour la paffer en premier fur de nouveau ciment. Lorfque le ciment eft bien
deffalé, on le porte en tas fous un hangard pour le laiffer fécher à l'aife. C'eft
ce ciment dont je me fuis fervi pour décompofer avec fuccès de nouveau falpêtre, ainfi que je l'ai dit dans le dernier Chapitre de la premiere Partie.

Dans des marmites de fer encadrées quelquefois dans le dôme des Galeres,

au nombre de trois , efpece de méthode dont je ne répéterai pas les inconvénients ; dans ces marmites on met évaporer la leffive jufqu'à ce qu'une goutte
verfée fur un corps froid y prenne fur le champ une confiftance folide. A ce
point de concentration on verfe la liqueur dans des terrines où elle cryftallife ;
au bout de trois jours on renverfe les terrines fur d'autres vuides , pour faire
égoutter tout ce qui n'eft pas cryftallifé. Cette eau mere qui contient , outre le
fel marin à bafe terreufe, une petite quantité de vrai fel marin, fe réferve ou
pour diftiller l'Efprit de fel, ainfi que je l'ai dit au Chapitre IV de la premiere Partie, ou doit fervir à la fabrication du fel Ammoniac dont je vais inceffamment décrire le procédé.

On trouve dans les terrines égouttées quelquefois un peu de nitre non décompofé qui fe diftingue par fes cryftaux en aiguilles tranfparentes ; mais la
plus grande partie du fel qu'on retrouve eft un vrai fel marin cubique , dont
j'ai averti qu'étoit rempli le nitre de premiere cuite. Il eft effentiel de remarquer qu'on n'y trouve, même avec la plus exacte recherche, ni fel de Glauber ni
fel *de Duobus.* Comme le Diftillateur a réellement acheté fon nitre du Fermier , le fel marin qu'il en retire eft fon bien; auffi en difpofe-t-il, & le vend-
il de fix à fept fols la livre. Ce fel a la propriété de rougir les viandes qu'il a
falées , & on eft prefque d'accord à préfumer que cette propriété eft dûe à ce
qu'il conferve toujours quelque chofe de nitreux.

ARTICLE SECOND.

Du Tartre vitriolé tiré des Eaux-fortes.

LE détail des fecond & troifieme Procédés pour obtenir l'Eau-forte , expofés dans le troifieme Chapitre de la premiere Partie, a laiffé à entendre qu'il
reftoit dans les cuines une matiere faline réfultante de l'acide du vitriol & de
la bafe alkaline du nitre que cet acide a décompofé. J'ai décrit dans la Section
précédente , en parlant de la Terre à polir, comment on parvient à deffaler
cette terre , & j'ai même averti que ceux qui vouloient conferver ce fel, faifoient leur leffive à l'eau bouillante ; mais les différentes proportions employées
par les Artiftes, jointes à l'incertitude où l'on eft tant de la quantité précife
d'alkali qui fert de bafe à une quantité donnée de nitre, que de celle d'acide
vitriolique proprement dit contenu dans les dofes employées de vitriol verd ;
ces obftacles empêchent que la liqueur tirée de deffus la terre à polir foit
exactement faturée ; elle peche ordinairement en ce qu'elle tient plus d'acide
vitriolique que d'alkali fixe. Les Diftillateurs ont donc foin, avant de la faire
évaporer, d'en faire l'effai. Il confifte à y verfer quelques gouttes de leffive
alkaline ; fi la liqueur fe trouble, foit en blanc, foit en verd, c'eft une preuve
qu'elle tient du vitriol non décompofé. On acheve cette décompofition en

verfant fur le total la même leſſive alkaline juſqu'à ce qu'on s'apperçoive qu'il ne ſe fait plus de précipité. On filtre de nouveau la liqueur, on la met évaporer dans des marmites de fer très-propres; & lorſqu'elle eſt en conſiſtance de petit ſirop, on la verſe dans des terrines où elle cryſtallife à l'aiſe en un ſel brillant, mat, très-dur, conformé en pointes de diamants qu'on connoît ſous les trois noms d'*Arcanum duplicatum*, de *Sel de duobus*, de *Tartre vitriolé*; qui, quoi qu'en ayent dit quelques Puriſtes en Chimie ſont conſtamment la même choſe. Avant de les ſécher, on les lave avec un peu d'eau froide qu'on joint à l'Eau mere qu'on en a déja égouttée. Cette Eau mere étendue dans de l'eau, ſaturée de nouveau s'il en eſt beſoin, filtrée, puis évaporée, donne une ſeconde venue de cryſtaux pareils.

La maſſe qui reſte dans la cornue après le troiſieme Procédé de l'Eau-forte ne diffère de la précédente qu'en ce qu'il n'y a ni fer ni ſubſtance étrangere; c'eſt une pure combinaiſon d'acide vitriolique & d'alkali du nitre; ce qui n'empêche pas qu'il ne faille eſſayer ſi par hazard elle ne contient pas un excès d'acide; on en fait la leſſive, on y ajoute ce qu'il faut d'alkali fixe pour la ſaturer parfaitement, puis on procede au ſurplus préciſément comme je viens de l'indiquer; ces deux ſels dédommagent amplement d'une partie des frais de la Galere par la quantité qu'on en retire, & par leur prix courant dans le commerce, ainſi que je l'ai expoſé à la fin du dernier Chapitre de la premiere Partie.

Indépendamment de ces deux moyens d'obtenir avec économie le tartre vitriolé; les Allemands le préparent en grand par un procédé connu des Chimiſtes ſous le nom de *Tackenius* ſon Auteur. On met un quintal de couperoſe verte dans de grandes cuves de bois, avec le triple de ſon poids d'eau, de maniere que les cuves ne ſoient emplies qu'à moitié; on a d'autre part préparé une leſſive alkaline avec trente livres de potaſſe & cinquante pintes d'eau, qu'on laiſſe éclaircir d'elle-même; on en prend plein une cuiller de fer appellée *poche*, de la continence de quatre à ſix pintes. Lorſqu'on a verſé cette cuillerée dans la cuve où eſt le vitriol en ſolution, on agite le tout avec une longue tige de fer dont le bout eſt taillé en pelle. Il ſe fait un mouvement violent dans la cuve, & on attend pour verſer une nouvelle pochée de leſſive alkaline, que ce mouvement ſoit paſſé. Lorſqu'on s'apperçoit, 1°, que la liqueur ne ſe gonfle plus dans la cuve; 2°, qu'elle s'éclaircit très-promptement ſans laiſſer aucune écume à la ſurface, c'eſt une preuve que l'opération eſt finie; on s'en aſſure définitivement en verſant ſur un eſſai quelques gouttes d'Eſprit volatil; il a la propriété de former un précipité d'un verd foncé, s'il reſte un atôme de fer.

Sur une grande eſcabelle quarrée de bois, on attache par quatre clous dont la pointe eſt ſaillante, placés ſur chacun des montants de l'eſcabelle, une groſſe toile, ni trop ni trop peu ferrée, & au-deſſous on place une terrine. La même poche qui a servi au mélange sert à puiser dans la cuve, tant l'eau éclaircie, que la boue qui est au fond, pour les verser sur cette toile. Les premieres cuillerées passent nécessairement troubles à travers cette toile ; mais bien-tôt la boue en bouche les mailles & devient un filtre à travers lequel le reste de la liqueur passe limpide. On fait évaporer cette liqueur, & on la met à cryftallifer dans des terrines ; avec cette différence que les Allemands mettant plufieurs venues de liqueur à cryftallifer fuccessivement dans la même terrine, ils obtiennent des fels en plaques d'une épaisseur confidérable ; à quoi contribuent la forte évaporation de la liqueur, & la lenteur du refroidissement ; les cryftaux de ce fel font quelquefois très-gros, mais toujours confus & par couches.

Le bas prix du vitriol verd & de la potasse en Allemagne, met les Préparateurs de ce fel en état de le donner à fi bon compte que nos Diftillateurs ont pour la plûpart renoncé à le retirer de leurs réfidus d'Eaux-fortes. Ils n'y perdent rien ; & M. Charlard, un des plus induftrieux d'entr'eux, a été le premier à préparer fa terre à polir fans la deffaler, & à la tenir à caufe de fa fupériorité à un plus haut prix.

Les Allemands négligent de tirer aucun parti du marc qui refte fur la toile ; il eft cependant certain qu'en le faifant légérement calciner dans une marmite de fer, on obtiendroit une terre à polir fupérieure à toute autre pour la fineffe & la beauté. J'ai eu occafion d'en préparer en grand pour un Spéculateur qui prétendoit ouvrir les entrailles du fer, & lui arracher l'or ou la matiere aurifique qu'il y fuppofoit cachés : j'ai peu vu de fafran de Mars plus fin, plus éclattant en couleur ; je dis ceci en paffant, parce qu'on trouvera dans l'Art du Peintre fur Verre, combien le fer bien calciné eft effentiel pour certaines couleurs ; or cet objet utile vaut bien la recherche fantaftique de mon Adepte.

<h3 style="text-align:center">A R T I C L E   T R O I S I E M E.</h3>

<h3 style="text-align:center">*Du Sel de Glauber.*</h3>

ON peut fe fouvenir qu'en parlant de l'Efprit de fel dans la premiere Partie, j'ai dit que nos Diftillateurs l'obtenoient par les trois mêmes Procédés qui leur donnent les Eaux-fortes, avec cette différence qu'ils fe fervent pour le premier, celui par l'argille, de l'Eau fure, ou encore mieux de l'Eau mere, dont j'ai fait mention à l'article premier de cette Section ; tandis que dans les deux autres, celui par le vitriol calciné & celui par l'huile de vitriol, ils emploient le fel marin cryftallifé obtenu de leur ciment. C'eft la bafe de ce fel marin décompofé par ces deux intermedes qui s'uniffant à l'acide vitriolique donne le fel de Glauber ; car le ciment ou argille reftant du premier Procédé n'en donne pas un atôme, même en le furchargeant de leffive de foude.

Toutes les précautions détaillées dans l'article précédent pour s'affurer fi la

liqueur

liqueur saline est pure & saturée, se trouvent pareillement nécessaires ; avec cette différence qu'à la lessive de potasse, il faut substituer la lessive de soude, qui tient un alkali analogue & semblable à celui qui sert de base au sel marin.

Tout le reste du travail étant absolument semblable à celui du tartre vitriolé, je ne crois pas devoir y insister. Le sel de Glauber qu'on obtient, est en pyramides longues, d'une transparence aqueuse, de facile dissolution & s'effleurissant à l'air avec une promptitude remarquable. Il revient à si bas prix, que je suis étonné comment on se donne la peine de contrefaire ce sel, comme je vais le dire. En effet si l'on a fait travailler vingt-cinq livres de sel marin avec douze livres d'huile de vitriol, il reste dans les cornues une masse pesant près de vingt livres, laquelle fondue & mise à crystalliser fournit jusqu'à trente-cinq livres de sel de Glauber ; parce que ce sel en crystallisant prend près des quatre sixiemes, & au moins plus de moitié de son poids d'eau. Mais comme je l'ai observé dans le Chapitre de l'Esprit de sel, la consommation de cette sorte d'acide n'est pas assez abondante dans le commerce pour suffire à la quantité de sel de Glauber qui s'y distribue. Ce sel est d'ailleurs en concurrence avec celui qu'on prépare dans quelques-unes de nos Salines, & dont je vais donner la préparation.

Dans toutes les Fabriques ou Sauneries, où l'on fait évaporer au feu les eaux chargées de sel marin, on trouve après la crystallisation une Eau mere semblable à celle de nos Distillateurs, & un dépôt connu dans les Fabriques sous le nom de *Schlot* ; on mêle ces deux résidus avec de l'alun en poudre en forme de pâte, & on porte la masse sous des hangars où elle ne tarde pas à durcir ; on la conserve dans cet état jusqu'à ce qu'on veuille la convertir en sel de Glauber. Alors en la brisant, la lessivant, filtrant & mettant à évaporer, on obtient par le refroidissement un sel qui crystallise à volonté en grandes ou petites aiguilles. Je dis à volonté, parce que l'Ouvrier chargé de cette besogne est sûr d'obtenir de grands crystaux: c'est du sel de Glauber, s'il tient sa liqueur paisible & un peu moins concentrée ; s'il l'agite au contraire, il a de petites aiguilles ; c'est alors du sel d'Ebsom : il se comporte à-peu-près comme font les Raffineurs de sucre pour avoir le sucre en moules, au lieu de sucre candi.

Quoique le procédé que je viens d'exposer soit commun aux salines de Lorraine, à celles des côtes d'Angleterre & à celles du Boulonnois, il faut convenir que les sels de Glauber & d'Ebsom, de la Lorraine, différent essentiellement de ceux des deux autres endroits. Ces derniers fournissent abondamment de la Magnésie blanche, & ont une amertume particuliere ; ceux de Lorraine au contraire ont plus de fraîcheur que d'amertume, ne donnent presque point de Magnésie, & tombent très-aisément en efflorescence ; aussi paroissent-ils approcher davantage du vrai sel de Glauber.

Le sel d'Ebsom refondu dans l'eau & crystallisé paisiblement, se forme en grandes aiguilles que les gens capables de cette petite finesse vendent enfuite pour du fel de Glauber. Cependant le fel de Glauber obtenu comme il convient ne revient pas à huit fols la livre, & on paye encore dix fols la livre de fel d'Ebfom ; il y a donc moins d'économie dans ce tripotage : mais telle eft la préoccupation, que la facilité du travail & la routine l'emportent fur des vues économiques.

Ce n'eft pas le feul moyen de fe procurer du fel de Glauber. Indépendamment des cendres du Tamaris dans lefquelles M. Montet, Chimifte de Montpellier, plus habile encore que célebre, en a découvert une quantité confidérable ; je connois deux pays maritimes dans lefquels on eft dans l'ufage de brûler du varec, dont l'efpece de foude qui en réfulte donne une quantité confidérable de fel de Glauber. L'un eft la côte du Boulonnois, deux lieues au-deffus & au-deffous de la Ville ; j'ai retiré des foudes de ce canton près de neuf onces de fel de Glauber par livre, ce qui revient à quatre onces & demie au moins à caufe de l'eau de cryftallifation qu'il faut en défalquer.

Les anfes de la baffe Bretagne donnent une autre efpece de foude que j'ai trouvée d'une odeur finguliérement difgracieufe, parce qu'elle avoit paffé par les mains d'un homme qui prétendoit qu'en brûlant le varec ou fa foude avec du fiel de bœuf, il convertiroit tout le fel marin en alkali. Je cite ces petites circonftances, afin qu'on fe tienne en garde contre ce Fabricateur de projets ; car il eft bon de favoir que fon varec ainfi brûlé ne tient pas un atôme de fel alkali nud, & que voilà peut-être le vingtieme projet dont autant de Compagnies ruinées lui font redevables. Cette foude fournit à-peu-près trois onces par livre de fel de Glauber, fans compter l'eau qu'il prendra en cryftallifant. Ainfi fi quelque chofe eft admirable dans le fel de Glauber, c'eft moins fa nature & fes propriétés, que la quantité de fubftances dans lefquelles on le rencontre.

ARTICLE QUATRIEME.

Du Cryftal minéral.

TOUTES les Pharmacopées indiquent une prefcription qui confifte à faire fondre du nitre très-pur, à y ajouter une pincée de fleurs de foufre, pour brûler, dit-on, les faletés qui s'en féparent en forme d'écume, à verfer ce nitre fondu dans des petits baffins de cuivre, qu'on nomme auffi des *poëles*, & qu'on a chauffés ; il s'y congele en forme de plaques, & voilà ce qu'on appelle *Cryftal minéral.*

Le falpêtre rafiné coûtant dix-huit fols la livre, & perdant toujours un peu de fa fubftance par le procédé qui vient d'être décrit, on ne concevoit pas comment les Diftillateurs d'Eaux-fortes, pouvoient vendre ce même Cryftal treize fols la livre. On les a plufieurs fois accufés d'y mêler de l'alun ; mais l'accufation tombe d'elle-même ; l'alun fe gonfle en fondant ; il eut d'ailleurs décompofé une partie du nitre ; le procédé des Diftillateurs eft beaucoup plus fimple.

Ils mettent dans la marmite de fer fellée à demeure, ainfi qu'il eft dit dans le premier Chapitre de la feconde Partie, ils y mettent, dis-je, du nitre à dix fols ; en chauffant la marmite le nitre fe fond, pouffe une écume affez fale, dont une portion fe deffeche quelquefois au point de faire fufer le nitre. Lorf-qu'ils voient leur nitre d'une belle fonte & bien claire, ils le puifent dans l'endroit où il n'y a point d'écume, & le verfent par portions dans de petites poëles de fer femblables aux poëles à frire, bien feches & même chauffées : on agite la poële pour donner une épaiffeur égale à la matiere qui ne tarde pas à fe réfroidir ; elle fe détache de la poële, on la dépofe fur un papier, & on continue ainfi jufqu'à ce qu'on ait épuifé la marmite.

La précaution de chauffer les baffins de cuivre ou les poëles de fer, eft très-conféquente ; la plus légere humidité fait éparpiller au loin le nitre fondu qui brûle, & bleffe dangereufement ; on a vu long-temps dans Paris un Particu-lier qui avoit perdu un œil pour avoir négligé ce foin important.

Il eft bon d'avertir que fi le Cryftal minéral préparé de cette maniere eft très-blanc, il n'eft pas pur ; les faletés font confumées, mais le fel marin y eft tout entier ; or le nitre de premiere cuite en tient beaucoup ; auffi un pareil Cryftal minéral s'humecte-t-il à l'air, & eft-il falé au lieu d'être frais fur la langue.

Les Diftillateurs fondent de cette maniere le nitre qu'ils retrouvent dans la leffive de leur ciment, pour le blanchir ; ils en font des pains d'à-peu-près trois pouces d'épais, ce qui leur facilite de le conferver en tas jufqu'à ce qu'ils en ayent befoin dans leur commerce. Ils en obtiennent du nitre purifié & en belles aiguilles. Ils font réfoudre un de ces pains, par exemple, dans ce qu'il lui faut d'eau froide ; après avoir filtré & légérement évaporé, ils placent les terrines dans l'étuve où le nitre fe forme feul en beaux cryftaux, parce que le fel marin n'a pas eu occafion de cryftallifer dans un liquide auffi peu rapproché. Cette méthode d'obtenir du nitre très-pur fatisfait à une des queftions que j'ai faites à la fin de la premiere Partie. Peut-être y parviendroit-on auffi en chan-geant quelque chofe dans l'appareil de la fufion du nitre. Toutes chofes égales, le fel marin eft plus lourd que le nitre. Dans l'état de fufion chaque fel jouiffant de fa pefanteur, le fel marin doit fe féparer & fe précipiter ; il ne s'agit que de rendre cette féparation plus fenfible. Subftituons à la marmite un creufet plus profond que large tenant long-temps le nitre en fufion & le laiffant refroi-dir dans le creufet ; on verra fi le fel marin n'eft pas dans le fond de ce creufet. Quelques effais faits en petit femblent m'autorifer à indiquer avec confiance cette manipulation.

Article Cinquieme.

Fabrique de l'Alkali fixe.

JE m'écarterois de mon sujet si je donnois ici le détail des travaux par lesquels, les Suédois, les Habitants de la Forêt noire en Allemagne & ceux des Pyrenées, préparent la *Potaffe*, dont le nom Allemand signifie cendres cuites ou de pot ; il m'auroit aussi fallu rendre compte de la combustion des *Varecs* & *Kalis*, d'où résultent les différentes *Soudes*, & de celle de la lie de vin, ou *Clavelle*, qui donne *la Cendre gravelée*. Les Mémoires de l'Académie de Suede, publiés en François par M. le Baron d'Holback, les travaux entrepris par ordre du Ministere, par MM. Tillet, Fougeroux & Guettard, & l'Auteur qui se chargera de publier l'Art du Vinaigrier, me dispensent d'un détail, étranger aux Artistes dont je décris les opérations ; il leur suffit de se connoître en potasse, pour choisir celle qui leur donnera le plus possible de sel blanc.

La meilleure potasse est celle de Norwege ; elle doit être seche d'un blanc bleuâtre, & que sur-tout elle n'ait pas l'apparence d'être vitrifiée. Quand on doute qu'elle soit bien recuite, on la met passer la nuit dans une galere qui a travaillé le jour précédent, en l'y arrangeant comme on fait l'argille pour l'y sécher. Cette chaleur suffit pour achever de détruire les matieres qui ne font pas assez brûlées, & pour développer plus d'Alkali. On la concasse ensuite grossiérement, on en charge des tonneaux défoncés & mis debout, & on jette de l'eau pour en faire la lessive comme on l'a fait pour le ciment. On fait passer cette lessive dans un autre tonneau où est de la potasse dessalée, mêlée à un peu de chaux. Par la premiere manipulation on dépouille la potasse de son sel ; par la seconde on en dégraisse & on clarifie la lessive qu'on fait évaporer dans la marmite de fer du fourneau à marmite ; lorsque la matiere commence à se sécher, on diminue l'activité du feu, on remue incessamment & on écrase la masse saline avec une espece de pilon de bois dont la tête est garnie d'une plaque de tôle. Sitôt que le tout est bien sec, on met le sel dans des cruches exactement égouttées & séchées, on les bouche avec soin, & on les emmagasine dans un lieu bien sec. Tel est ce qu'on appelle dans le commerce *le Sel fixe de Tartre.* Quand la potasse est de bonne qualité, elle en fournit de soixante & dix à soixante & quinze livres par quintal, qui coûte le plus cinquante-cinq livres ; le quart de déchet mis pour équivaloir aux frais, un pareil sel fixe ne revient jamais aux Fabriquants à plus de seize sols la livre. Mais ce sel n'a point de prix fixe ; il dépend du nom de la plante dont on le fait porteur ; ainsi le sel fixe de Plantin se vend plus cher que celui d'Absinthe, celui de Gentiane plus que le sel de Centaurée, quoiqu'ils soient tous pris dans la même cruche.

Cette

Cette Manufacture n'existe point à Paris ; c'est dans la Champagne & sur-tout à Saint-Dizier, qu'elle est en pleine vigueur. J'ai eu occasion d'examiner une caisse adressée de cette Ville à un de nos Droguistes de Paris ; elle conte-noit dix-huit bouteilles de sels fixes, étiquetées chacune diversement ; je ne fus pas médiocrement surpris de leur trouver un air de famille, que je confir-mai par des essais exacts, & je fus convaincu que ces dix-huit sels fixes étoient fils d'une même mere portant seulement un nom & des prix différents.

Il s'en faut outre cela de beaucoup que le sel fixe préparé en Champagne soit un sel pur. Plus la potasse est ancienne, plus elle tient de tartre vitrio-lé ; la plus nouvelle en tient une assez notable quantité ; on ne se donne pas la peine de le retirer ; au contraire on le conserve & on le mêle soigneuse-ment au sel fixe en faisant les lessives avec de l'eau bouillante, qui dissout effi-cacement l'un & l'autre sel. Ceux qui veulent purifier un pareil sel alkali, sont obligés de le dissoudre à froid, dans le moins d'eau possible, de laisser plusieurs jours la solution dans un endroit frais ; à la longue le tartre vitriolé qui va quelquefois jusqu'à faire le tiers du total, se crystallise, & on fait dessécher la lessive restante, qui est un pur alkali.

Le sel fixe des Champenois a encore un autre défaut ; il est souvent causti-que, au point de paroître une vraie pierre à cautere. Cet accident vient de ce qu'en travaillant en grand, ils négligent de modérer le feu vers la fin de l'exsiccation ; la matiere s'attache aux parois de la marmite, & s'y décompose au point qu'en dissolvant & filtrant un pareil sel, on trouve sur le filtre beau-coup de terre grisâtre, qui, combinée avec l'alkali, lui donnoit sa causticité ; joignez à cela l'usage où ils sont de purifier leur lessive sur de la chaux ou de la craie.

Les Distillateurs de Paris, préparent réellement un alkali fixe du tartre. Les mêmes raisons qui m'ont fait supprimer la description du travail de la potasse & autres, me dispensent de faire à l'occasion de la purification du tartre, autre chose que renvoyer au Mémoire de M. Fizes, publié dans le volume de l'Aca-démie des Sciences pour 1726, & à la Dissertation de M. Desmarets sur la mê-me purification exécutée à Venise, inférée dans le Journal de M. l'Abbé Rosier.

Pour faire l'alkali du tartre, les Distillateurs mettent dans des cornets de papier de la crême de tartre concassée à la dose de deux onces au plus ; on établit dans le fourneau de réverbere, dont on a ôté la grille, un premier lit de charbon, un lit de ces cornets, & on l'emplit de cette maniere jusqu'à ce que le fourneau soit comblé. On met le feu par le haut du fourneau. Si on l'allumoit par le bas, la totalité du charbon s'allumant à la fois, non-seule-ment la calcination du tartre, mais la vitrification en partie de l'alkali formé, auroit lieu. Il m'est arrivé d'avoir une fois toute une masse de crême de tartre vitrifiée au point de ne plus fournir d'alkali. Pour éviter cet inconvénient, quand une fois le charbon eſt bien allumé, on bouche la porte du cendrier. On retrouve après l'opération les cornets convertis en une maſſe ſpongieuſe d'un blanc verdâtre, qu'il ne s'agit plus que de leſſiver, filtrer & faire évaporer à ſiccité. La crême de tartre fournit depuis trente juſqu'à trente-trois livres d'alkali fixe au quintal, ce qui fait près du tiers ; & on veut nous faire acroire que cette quantité d'alkali eſt toute dans la crême de tartre, enſorte que ce ne ſeroit qu'un ſel neutre avec ſurabondance d'un tiers d'acide. *Ad populum phaleras.*

Le ſel de tartre préparé de cette maniere eſt dès la premiere exſiccation ſuffiſamment blanc, ce qui n'arrive pas toujours avec le tartre : voilà pourquoi nos Diſtillateurs préférent la crême de tartre ; ils évitent la peine de calciner leur produit une ſeconde fois. Qu'on compare maintenant les deux opérations, celle de Champagne & celle de Paris, le ſel préparé par les Diſtillateurs de Paris leur revient toujours au moins à deux livres la livre.

Il ſe prépare auſſi à Grenoble dans la Fabrique de M. Molard & Compagnie de vrai ſel de tartre. Le Dauphiné abonde en vins qui ſe tranſportent rarement, & qui ſont très-tartareux ; cette derniere matiere y étant preſque ſuperflue, met le Fabriquant à portée de livrer ſon ſel de tartre à un prix aſſez modique ; mais ſoit qu'il le calcine trop, comme font les Champenois, ſoit que l'uſage où il eſt de filtrer ſes leſſives ſur de la craie pour les dégraiſſer, y combine une partie de cette terre, le ſel de tartre de Grenoble a l'excès de cauſticité de celui de Champagne, & dépoſe beaucoup de terre lorſqu'on veut le purifier.

ARTICLE SIXIEME.

Fabrique de Sel de Seignette.

LA combinaiſon de la crême de tartre avec le ſel alkalin qu'on retire de la ſoude, à-peu-près de la même maniere qu'on retire celui de la potaſſe ; cette combinaiſon cryſtalliſe en cryſtaux aſſez gros, taillés en tombeau, courts, ſouvent grouppés, d'une ſaveur plus ſalée qu'âcre, & ſe nomme *Sel de Seignette.* La réputation ſinguliere que ſon premier Fabriquant lui procura, l'eſpece de gloire qu'on attacha à la découverte qu'en firent dans le même temps les deux plus célebres Apothicaires d'alors ; l'adoption preſque générale qu'en firent les Praticiens pour en faire l'aſſaiſonnement des preſcriptions purgatives, piquerent bien-tôt l'émulation de nos Diſtillateurs ; & ſuivant l'uſage, cette émulation dégénéra en différents abus dont il eſt bon d'être inſtruit.

Pour préparer en grand le ſel de Seignette, on prend cent livres de ſoude d'Alicante ; on la calcine légérement comme la potaſſe, s'il en eſt beſoin, & on en fait la leſſive avec les mêmes précautions indiquées dans l'article précédent ; on fait évaporer cette leſſive juſqu'aux deux tiers à-peu-près, & on la met refroidir ; il ſe forme dans les terrines une maſſe de cryſtaux rangés les uns ſur les

autres en piles comme des jettons ; l'Eau mere qui reste est ordinairement
chargée de sel marin. On s'en tient à ces crystaux qu'on dissout de nouveau dans
le double de leur poids d'eau ; on fait bouillir cette solution dans une marmite de fer , & on y jette peu-à-peu de la crême de tartre en poudre fine. A chaque projection , il se fait une effervesence qu'on follicite en remuant le mélange
avec une spatule de bois. Lorsque cette effervescence n'a plus lieu , même en
y ajoutant de nouvelle crême de tartre , on acheve de remplir la marmite avec
de l'eau , & on fait bouillir ; alors on filtre la liqueur à travers le papier gris ;
on nétoie de nouveau la marmite ; on y met à évaporer la liqueur filtrée , &
lorsqu'elle a la consistance de petit syrop , on la verse dans des terrines qu'on
tient dans un lieu plutôt chaud que froid : au bout de deux jours , on égoutte
ces terrines , on rince les crystaux avec de l'eau froide qui enleve le surplus de
crême de tartre qui se dépose quelquefois , ainsi que l'Eau rousse qui peut salir
la crystallisation ; on met le sel à sécher dans l'étuve , & on le garde pour le
besoin. Voilà la méthode usitée par les bons Artistes ; il est vrai que par ce
moyen le sel de Seignette ne peut pas se livrer au prix modique auquel l'é-
tablissent certains Fabriquants ; ceux-ci prennent la lessive toute brute sans
en retirer les crystaux ; ils la mettent dans un baril , y versent de la crême
de tartre en poudre , agitent le mélange , & l'abandonnent ; au bout de quinze
jours ou un mois , ils décantent la liqueur , & détachent les crystaux , qui
sont attachés aux parois du baril pour faire le sel de Seignette de montre ;
puis évaporant le reste de la liqueur jusqu'à siccité , ils ont une poudre blanche qu'ils appellent le *sel de Seignette commun* , & qu'ils mettent en paquets
d'une once dans des papiers faits exprès pour cette espece de sel ; s'ils s'ap-
perçoivent que leur poudre s'humecte , ils y ajoutent à vue d'œil de la crême
de tartre en poudre. D'autres font encore plus simplement , ils mettent des
crystaux de soude , vingt livres , par exemple , en poudre , avec trente livres de
crême de tartre , & distribuent cette poudre sous le nom de *sel de Seignette.*

La fausse méthode du sel évaporé à siccité se reconnoît en le dissolvant dans
l'eau , qui se colore sensiblement à cause d'une portion d'Eau mere desséchée
avec le sel proprement dit. En dissolvant pareillement dans l'eau le prétendu
sel de Seignette de ceux qui ne font qu'une poudre de sel de soude & de
crême de tartre , on voit naître l'effervescence qui annonce que les deux
substances n'étoient pas combinées. Je ne parle pas ici de ces misérables Colporteurs qui vendent du sel d'Ebsom effleuri pour du sel de Seignette ; mais
distinguons toujours les bons Artistes qui procédent loyalement à leurs préparations , de ceux que la cupidité aveugle & rend trop industrieux.

La quantité d'Eau mere qui reste après les premiers crystaux obtenus de sel
de Seignette, a mérité qu'on l'examinât , & elle n'est pas perdue pour l'Artiste économe ; on la noie dans le triple de son poids d'eau ; on la fait chauffer , on y verse de la crême de tartre qui y fait une nouvelle effervescence , on

filtre la liqueur quand toute effervescence est passée, on la met à évaporer & à cryftallifer, & on obtient une nouvelle venue de beaux cryftaux. On répete fi l'on veut ce travail jufqu'à la fin, & on parvient à convertir en fel de Seignette parfait toute la quantité de cryftaux de foude employés; on a fouvent befoin du double & davantage de leur poids en crême de tartre.

En répétant fcrupuleufement ce travail, de maniere à mettre en diffolution nouvelle tous les cryftaux dont la configuration étoit douteufe, j'ai eu à peine pour dix livres de cryftaux de foude, & vingt-cinq livres de crême de tartre, une demi-once d'Eau mere; encore aurois-je pu la convertir en fel de Seignette. Je puis affurer qu'aucun des cryftaux n'avoit de configuration équivo-que; j'en ai rediffous une partie à froid pour voir s'ils ne contenoient pas de crême de tartre non combinée. Après être bien certain que tout mon produit étoit du fel de Seignette, je demande à ceux qui prétendent fi libéralement que la crême de tartre contient un tiers de fon poids d'alkali fixe végétal, ce qu'eft devenu cet alkali fixe végétal, & pourquoi on n'a pas du moins en proportion de cet alkali, une partie du produit configurée comme l'eft le fel végétal, celui qui réfulte de la combinaifon de la même crême de tartre avec l'alkali du tartre? Il eft bon de remarquer qu'à très-peu de chofe près l'alkali de la foude & celui du tartre abforbent une quantité égale de crême de tar-tre. Encore un coup que devient l'alkali inné de la crême de tartre dans la fabrique du fel de Seignette? Il refte, me dira-t-on, combiné dans la crême de tartre, qui fe fépare toute entiere & fans être altérée par les moyens connus de tous les Chimiftes: à la bonne heure. Pourquoi donc avoir dit dans le Journal de Médecine d'Avril 1773, que l'on avoit recombiné la crême de tartre, tandis qu'on n'a fait que la précipiter du phlegme acide nitreux dans lequel elle étoit en diffolution, en préfentant un alkali fixe à ce phlegme nitreux?

ARTICLE SEPTIEME.

Fabrique du Sel Ammoniac.

JE vais traiter dans cet Article d'un objet que fa nouveauté rendra inté-reffant. Il s'agit de faire en France du fel Ammoniac qui revienne à meil-leur marché que celui d'Egypte.

Depuis les dernieres obfervations on ne doute plus que le fel Ammoniac ne fe fabrique dans cette contrée fi fameufe, par la fublimation des fuies d'excré-ments des animaux; ces excréments font la matiere combuftible la plus commo-de dans ce pays dénué de bois. Nous avons bien le même chauffage dans quelques-unes de nos Provinces pareillement privées de bois; dans la baffe Bretagne, la baffe Normandie, une partie du Poitou, dans le pays d'Aunis, & peut-être ailleurs on ne brûle que des bouzes de vaches qu'on a defféchées en les appliquant

contre

contre les murailles. La suie qu'on tire de la combustion de ces bouzes, paroî-
troit avoir une analogie parfaite avec celle que l'on traite en Egypte ; mais
cette contrée abonde tellement en sel marin qu'on le retrouve dans les plantes les plus nitreuses. Une pareille différence en établit une si considérable sur
la nature de la suie, que si vingt-cinq livres de suie d'Egypte donnent de six
à huit livres de sel Ammoniac, pareil poids de suie de nos Provinces en donne
à peine une demi-livre. Je parle d'après ma propre expérience. Des suies venant du Poitou, traitées par la sublimation, par l'analyse, avec le sel marin,
avec son Eau mere, avec son acide, ces suies m'ont toujours donné un produit de sel Ammoniac, mais toujours en trop petite quantité pour pouvoir
établir une spéculation raisonnable sur leur exploitation en grand.

Le nouvel artifice dont je vais parler differe en tout point de celui des
Egyptiens ; il est indiqué, d'une maniere très-claire par M. Shaw, *page* 443 ,
de la traduction Françoise de ses Leçons de Chimie. Le sel volatil tiré des os
de bœuf qu'il y indique , doit revenir presqu'à aussi bon marché que celui dont
je vais parler, en Angleterre sur-tout où la grosse viande paroît être un aliment de premiere nécessité.

J'ai déja eu l'occasion de parler de l'Eau mere que les Salpêtriers & nos
Distillateurs appellent *Eau sûre* ; on la retrouve encore après la lessive du
ciment d'Eaux-fortes, & dans toutes les Salines de Lorraine , Franche-Comté
& autres ; l'acide du sel marin est si lâchement combiné dans cette liqueur
qu'on pourroit, à la rigueur, l'en tirer sans intermede ; il s'agit de saturer cet
acide avec un alkali volatil, & de faire ensuite sublimer la masse saline qui en
résulte ; le tout avec assez d'économie pour que le produit n'en soit pas coûteux.

Pour cela on se procure l'alkali volatil de la maniere suivante. On achete
des chiffons, ou rognures de draps, étoffes de laine, & autres substances animales. Les Chiffonniers appellent *Locques* tout ce qui est en fil , coton ou substance végétale ; ils les vendent pour les Cartonneries & Papeteries ; le mot *Chif-
fon* est consacré à tout ce qui a pu appartenir aux animaux ; ces matieres se
vendent à Paris sur le pied de quinze sols le quintal. On a fait faire dans la
Fonderie des especes de cylindres en fer fondu de vingt-deux pouces de
diametre & de cinq pieds de long ; un des orifices de ces cylindres est fermé
en s'arrondissant , & ayant un trou vers son centre ; ce trou est occupé
par un bout de cylindre de huit pouces de diametre , & de deux pieds de long ;
l'autre orifice est terminé par une plaque quarrée précisément comme le font
les tuyaux de fonte destinés à la conduite des eaux ; cette plaque trouée dans
ses quatre coins reçoit autant de chevilles de fer , sur lesquelles glisse un morceau de fer quarré, dont le milieu est un peu bombé ; lorsque ce fer est près
du cylindre, il bouche exactement son ouverture & on l'assujettit avec des
clavettes de fer qu'on entre de force dans les chevilles ; ces cylindres se posent
au nombre de seize, sur une espece de galere , de maniere à être appuyés sur les

deux murs latéraux , d'un côté par le tuyau de petit calibre , & de l'autre par le corps du cylindre même ; ils sont arrangés alternes, afin qu'il y ait autant de petits calibres d'un côté que de l'autre , & entre chacun il y a un vuide de l'espace d'un demi-diametre de chaque cylindre. Cette galere est plus large que les galeres à Eaux-fortes, & recouverte par un dôme solide & à demeure.

Voici maintenant leur usage : par l'orifice quarré de chaque cylindre, on fait entrer des chiffons tant qu'il y en peut tenir ; on bouche cet orifice en glissant la piece ou bouchon quarré sur les chevilles & enfonçant les clavettes ; à l'autre extrêmité , on abouche au tuyau de petit calibre de grosses bouteilles figurées en ballons de terre de Savigny ; on les lute avec de l'argille détrempée, & on établit le feu dans la galere ; on l'augmente jusqu'à faire rougir obscurément les cylindres ; & au bout de huit heures au plus, l'opération est finie. On ôte les clavettes , pour enlever le bouchon de chaque cylindre ; on retire avec un crochet les chiffons réduits en charbon , & on en introduit de nouveaux pour reboucher ensuite & faire une seconde distillation ; ce qui donne par jour le produit de trente-deux cylindres chargés chacun au moins de quarante livres de chiffons. Ainsi un seul homme peut dans une journée distiller douze cents pesant de chiffons ; & on trouve dans les ballons de terre neuf cents livres de produit, dont trois cents à-peu-près en huile empyreumatique inutile pour l'opération principale , & six cents qui font le phlegme chargé du sel volatil obtenu par la combustion des chiffons , qui en y comprenant tous les frais reviennent au plus à dix-huit livres.

On a eu d'autre part des Eaux meres de salines en abondance , & qui coûtent au plus , à cause des frais de transport, dix livres le quintal. On les fait évaporer dans de grands vaisseaux de plomb , en y jettant de temps en temps un peu de chaux éteinte pour fixer l'acide marin qui pourroit s'évaporer. Quand la liqueur est épaissie au point que le pese-liqueurs de M. Baumé indique le quarantieme degré , alors on verse pour cinquante livres de cette liqueur rapprochée cent livres du phlegme chargé de l'alkali volatil de chiffons. La masse devient bourbeuse ; on la laisse déposer, on lave le sédiment , on filtre toutes les liqueurs , & on les met à évaporer jusqu'à siccité ; cette masse est un nouveau composé d'acide marin & d'alkali volatil ; c'est-à-dire , un vrai sel Ammoniac qu'il ne s'agit plus que de sublimer.

On la distribue dans des ballons de verre de la continence de six à sept pintes , de maniere à ne les remplir qu'à peu près à moitié. On place ces ballons dans la galere ou fourneau à sable dont il a été fait mention premiere & seconde Partie ; on les ensable jusqu'à la hauteur de la matiere qu'ils contiennent ; on allume le feu & on le pousse par degrés , en observant de déboucher le col du ballon dans le commencement de la sublimation, pour éviter la fracture que feroit naître le peu d'air conservé dans l'intérieur du ballon. Lorsqu'une fois il a été chassé entiérement ou tellement dilaté par la chaleur qu'il est presque nul , cette précaution devient inutile. Au bout de six heures on donne le dernier coup de feu, qui rougit obscurément le fond des ballons ; c'est ce qu'en Egypte ils appellent *le feu d'enfer* ; on le continue pendant une bonne heure, puis on laisse refroidir ; on trouve dans chaque ballon en le cassant un pain de sel Ammoniac très-blanc & très-transparent, & les proportions indiquées ci-dessus fournissent au total trente livres de ce sel, qui, si l'on veut en établir la valeur, se trouvera revenir à dix-huit sols la livre au plus. Supposons qu'il coûte vingt-quatre sols, il y a encore bien loin de là à cinquante-deux sols que coûte le sel Ammoniac d'Egypte. J'ai vérifié, tant en mon particulier que chez **M.** Charlard, tous les détails du procédé que je viens de décrire ; avec cette différence que les chiffons ont été distillés dans une cornue de fer, au lieu des cylindres dont nous devons la connoissance à l'Artiste qui a présidé pendant long-temps à une fabrique en grand qu'on a établie aux environs de Paris.

Il faut convenir que notre sel Ammoniac n'est pas aussi bon pour les soudures fortes que l'est celui d'Egypte. Je crois avoir remarqué que cet inconvénient vient uniquement de ce que notre sel est entiérement fait avant qu'on le sublime, ce qui donne à sa texture plus de solidité qu'à celui d'Egypte, & l'empêche de se décomposer aussi facilement sous la main de l'Ouvrier qui veut souder. J'appuie ma conjecture sur un fait & sur une observation. J'ai souvent resublimé du sel Ammoniac, & j'ai toujours observé plus de dureté & de consistance dans le pain que j'obtenois. On a voulu tirer à Paris un parti des raclures & miettes de sel Ammoniac qui se trouvent dans les magasins de nos Droguistes, on les a sublimées ; mais les Etameurs, Soudeurs & Décapeurs, refuserent de s'en servir, parce qu'ils y remarquerent la même dureté, qui pour eux est un défaut. C'est encore pour cela qu'ils refusent de prendre le sel Ammoniac de Marseille, quoique plus blanc, & plus transparent ; il est pareillement fait par la sublimation de ce qui reste au fond des caisses dans lesquelles arrive le sel Ammoniac du Levant. Il seroit peut-être possible de remédier à ce léger défaut, c'est-à-dire, de rendre le sel Ammoniac de fabrique Françoise propre aux Chaudronniers, Potiers d'étain, Serruriers & autres, en le mêlant avec un quart de son poids de suie avant de le mettre à sublimer. Ainsi à tous égards l'établissement d'une pareille Fabrique ne peut qu'être avantageux au commerce de France.

M. Geoffroy dit que de son temps il y avoit du sel Ammoniac venant des Indes & sublimé en forme de pain de sucre ; je n'ai pu voir de cette espece de sel Ammoniac ; mais j'ai vu dans Paris des pains coniformes de sel Ammoniac venant de Pologne. Ce sel est d'un blanc à éblouir & tout formé par crystaux & non par aiguilles, ce qui annonce que celui qui le fabrique en Pologne ne le fait pas sublimer, mais que lorsqu'il est crystallisé, il en emplit des moules, où ce sel s'entasse, se déforme un peu, & se lie à l'aide d'un peu d'humidité qui accompagne les crystaux, pour prendre la figure du moule où on l'a déposé.

ARTICLE HUITIEME.

De l'Esprit & du Sel volatils Ammoniacs.

Le principal usage que fassent les Distillateurs du sel Ammoniac, c'est d'en obtenir l'esprit & le sel volatil, dont plusieurs especes d'Ouvriers & notamment les Fabriquants de Perles fausses se servent dans leurs Fabriques particulieres. Le premier est un liquide qui doit sa pénétration & son état fluide à la chaux vive qui sert d'intermede à la décomposition du sel Ammoniac que nous avons vu être un composé d'acide marin & d'alkali volatil.

Le sel volatil Ammoniac est plus connu chez nos Distillateurs sous le nom de *Sel volatil d'Angleterre*, quoique dans la vérité ce nom n'appartienne qu'au sel volatil obtenu de la soie crue. C'est qu'après avoir pensé pendant long-temps que les alkalis volatils différoient en raison des substances animales dont on les obtient, on en est venu à croire qu'ils étoient tous parfaitement homo-gènes. A une opinion trop rigide en a succédé une trop relâchée, & il s'en est suivi un abus qu'il est bon de connoître. M. Dozie, Auteur que j'ai déja cité plus d'une fois, dit que les Distillateurs dont il revele les secrets & les fraudes, se procurent une quantité considérable de sel volatil en distillant des os de bœuf. Il faut croire que ce n'est pas de leur part un secret, puisque M. Shaw appelle sans façon ce sel, le *sel volatil ordinaire d'os de bœuf*; ce qui semble annoncer que cette préparation est notoirement usitée & connue en Angleterre; mais voici ce qu'assurément aucun Médecin Anglois ne peut approuver.

Les Fabriquants du sel volatil d'os de bœuf le débitent à tout venant sous les noms de *Sel volatil d'Angleterre*, *de viperes*, *de crapauds*, *de crâne humain*, &c. Et pour sauver au moins l'odeur qu'ils conviennent devoir être particuliere à chacun de ces sels, voici leur tour de main : ils font une distillation de chaque espece, pour avoir séparément un flacon d'Esprit volatil de viperes, &c. Supposons maintenant qu'on leur demande un envoi des quatre sels volatils ci-dessus, ils emplissent quatre flacons de sel d'os de bœuf, & versent sur chacun deux gros pour quatre onces de l'Esprit volatil particulier de viperes, &c. puis, à-peu-près comme nous avons dit que faisoient les Champenois pour le sel fixe, on met une belle étiquette portant le nom de chacun des sels volatils demandés, & voilà la commission exécutée.

Un Distillateur de Blois s'y prend un peu différemment ; sur la quantité de mélange que je vais décrire pour retirer le sel volatil Ammoniac, il ajoute deux livres, ou de viperes, ou de crâne humain, ou de soie, suivant l'espece de sel volatil qu'il désire ; il distille ; cette substance animale en se décompo-sant fournit son sel particulier, qui se mêle, ainsi que son Esprit, à la très-grande

quantité

quantité de sel volatil Ammoniac ; ce qui, suivant lui, procure un vrai sel volatil de l'espece qu'il désire. Voici maintenant les procédés légitimes de nos Distillateurs pour préparer l'Esprit & le Sel volatils Ammoniac.

Dans une cornue de grès tubulée & de la capacité de dix-huit à vingt pintes, placée dans un fourneau de réverbere, on a introduit à-peu-près douze livres de chaux vive cassée par petits morceaux ; on a lutté au bec de la cornue un très-vaste ballon de verre ou de terre de Savigny, capable de contenir vingt à trente pintes. On a préparé d'autre part la solution de six livres de sel Ammoniac dans neuf pintes d'eau, qu'on a filtrée ensuite pour en ôter toute saleté qui coloreroit l'Esprit. On verse par la tubulure un tiers à-peu-près de cette solution, puis on bouche la tubulure ; il se fait une vive effervescence dans l'intérieur des vaisseaux ; on la laisse passer, & pendant ce temps il distille spontanément, c'est-à-dire, sans autre chaleur que celle que produit cette effervescence, une assez bonne quantité de liqueur. Cette premiere fougue passée, on verse promptement le reste de la solution, & on attend pour mettre quelques charbons dans le fourneau, que la chaleur commence à diminuer : on entretient le feu très-doux jusqu'à ce qu'il ne coule plus rien, & après avoir laissé refroidir l'appareil une bonne journée, on sépare le ballon avec précaution, & on vuide dans des flacons huit à dix livres d'Esprit très-volatil & très-pénétrant qui s'y trouve.

Comme le premier effet du mélange est terrible, on a des ballons auxquels il y a une tubulure vers le ventre ; on la bouche & débouche de temps en temps pour donner issue à une quantité prodigieuse d'air élastique qui briseroit tout s'il étoit retenu. On fait maintenant ces tubulures dans les Verreries ; autrefois on les faisoit avec un poinçon bien acéré & un petit marteau, & j'ai vu un temps où un Chimiste qui n'auroit pas su forer lui-même ses ballons, eût été regardé comme un ignorant, par ceux que l'habitude avoit rendus habiles à ce genre de travail.

Il faut convenir que l'Esprit volatil qu'on retire si abondamment porte avec lui l'inconvénient de perdre très facilement son odeur, parce que le sel volatil dont lui vient sa force, est noyé dans une trop grande quantité d'eau ; ce qui le rend en outre peu propre à préparer cette liqueur laiteuse, connue sous le nom d'*Eau de Luce* ; mais il suffit pour être livré aux Fabriquants & Ouvriers qui en ont besoin & qui s'en contentent.

Les Apothicaires de Paris préparent autrement leur Esprit volatil de sel Ammoniac, & il n'est ni trop phlegmatique ni trop concentré pour l'Eau de Luce ; dans le premier cas, la liqueur s'éclaircit en déposant en forme de crême la substance qui la blanchissoit ; dans le second, cette même substance est bituminisée & durcie, & se sépare de la liqueur par grumeaux.

On prend deux livres de chaux, par exemple ; on y verse une livre d'eau ; on laisse le mélange dans la terrine, jusqu'au lendemain ; on le pese alors pour y ajouter la quantité d'eau qui a dû s'en échapper pendant l'extinction de la

chaux ; enforte qu'on ait à mettre dans la cornue toujours trois livres de ce mélange. On a d'autre part une livre de fel Ammoniac bien net, en poudre fine ;
on la mêle, avec les trois livres ci-deffus, & on fe hâte de faire entrer le tout
pefant quatre livres dans une cornue de grès dont le col foit large & garni d'une
efpece d'entonnoir formé par une feuille de papier roulé qui garantit ce col
d'être fali pendant cette introduction de la matiere à diftiller ; on y adapte
promptement un vafte ballon tubulé qu'on lute exactement avec de la veffie
bien affouplie ; on fait un feu très-modéré qu'on augmente à peine vers la fin ;
& quand il ne paffe plus rien, on laiffe refroidir ; on trouve une livre à-peu-
près d'Efprit volatil, bien autrement pénétrant que celui des Diftillateurs,
& tel qu'ils le préparent eux-mêmes lorfqu'ils le deftinent à faire l'Eau de
Luce.

Cette liqueur a joui & jouit encore d'une certaine vogue, & fa préparation
étoit un de ces petits myfteres qui enrichiffent leur propriétaire tant qu'ils ne
font pas révélés. J'eus occafion de lever le rideau dans le Journal de Médecine
dont j'étois alors coopérateur fecret. Ma Differtarion en fit naître beaucoup
d'autres, & chacun donna fon procédé. Il n'y eut que le poffeffeur du petit fecret qui voulut donner le change fous le nom d'un *Chevalier*. Malgré la no-
bleffe du mafque, le motif du vrai perfonnage perça, & il eft demeuré pour
conftant que deux gros d'huile de fuccin rectifiée à l'eau, un gros de baume de
la Mecque, & quatre gros d'alkali fixe triturés dans un mortier de verre pendant un quart-d'heure, puis mis à digérer dans huit onces d'excellent Efprit-de-
vin forment une teinture dont quatre gros donnent à la livre d'Efprit volatil
l'état conftamment laiteux qui lui a fait donner le nom d'*Eau de Luce*.

Pour faire le fel volatil Ammoniac, l'intermede & le procédé font différents ; nos Diftillateurs font fécher féparément de la craie, de la potaffe & du
fel Ammoniac qu'ils mêlent enfuite dans les proportions fuivantes : quatre livres de craie, autant de fel Ammoniac & huit livres de potaffe. On met le
mélange dans une vafte cornue de grès ; on la place dans un fourneau de réverbere, & on y lute un grand ballon. Quelques-uns mettent, avant de luter,
une demi-livre de bon Efprit-de-vin dans la cornue ; d'autres regardent cette
précaution comme fuperflue ; quelquefois auffi entre le ballon & la cornue
on place une allonge ou un ballon à deux becs ; le tout étant bien lutté avec
de la veffie affouplie, on chauffe le fourneau, & on en augmente par degrés
la chaleur, fans cependant faire jamais rougir le fond de la cornue ; l'opération
dure de quinze à dix-huit heures ; pendant ce temps, fi on a ajouté de l'Efprit-
de-vin, il paffe chargé d'une certaine quantité de fel volatil, qui lui a fait donner,
fur-tout fi on y ajoute des aromates, le nom d'*Efprit volatil aromatique*. Lorfqu'on n'a pas mouillé le mélange d'Efprit-de-vin, il paffe à-peu-près douze
onces de liqueur très-pénétrante, qui fouvent cryftallife après coup dans le
flacon où on la tranfvafe. Les récipients fe chargent de cryftaux falins, blancs,

tranfparents qui font l'alkali volatil tellement accompagné de craie , que pour les quatre livres de fel Ammoniac employé , on trouve quelquefois deux livres & demie d'alkali volatil.

M. Duhamel qui avoit il y a long-temps connoiffance de ce phénomene a enfeigné comment reconnoître la préfence de cette craie ; il s'agit d'expofer à l'air un effai d'alkali volatil foupçonné ; celui-ci fe diffipe & laiffe la craie en arriere. En me fervant d'un moyen femblable , j'ai reconnu que tous les fels volatils des animaux emportent avec eux affez d'acide pour qu'une partie foit dans l'état vraiment ammoniacal. L'Académie eft dépofitaire de ce travail, ainfi que d'un affez grand nombre d'autres, que je me fuis fait & me ferai toujours un honneur & un devoir de lui préfenter à titre d'hommage fait au Juge le plus compétent.

Si on fupprime la craie , & fi à la potaffe qui rend le fel fujet à s'humecter on fubftitue le fel de foude , on obtient le vrai fel volatil , exempt de tout mélange ; & c'eft ainfi que le préparent les Artiftes qui ne courent pas toujours à la quantité ; car ce procédé fournit à peine la moitié du poids de fel Ammoniac en fel volatil.

Comme il arrive fouvent qu'à force de déboucher les flacons , l'alkali volatil perd de fa force , j'indique volontiers le moyen de la lui rendre ; en perdant fa volatilité , il a toujours perdu de l'humidité qui lui donnoit une forte de tranf-parence. Je lui reftitue cette humidité en y verfant de l'Efprit volatil de la plus grande pénétration , celui, par exemple , qu'on obtient par l'intermede du Mi-nium , en fuivant le procédé de Neumann , qui fubftitue cette chaux métalli-que à la chaux vive pour décompofer le fel Ammoniac.

On ne fera peut-être pas fâché de trouver ici le petit tour de main de ceux qui prétendent diftribuer des fels volatils de Thim , de Lavande , &c ; ce font les finges des Diftillateurs Anglois. Dans de petits flacons pleins d'alkali volatil ordinaire , ils verfent une goutte ou deux de l'huile effentielle qui doit donner le nom au *flacon.* Ce petit artifice rentre dans la claffe de ces chofes qu'on ne pourroit défapprouver , fi les efpeces de Parfumeurs qui le mettent en ufage difoient qu'ils vendent du fel volatil *à la Lavande* , par exemple , & non pas du fel volatil *de Lavande* ; tant il eft vrai que la précifion & la valeur des mots font effentiels quand on veut fe faire entendre.

ARTICLE NEUVIEME.

Fabrique du Sucre de Lait & du Sel d'Oseille, en Suisse & en Lorraine.

ON apporta dans Paris pour la premiere fois, il y a à-peu-près trente ans, un sel que M. Prince, Apothicaire de Berne en Suisse, distribuoit dans des boîtes de deux livres au plus, & qu'il intituloit *Sucre de Lait.* Cette nouveauté fut accueillie suivant l'usage, & on ne parloit que Sucre de Lait. Il n'en fallut pas davantage pour exciter l'émulation ; ce fut en Lorraine vers Sarlouis que se firent les premiers essais fructueux, & les Fabriquants Lorrains établirent leur Sucre de Lait à beaucoup meilleur marché que M. Prince, qui profitoit sans doute de la certitude où il étoit d'en être le seul préparateur. C'est ainsi que Seignette vendit long-temps son sel à un prix qui nous paroît excessif aujourd'hui. Le Sucre de Lait est en croûtes épaisses d'un demi-pouce, blanches, crystallines sans avoir de configuration réguliere, ayant à l'extérieur beaucoup de ressemblance avec la crême de tartre, mate, très-dure, ayant un goût sucré. Celui de Lorraine a les mêmes propriétés ; il paroît seulement être moins compacte, plus soluble & plus savoureux.

Le principal usage de ce Sucre de Lait a été pendant quelque-temps à Paris de servir aux paresseux pour faire du petit Lait, en dissolvant quatre gros de ce Sucre dans une pinte d'eau, & filtrant la solution. Je n'insiste pas sur la dissemblance qu'un petit Lait de cette espece peut avoir avec le vrai petit Lait ; il n'en a pas moins eu sa vogue ; & cela n'étonnera pas quand on saura qu'il y a eu un homme dans cette même ville assez osé pour faire accroire qu'il avoit trouvé le moyen d'enlever au petit Lait son mauvais goût, & pour faire payer en conséquence son petit Lait quarante sols la pinte. Ce moyen, digne de son inventeur, consistoit à étendre une chopine de petit Lait bien préparé dans une chopine d'eau filtrée, sucrée avec deux gros de sucre légérement colorée par une feuille de safran qu'il y infusoit. Je n'insulterai pas aux dupes sans nombre qu'a eu ce Charlatan ; mais j'avertis ceux qui pourroient encore s'y laisser prendre, que c'est ainsi que procédent ces affamés qui vont toujours offrant au rabais leur marchandise ; on la paye toujours trop cher, ainsi que les conseils perfides de ceux qui les préconisent.

La Suisse est un pays de laitage ; c'est-là où se fabriquent le plus de fromages de toutes especes ; ces fromages supposent qu'on a fait cailler le Lait, & leur fabrication apprend qu'on prive la partie caseuse de tout le petit Lait qui s'en peut égoutter : ce petit Lait, est beaucoup trop abondant même pour les usages les plus communs auxquels on le destine ; M. Prince le clarifie, le fait évaporer en consistance de petit syrop & l'abandonne ensuite ; lorsqu'il a par ce moyen obtenu plusieurs quintaux de crystaux isolés, jaunâtres, & peu consistants, il les redissout dans de l'eau, clarifie cette solution avec le blanc d'œufs,

filtre

filtre la liqueur sur des entonnoirs chargés de chaux éteinte & bien lavée, puis met à évaporer de nouveau ; il est rare que le sel obtenu de cette seconde clarification soit encore très-blanc ; on le redissout, pour le clarifier, le filtrer & le faire cryftallifer une troisieme fois : lorsqu'il est suffisamment blanc, on le fait sécher à l'étuve, & on le met dans des boîtes garnies de papier blanc. Il diminue ordinairement des cinq fixiemes de son poids, c'est-à-dire, que cent-vingt livres de cryftaux jaunes se réduisent à vingt livres de cryftaux blancs & commerçables.

J'ai eu occafion de vérifier le fait sur trente livres à-peu-près de Sel de Lait, qui me rendirent au plus cinq livres de sel blanc, après quatre clarifications ; & un de mes amis & confreres, M. Chellé, en acquit en même temps la preuve de son côté, lorsqu'il étoit Apothicaire gagnant Maîtrise de l'Hôpital Général.

On attribue aux Lorrains un tour de main pour avoir leur Sucre de Lait plus blanc & plus abondant ; on dit que sur chaque pinte de petit Lait ils ajoutent quatre onces de Sucre blanc, ce qui augmente le poids du sel à obtenir, & en rend la clarification plus aifée. J'ai essayé en petit cette manipulation, & j'ai en effet obtenu un Sucre de Lait que j'ai blanchi plus facilement, mais qui se dissolvoit aussi bien plus volontiers dans l'eau ; je n'assurerai cependant pas que les Lorrains fassent usage de cette mauvaise manipulation ; j'aime mieux préfumer que le petit Lait étant aussi abondant en Lorraine qu'en Suisse, puisque la fabrique des fromages est également commune dans l'un & l'autre pays, dès que les Lorrains ont eu trouvé le moyen de faire le Sucre de Lait, ils l'ont établi à un prix plus bas que celui de Suisse, pour s'achalander, & ils ont en effet réussi, puisqu'ils font presque les feuls qui en approvifionnent les Droguistes de Paris.

Les Suisses font dans la possession de préparer encore une autre espece de sel, appellée mal-à-propos *Sel d'Ofeille* ; c'est le sel essentiel d'*Acetofella*, espece de trefle d'un goût acidule, & très-commun dans les vallées de la Suisse.

Zimmermann, abréviateur des écrits de Neumann, perfuadé que ce sel ne pouvoit être fi abondant dans le commerce fans être falfifié, donne plufieurs recettes, qui, fuivant lui, imitent le sel d'Acétofella : je me fuis finguliérement occupé à les vérifier toutes, & je puis certifier qu'aucune n'est praticable, parce qu'il n'en réfulte abfolument rien de femblable au Sel d'Ofeille. Ayant plufieurs fois essayé de traiter l'Acétofella elle-même, je n'en ai retiré qu'un sel roufsâtre & fi peu abondant que j'ai foupçonné au moins un tour de main dans la manipulation. Comme le commerce de ce sel en France se fait par Strafbourg, j'en écrivis à M. Spielmann, Professeur de Chimie, & mon Confrere dans plufieurs Sociétés favantes ; voici le précis de fa réponfe.

» Nous ne préparons pas nous-mêmes le Sel d'Ofeille ; ce font les Suisses qui » nous l'envoient tout préparé. La quantité qu'ils ont de cette plante, leur per- » met de perdre beaucoup de sel par les clarifications réitérées, afin d'en ob- » tenir très-peu de blanc ; il n'y a abfolument aucun tour de main ; les Suisses

» font incapables de la plus légere fupercherie ; s'ils le vendent cher, c'eft à » caufe de la petite quantité de pur qu'ils en retirent «. J'ai reconnu depuis qu'en filtrant la folution de ce fel impur fur une terre argilleufe un peu calcaire & friable, telle que la terre de Mervielle, on clarifioit cette folution de maniere à obtenir du premier coup des cryftaux fort blancs.

Le premier ufage du Sel d'Ofeille étoit pour enlever les taches d'encre faites fur les dentelles & autres linges d'une texture délicate. Les Confifeurs & quelques Pharmaciens en ont compofé des tablettes acidules, qu'on a appellées, *Tablettes ad fitim*, *Limonade feche*, *Tablettes de citron*, &c. & voici comme on les compofe. Sur quatre onces de fucre en poudre fine, on ajoute deux gros de Sel d'Ofeille pareillement en poudre fine ; on ajoute au mélange ou quatre gouttes d'effence de citron, ou un peu d'*Oleo-faccharum* fait en frottant fur du fucre l'écorce fraîche d'un citron ; avec un mucilage de gomme adragant, on fait du tout une pâte liée en la pilant fortement, & on divife cette pâte en paftilles, ou en tablettes fur lefquelles on imprime à volonté un cachet : on les féche à l'étuve. On obfervera que dans très-peu de temps l'effence de citron acquiert un goût de térébenthine, & que l'*Oleo-faccharum* fe rancit ; ce qui démontre combien on a tort d'affurer au Public que ces fortes de préparations font d'une longue confervation.

ARTICLE DIXIEME.

Fabrique du Sel de Succin, par les Hollandois.

LA quantité affez notable de fel volatil de Succin, d'huile d'Ambre & de bitume de Judée, qui fe diftribuent à un prix modique de Hollande dans toute l'Europe, a fait foupçonner les Hollandois d'une falfification dont ils ne font point coupables. Il eft vrai qu'en prenant le karabé ou fuccin le plus commun, & le diftillant avec le plus grand foin, aucun autre Artifte ne pourroit en établir le débit à fi bas prix ; mais il faut favoir qu'une Compagnie Hollandoife s'eft chargée de l'exploitation de certaines mines de Succin de la Hongrie, & qu'après avoir retiré les morceaux affez gros & tranfparents pour être employés comme bijou, après avoir trié ceux qui peuvent être bons aux Verniffeurs, tout le refte qui eft fale, grisâtre, mêlé de terre, eft fur le lieu même diftillé dans de vaftes cornues de fer tubulées ; on met de côté toute l'huile qui a pu paffer, & on réferve d'autre part l'Efprit & le Sel volatil ; le tout s'envoie en cet état en Hollande ; ce qui épargne les frais de tranfport d'une marchandife qui ne feroit pas de défaite, & ceux de la premiere fabrique.

En Hollande, on diffout dans de l'eau tiede tout le fel volatil, & on filtre cette diffolution ainfi que le phlegme ou Efprit volatil qu'on a tranfporté ; puis on le fait évaporer très-lentement jufqu'à ce qu'on voie la liqueur épaiffie.

Alors les uns se contentent de laisser sécher le total, & cette méthode est mauvaise; les autres mêlent cette liqueur épaissie avec du sable, placent le mélange dans un pot plus large que profond, sur lequel ils mettent un pareil pot renversé: en chauffant le premier pot, le sel se sublime & s'attache à celui qui sert de couvercle; il est en aiguilles, d'un gris sale, très-acide, & tenant toujours un peu d'huile. On a prétendu que les Hollandois faisoient crystalliser leur sel de Succin; j'ai reconnu que par ce moyen on perdoit beaucoup de sel, & que par conséquent il est trop destructif pour des Artistes aussi économes qu'ils le sont.

D'autre part, ils mettent dans de vastes cornues de grès toute l'huile qu'ils ont reçue des mines, & la distillent par un feu gradué, qui leur donne d'abord plus ou moins d'huile légere, très-peu ambrée, & très-odorante, suivant le soin qu'ont eu les premiers Fabriquants à ménager le feu dans leur travail, suivant que le succin que ces premiers Fabriquants ont travaillé, a été plus ou moins mêlé de terre & de sable, en proportion enfin du déchet qu'ont souffert les bouteilles qui la transportent: cette premiere huile se vend aux Droguistes sous le nom d'*huile d'Ambre fine.* En augmentant le feu, il passe une seconde huile, pareillement légere, mais rougeâtre & beaucoup moins pénétrante que la premiere; aussi est-elle d'un bien moindre prix; ce sont les Maréchaux & les Peintres en vernis qui la consomment. S'ils poussoient le feu davantage, ils auroient une troisieme huile qui n'est d'aucun débit; mais en cessant la distillation & laissant refroidir l'appareil, ils trouvent dans les cornues qu'ils cassent une masse luisante, seche, noire, friable, & qu'ils débitent pour Bitume de Judée; c'est une espece d'arcanson du karabé.

Ce détail suffit pour montrer comment les Hollandois peuvent établir un prix si modique à chacun des produits du Succin. Je suis certain du moins pour les avoir tous essayés, qu'aucun des tours de main qu'on leur impute pour allonger le sel volatil de Succin entre autres ne réussit.

J'ai cru superflu de donner une notice historique du Succin ou Karabé que chacun sait maintenant être un fossile abondant dans la Prusse Ducale, dans la Hongrie, dans le Duché de Deux-Ponts & ailleurs. Tant de Naturalistes, d'Historiens & de Chimistes en ont parlé, que je ne pourrois être que leur écho ou leur abréviateur; & ce dernier soin lui-même est superflu, puisqu'on trouvera dans le Dictionnaire de M. Bomare un abrégé qui contient l'histoire de ce Fossile, jusqu'à la découverte qu'en a faite en Suisse M. Stockar dans le chevelu des souches abbatues aux environs de Schafouse.

Raffinerie du Borax.

Tout le Borax qui fe diftribuoit autrefois en Europe, y étoit apporté & purifié par les Vénitiens. Quelques Auteurs accufent les Hollandois d'avoir ufé de fupercherie, pour découvrir le moyen fecret de raffiner cette fubftance faline. Que cette accufation foit fondée ou non, les Vénitiens ont perdu tant de branches de leur ancien commerce, qu'il n'eft pas étonnant que celle-ci leur foit échappée. On ignore abfolument quel eft le procédé des Hollandois, & le peu qu'on en fait eft dû aux obfervations de M. Valmont de Bomare. Mais ce qui prouve qu'avec de la patience, de l'intelligence, des tentatives, on peut aifément découvrir ce fecret prétendu fi caché, c'eft le fuccès de M. Leguillé un de nos forts Négocians de Paris; il eft parvenu à purifier le Borax : il y a à la vérité quelque différence entre le fien & celui des Hollandois.

Avant d'expofer comment on peut parvenir à purifier le Borax, fans prétendre révéler la manipulation de M. Leguillé que je déclare ignorer abfolument, il eft bon d'obferver qu'il vient dans l'Europe par le commerce des Indes trois efpeces de Borax bruts.

La premiere efpece, appellée *Borax du Bengale*, eft en petits cryftaux jaunâtres affez réguliers & comme empâtés dans une matiere tenace, rance, dont l'odeur approche beaucoup de la vieille cire jaune. La feconde efpece eft en maffes & en cryftaux plus gros, d'un bleu verdâtre, comme fali par un peu de terre qui les entoure ; ces deux efpeces nous font parfaitement connues, & il ne s'en vend pas d'autre à l'Orient, qui eft le dépôt général de toutes les traites qui fe font aux Indes.

La troifieme efpece eft une terre d'un verd jaunâtre que les Hollandois & les Négociants du Nord connoiffent particuliérement fous le nom de *Tinckar* ou *Tinqual*, que lui donnent encore les Efpagnols, qu'il ne faut pas confondre avec un alliage métallique auquel on a donné un nom femblable. M. Model, Chimifte de Peterfbourg, obferve dans fes *Récréations Chimiques*, ouvrage Allemand dont nous ne tarderons pas à avoir la traduction, que quoique le Tinckal foit fujet à être mélangé de beaucoup de fable, il eft cependant d'un prix plus cher que le Borax le mieux raffiné, ce qui donne à penfer que cette fubftance ne contient que la partie inconnue du Borax, cette fubftance qu'on eft convenu d'appeller *Sel fédatif*, à laquelle en raffinant on ajoute la bafe alkaline de la foude qui lui donne l'état Borax. Les deux premieres efpeces font au contraire du Borax tout formé ; il eft vrai que l'art de celui qui le raffine eft de voir fi cette fubftance, le fel fédatif, n'y eft pas en trop grande abondance, parce qu'alors il compenfe fes frais par la dofe de fel de foude

qu'il

qu'il y ajoute. Je parle de ceci pertinemment ; j'ai sous les yeux un Borax rafiné , que j'ai décomposé, selon l'usage, par de l'acide vitriolique, pour en avoir le sel sédatif, & j'ai déja retiré presque tout le poids de ce Borax en sel sédatif, sans avoir encore un atôme de sel de Glauber.

Quoique tout le monde sache l'Histoire du Bracmane , qui a donné une recette de Borax à M. Knott ; recette consignée par M. Trew, dans un volume imprimé à Copenhague en 1753 , & par M. Pott, dans le troisieme volume de l'édition Françoise de ses Dissertations Chimiques; & quelque foi que mérite le récit fait par un Allemand appellé *Nœglin* , à M. Géofroy le jeune, qui l'a communiqué à l'Académie des Sciences en 1732 , je crois devoir encore donner ici les deux récits suivants , les plus modernes qu'on ait à cet égard.

M. Durabec , ci-devant Négociant à Tranquebar , & pour le présent un des principaux Directeurs de la Compagnie des Indes, M. Durabec a assuré M. Gauthier, qu'aux environs du Tibet, il y avoit un lac appellé *Necbal* , du fond duquel on draguoit le Borax , en séparant les cryftaux , & mêlant la terre non cryftallifée avec partie égale de caillé de lait , & un tiers à-peu-près d'huile exprimée appellée dans le pays *Jujoline* ; qu'on mettoit ce mélange dans des fosses peu profondes pendant deux à trois mois , au bout duquel temps on retrouvoit cette terre toute convertie en Borax.

M. le Marquis de Beauvau qui voyageoit en 1768 & 1769 comme Officier de Marine , ayant séjourné long-temps à Tranquebar , m'a assuré que le rapport unanime des Négociants , des Officiers de comptoir , & des Indiens qui y apportent leurs marchandises , étoit qu'à quarante lieues de Tranquebar , dans les terres, il se trouve plusieurs lacs dont le fond est argilleux , & desquels on retire avec des cuillers faites comme nos curettes , une vase qu'on laisse sécher sur les bords des lacs. On en retire les cryftaux tout formés pour vendre à part , & la vase se vend sous le nom de *Tinckal* ou *Tinckar*. Ces deux derniers rapports suffisent pour tenir en garde contre les fables que l'éloignement des lieux autoriferoit certains Voyageurs à nous débiter.

En 1766 , M. le Comte de Rœdern , un des Chambellans de Sa Majefté Prussienne , & l'un des Curateurs de l'Académie de Berlin , se trouvant à Paris , me pria d'examiner une terre qu'un Directeur de Mines des environs d'Halberftadt , lui avoit confiée, pour voir quelle espece de métal elle contenoit. Mes essais ne me donnant jamais avec les réagissants & les fondants connus qu'un verre plus ou moins opaque, je tentai d'en fondre une partie à la lampe d'Emailleur ; la plus petite chaleur la fit fondre avec tant de facilité , je crus reconnoître dans la flamme tant de rapport avec le Borax, que je tournai mes essais de ce côté. Sur une portion , je versai de l'acide vitriolique délayé ; elle se dissolvit presqu'en entier, & me donna du sel sédatif très-abondamment. J'en délayai une autre portion dans de l'eau où j'avois dissous du sel de soude , & au bout de quinze jours je trouvai dans cette masse desséchée quatre cryftaux

bien diftin&ts de Borax, tel qu'il eft dans l'état brut. Je m'affurai de fa nature fur un de ces cryftaux, & je ne pus douter que la terre d'Halberftadt ne
fût une vraie terre de Borax ; elle eft d'un blanc grenu, un peu mate, à-peu-
près comme la moëlle de certaines oftéocolles. J'avois prié M. de Rœdern, de
m'envoyer à fon retour plus de renfeignements fur cet objet; mais foit diftraction par d'autres voyages, foit raifon d'intérêt particulier, ce Seigneur a tout-
à-fait négligé de faire ce qu'il m'avoit promis.

Pour procéder à la purification du Borax, je fuppofe d'abord que ce foit le
Tinckal ; fur un fourneau de quatre pieds de haut & fans cendrier, on établit
une grande chaudiere de cuivre de trois pieds de diametre fur trois de profondeur, dont le fond faffe le cul-de-lampe ; on l'emplit d'eau aux deux tiers, &
on chauffe au bois ; en Hollande c'eft avec de la tourbe : lorfque l'eau eft chaude, on plonge dans la chaudiere une petite baffine large & creufe dans laquelle on a mis cinquante livres de Tinckal & cinquante livres de bonne foude bien mêlés enfemble ; avec une longue écumoire de cuivre, on détache
peu-à-peu ce mélange, qui, à mefure qu'il chauffe prend adhérence contre les
parois de la baffine ; c'eft pour éviter que cette adhérence ne devienne confidérable au point de détruire la chaudiere, qu'on donne à celle-ci la forme
d'un œuf, tandis que la baffine eft plate ; avec cette précaution, jamais le mélange n'eft chauffé au-delà du degré d'eau bouillante. Lorfque tout eft détaché
de la baffine, on la retire de dedans la chaudiere, on diminue la chaleur & on
laiffe repofer un peu ; avec une longue poche de cuivre, on puife la liqueur du
fond, & on la verfe fur une toile montée fur un chaffis, lequel eft pofé fur
une tinette de bois large de deux pieds, & haute de trois. Cette tinette eft
fur une efpece de fupport qui l'exhauffe encore d'un pied & demi : toute la
liqueur coule dans la tinette, & il ne refte que la terre, qu'on enveloppe dans
fa toile pour la mettre fous une preffe dont le fond & la plaque font de pierre ;
on ajoute ce qui s'écoule de cette maniere avec ce qui eft déja dans la tinette, &
on laiffe le tout jufqu'au lendemain. La tinette a fur le côté & vers fon fond trois
trous diftants en hauteur l'un de l'autre d'un bon pouce, & bouchés avec des
bondes de bois ; on ouvre la plus fupérieure, & on laiffe couler la liqueur, fi elle
eft claire; on retire par ce moyen toute la leffive claire en débouchant fucceffivement les trois bondes ; on s'affure que la terre eft infipide, & on la jette comme
inutile.

Si au lieu de Tinckal on a du Borax brut à purifier, on fait bien la même manœuvre ; mais on ne met de cette foude que ce qu'on croit néceffaire pour
parfaire la combinaifon de ce Borax; il ne s'agit plus que de clarifier. Pour
cela on remplit de nouveau la chaudiere avec la leffive de Borax dépofée ; on
chauffe, & à l'inftant où la liqueur frémit, on a de la chaux éteinte & de l'ar-
doife en poudre d'une part, & de l'autre de la colle de poiffon, ou de gand,
ou du blanc d'œuf, bien battus & bien mouffeux ; on met plein une écumoire

de cette écume, & on jette une poignée de chaux & d'ardoise quand le
bouillon est bien établi ; on continue ce manege jusqu'à ce que la liqueur soit
bien claire ; on la passe alors dans d'autres tinettes sur des toiles bien serrées,
& on la laisse égoutter & s'éclaircir jusqu'au lendemain.

On reprend cette liqueur pour la faire évaporer en consistance un peu épaisse, telle qu'un syrop ordinaire ; on la distribue dans des terrines qui peuvent
contenir huit à dix pintes, & encore mieux dans de petits bassins de cuivre de
la même continence. Je dis beaucoup mieux, parce que le séjour dans le cuivre donne aux cristaux un ton bleuâtre, qu'on n'est pas fâché dans le commerce de trouver au Borax.

On place les terrines ou bassins de cuivre pleins de la liqueur évaporée
dans une étuve dont la chaleur est entretenue entre trente & quarante degrés
du thermometre de Reaumur, & on les y laisse plus ou moins long-temps. Avec
cette chaleur les cristaux ne sont pas trop-tôt frappés par le froid, & au lieu
de se former en petites masses régulieres, ils prennent une consistance très-
grosse, irréguliere à la vérité, au point que pour les détacher il faut les briser.
L'eau mere qu'on en a égoutée, les eaux qui servent à laver tant les tinettes, que
la chaudiere & les toiles, enfin celles dans lesquelles on a fait rebouillir les terres
pour les dessaler entiérement, tout cela se met de nouveau dans la chaudiere,
qu'on travaille au Tinckal, c'est-à-dire, dans le premier travail ; car on peut observer que toute cette raffinerie consiste, 1°, à débarrasser, en le fixant par
l'alkali marin, le sel sédatif du reste de sa terre ; 2°, à bien épurer les liqueurs ;
3°, à les clarifier à l'aide du blanc d'œuf, ou de son équivalent, de la chaux
éteinte & de l'ardoise ; 4°, à donner une forte évaporation à la liqueur clari-
fiée ; 5°, à ne faire naître la cristallisation qu'à l'aide de la chaleur, afin qu'é-
tant plus lente, les masses salines prennent plus de volume.

Lorsqu'il se trouve des cristaux un peu jaunes ou qui n'ont pas le degré de
blancheur suffisant, on les met dans la chaudiere, lorsqu'on clarifie à la chaux,
&c. Il y a grande apparence que l'ardoise ne sert ici qu'à masquer le véritable
intermede de la clarification ; cependant j'ai une expérience sur l'huile d'olives
qui semble prouver que cette pierre a une propriété notable pour décolorer les
substances grasses de cette nature.

SECTION TROISIEME.

Fabrique d'Antimoine.

ARTICLE PREMIER.

Uftenfiles propres à la fabrique de l'Antimoine.

LES difputes fur les préparations antimoniées ne furent pas plutôt termi-nées à l'honneur de ce demi-métal, que chacun s'empreffa de jouir des avanta-ges qu'il pouvoit procurer. Il paroît que les Maréchaux furent les premiers à introduire dans leur Médecine vétérinaire ou hippiatrique, l'efpece de prépa-ration d'Antimoine appellée *Crocus*, ainfi que le verre d'Antimoine. Les Fon-deurs en caracteres d'Imprimerie étoient depuis long-temps en poffeffion de faire entrer dans leurs fontes le régule d'Antimoine. Il s'eft élevé de temps à autre des Fabriques où l'on préparoit en grand ces trois objets. D'autre part quelques Artiftes ont établi à Saint-Dizier en Champagne une Manufacture de Kermès minéral, efpece de médicament dont la réputation a long-temps fur-paffé le débit.

Nous avions autrefois à Paris une famille du nom de Fourcroy, qui tenoit Fabrique de crocus, régule & verre d'Antimoine; quelle que foit la caufe de fa deftruction, cette Fabrique, établie jadis au fauxbourg Saint-Victor, ne fub-fifte plus. Dans les dernieres années, ces trois préparations étoient tombées à un fi vil prix qu'il décourageoit tous les Fabriquants. Les Chartreux de Mou-lins ayant trouvé dans leur enclos une mine d'Antimoine, la firent exploi-ter, puis convertirent le produit en crocus, régule & verre d'Antimoine, & pour en avoir le débit, qui ne manqua pas de leur venir, ils les établirent à un grand tiers au-deffous de la valeur du commerce. Quand ils eurent vuidé leur magafin, les poffeffeurs d'autres mines d'Antimoine, & notamment ceux de Brioude, qui, défefpérés de cette concurrence ruineufe, avoient négligé l'exploitation de leurs mines, voulurent la rétablir, & obtinrent un Privilege exclufif pour le débit de leur Antimoine, qu'à leur tour, & pour fe dédom-mager, ils établirent à haut prix; il en réfultoit l'inconvénient que les prépa-rations d'Antimoine ou manquoient ou étoient d'un prix exceffif: on y a remé-dié en rendant à tout particulier la permiffion d'exploiter des mines d'Anti-moine & d'en vendre le produit. C'eft dans cet état actuel, que l'Antimoi-ne fe fabrique à Orléans entre autres & à Pontoife.

La Manufacture de Pontoife eft inabordable; celle d'Orléans ne l'eft pas plus: elle a le célebre Fournier le jeune, Fondeur en caracteres pour fondateur;

il

il en a esquissé le travail dans son Art de fondre les Caracteres d'Imprimerie, deux vol. *in-8o.* chez Barbou. Cette description n'étoit pas suffisante ; mais M. Prozet, Chimiste très-intelligent, & qui sait mettre à profit les moyens de s'instruire, est parvenu à avoir sur cette Manufacture des détails tels qu'on n'auroit pu les attendre du récit des Directeurs mêmes. Il me les a communiqués avec cette générosité qu'a tout galant homme ennemi des secrets, & avec cette confiance que lui donnoit sur les procédés qu'il décrit, sa propre expérience. C'est sur ses Mémoires, auxquels j'ai joint mes essais pour en constater de plus en plus la vérité & le succès, que je détaillerai la fabrication des produits de l'Antimoine.

La principale, la premiere, la plus indispensable préparation d'où dépend le succès, de tous les autres travaux, c'est la calcination de l'Antimoine. Pour la faire en grand & avec économie, on construit dans un laboratoire convenable, & sous la hotte d'une cheminée, un four à-peu-près semblable à celui des Boulangers. Ses murs latéraux ont 18 pouces d'épaisseur ; on lui donne en dedans œuvre six pieds de profondeur sur six de large, & la plus grande hauteur du sol à la voûte n'est que d'un pied, un ou 2 pouces. Ce sol est établi en briques debout, bien cimentées & bien appareillées ensemble pour laisser entr'elles le moins de vuide possible. Le mur de fond ou *pied droit*, n'est pas d'à-plomb, il va en talus ; on en sentira incessamment la raison. L'intérieur du four est séparé en trois parties égales, depuis la bouche jusqu'au mur de fond, par deux petits murs qu'on y bâtit à la distance de deux pieds en dedans œuvre avec des briques ; on leur donne quatre pouces d'épaisseur & huit pouces de hauteur, & afin de les rendre solides on les maintient par deux barres qui regnent sur leur longueur.

L'espace du milieu a donc par ce moyen deux pieds justes de large, & les deux espaces latéraux n'ont chacun que vingt pouces en largeur. Cet espace du milieu est garni sur le devant d'une porte de pareille largeur, & se nomme la *chambre à calciner* ; les deux autres n'ont qu'une porte d'un pied de large, & se nomment les *chambres à feu.* Comme les murs qui en font les séparations ne vont pas jusqu'à la voûte, il est aisé de sentir que la flamme du bois qu'on y allumera, passera dans la chambre à calciner. On les chauffe ordinairement avec du coteret bâtard.

Ce four n'est pas la seule piece essentielle pour les travaux qui vont nous occuper ; dans le même laboratoire, & à la plus grande proximité possible du four, on construit un fourneau long & dont un des côtés les plus larges est sur le devant. Il doit être capable de contenir douze creusets, six de front & deux rangs ; les murs de ce fourneau ont l'épaisseur de la brique, son cendrier a en hauteur celle de trois briques ou six pouces, & le foyer a un pied ; la longueur en dedans œuvre est de six pieds ; la grille est serrée & faite de barreaux d'un pouce d'équarissage ; on ménage à des distances égales cinq à six ouvertures au cendrier, assez larges pour y passer une pelle, & on tient le sol un peu creux afin d'y recevoir ce qui pourroit s'écouler dans le cas de fracture de quelques creuſets.

Ces creuſets, qu'on appelle auſſi *pots*, ont un pied de haut ſur huit pouces de diametre ; chaque pot peut contenir douze livres de matiere ; leur choix n'eſt pas indifférent ; il faut qu'ils ſoient bien frappés, & bien recuits ; la Fabrique d'Orléans en a d'excellents qu'elle fait faire à Fontevrault.

Chaque creuſet eſt recouvert, lorſqu'il chauffe, d'une piece de terre cuite, quarrée & plate, dont les angles ſont légérement échancrés ; & dans le cas où l'on déſire donner au feu plus d'activité, on forme un dôme poſtiche en adoſſant par leur baſe deux creuſets renverſés ſur chaque bande de creuſets ; ils poſent par leur ouverture ſur ces pieces quarrées ou ſur les murs du fourneau, & viennent ſe rencontrer en les penchant l'un vers l'autre.

Les Fabriquants d'Antimoine ont d'autre part des fourneaux à marmite pareils à ceux que j'ai décrits ſous ce nom au commencement de la ſeconde Partie ; une de ces marmites, entr'autres, eſt garnie d'un couvercle qui la ferme exactement, & dont le milieu eſt percé. On verra par la ſuite l'uſage que quelques Fabriquants font de cet appareil.

Il eſt encore eſſentiel pour toutes les parties du travail de l'Antimoine, d'avoir des mortiers de fer de pluſieurs grandeurs, des filtres ou chaſſis faits pour en ſervir, des terrines de grès, des tamis de fil de fer très-ferré, des cribles d'oſier, des chauffrettes de fer pour le régule, & des poëles de cuivre, pour le verre ; enfin nous avons tant de fois parlé d'une étuve dans la Section précédente, que nous la décrirons ici, parce qu'elle ſert auſſi pour le travail de l'Antimoine.

Les mortiers de fer ſont deſtinés à pulvériſer l'Antimoine & les autres ingrédients, en obſervant que chaque mortier ſerve uniquement à pulvériſer la même ſubſtance.

Les chauffrettes de fer ſont des baſſins d'un pied de diametre & de deux à trois pouces de profondeur, reſſemblant aſſez bien à un fond de mortier qui ſeroit ſoutenu ſur trois petits pieds ; on les fait rougir, puis on les graiſſe avec du ſuif pour y verſer le régule ; il y en a de plus petites ſuivant l'exigence.

Les poëlettes de cuivre ſont des baſſins très-bas & peu creux dans leſquels on verſe par cuillerées le verre d'Antimoine, à-peu-près comme j'ai dit qu'on faiſoit le cryſtal minéral. Le chaſſis à filtrer eſt un quarré long compoſé de deux pieces de bois de deux pouces ſur trois d'équarriſſage, longues de ſix à ſept pieds & aſſemblées à des diſtances égales par des traverſes d'un pied & demi de long. Outre les chevilles d'aſſemblage de ces traverſes, on introduit au centre de leur union avec les deux longues pieces, d'autres chevilles de fer qui dépaſſent d'un bon pouce, & qu'on arrondit de maniere à ſe terminer en pointe. Cette eſpece d'échelle, (car ce chaſſis y reſſemble aſſez bien,) ſe pofe horizontalement fur deux treteaux ou quelque chofe d'équivalent, de maniere que les pointes foient en l'air. Sur ces pointes on étend des toiles claires ou des rézeaux qui fervent à foutenir le papier à filtrer. Il n'eft pas indifférent quel papier on emploie ; il faut donner la préférence à un papier fort, d'un tiffu égal, & qui ne foit pas collé. On plie ce papier comme on feroit un mouchoir ; c'eft-à-dire, que de quarré qu'il eft on en fait deux triangles, puis on replie encore pour former quatre triangles ; enfin à force de plier alternativement de maniere que chaque pli aboutiffe au centre de la feuille, on parvient à en faire un cône à plufieurs pans alternes.

Il eft rare qu'un chaffis tienne plus de quatre filtres ; & dans les grands laboratoires ils font plus commodes que tout autre appareil, parce qu'on peut les dreffer contre le mur, comme une échelle, lorfqu'on ne s'en fert plus.

Le *Rable* du Fabriquant d'Antimoine eft une piece importante pour la calcination. La tige & le rable doivent être d'une feule piece de fer. On donne à la tige fix pieds & demi de long : le rable proprement dit eft un demi-cercle de dix pouces de long fur huit de haut & quatre lignes d'épaiffeur. Outre l'avantage de remuer exactement, fon poids procure à l'Ouvrier la facilité d'écrafer les pelotons d'Antimoine s'il venoit à fe grumeler ou fe fondre durant la calcination. Ce rable eft emmanché à un morceau de bois d'une longueur proportionnée à l'emplacement ; il paffe par une chaîne fufpendue fous le manteau de la cheminée vis-à-vis de la bouche de la chambre à calciner, & cette chaîne foutenant le rable donne à l'Ouvrier plus de commodité pour le remuer continuellement tant que durera la calcination.

L'étuve eft une piece dont il a déja été queftion pour la cryftallifation de certains fels ; c'eft tantôt une armoire, tantôt un cabinet exactement clos, garnis dans leur hauteur de tablettes rangées contre les parois de l'étuve ; on ménage au haut de cette étuve quelques trous faciles à boucher. Quand on peut l'établir aux environs de fourneaux qui font fouvent allumés, on ménage entre ces fourneaux & l'étuve, une communication qui fuffit pour chauffer cette derniere. A défaut de ce voifinage, fi l'étuve eft grande, on établit au dehors un petit poële dont le tuyau traverfe l'intérieur de l'étuve ; ou bien on y place des baffines de fer pleines de braife. Les étuves baffes & en forme d'armoire ont pour fond une tôle percée de plufieurs trous fous laquelle gliffe un tiroir pareillement garni en tôle, & qu'on emplit de braife allumée. En un mot quelle que foit la conftruction d'une étuve, ce qui peut varier, foit à raifon de l'emplacement, foit à raifon de l'ufage ou fréquent ou abondant dont elle doit être, c'eft toujours un efpace bien clos & propre à conferver long-temps une chaleur égale & continue.

Je ne m'arrêterai point à décrire les pelles, pincettes, tenailles, & autres uftenfiles communs à d'autres Arts, dont une Fabrique d'Antimoine doit être garnie.

ARTICLE SECOND.

Calcination de l'Antimoine.

L'ANTIMOINE est une substance minérale obtenue de sa mine par une simple fusion, & qu'on reconnoît généralement composée de parties égales de soufre & de régule ; on en reconnoît de deux especes en France, celui du Poitou & celui d'Auvergne. Malgré leur ressemblance extérieure, les Fabriquants préferent celui du Poitou pour fabriquer le verre d'Antimoine, parce qu'il conserve plus de soufre, & choisissent pour le régule celui d'Auvergne qui se calcine plus énergiquement.

Dans les différents procédés des Ecrivains Chimistes, on n'obtient ce régule qu'avec perte ; c'est pour cela que les Fabriquants ont une toute autre manipulation.

Ils pulvérisent l'Antimoine, & le passent par un tamis de fil de fer ; on met deux cents livres de cette poudre dans la chambre à calciner du four décrit à l'article précédent ; on allume un coteret bâtard dans chacune des chambres à feu ; sitôt que l'Antimoine fume & blanchit, on diminue le feu au point de ne mettre qu'un morceau de bois ou deux dans chaque chambre ; on passe le rable dans l'anneau de la chaîne de fer suspendue hors du four, & on remue sans discontinuer l'Antimoine en le ramenant du fond vers le devant, & le repoussant ensuite au fond. Il est essentiel de remuer sans relâche & de ne pas augmenter le feu, sans quoi l'Antimoine, au lieu de fumer simplement, se grumeleroit & même se fondroit, & ce seroit à recommencer. Malgré ce soin, lorsqu'il se fait quelque peloton, l'Ouvrier soulevant le rable s'en sert comme de marteau pour l'écraser. Durant cette opération, il n'y a que le soufre de l'Antimoine qui se volatilise ; mais il ne faut pas qu'il s'allume en se volatilisant. La calcination dure ordinairement douze heures ; mais il y a tel Antimoine qui, plus difficile à désoufrer, exige seize heures de travail. Quinze à seize coterets suffisent lorsqu'on chauffe un four pour la premiere fois ; & lorsqu'on fait des calcinations de suite, les suivantes ne consument que douze coterets. La calcination doit être poussée plus loin quand on veut faire du régule que pour faire du verre ; on la juge achevée si la poudre est douce sous le rable, ne se grumele plus, est de couleur de tabac, & prend en refroidissant une couleur grise cendrée ; il suffit pour le verre que la poudre ait la couleur de crocus pulvérisé. Alors on éteint le feu, on remue encore pendant une bonne heure, on met la poudre en un tas & on la laisse passer la nuit dans le four, ce que les Ouvriers appellent *laisser suer* ; mais cette derniere précaution est au moins superflue. Les deux cents livres d'Antimoine donnent cent vingt-cinq à cent trente livres de chaux.

ARTICLE

Article Troisieme.

Régule d'Antimoine.

On place dans le fourneau de fusion les creusets chacun sur un petit support ; on garnit les interstices de charbon qu'on allume , & lorsque les creusets font rouges, on met dans chacun douze livres à-peu-près du mélange suivant.

Sur cent livres de chaux d'Antimoine , on mêle cinquante livres de lie de vin bien feche & pulvérifée. Cette lie fe trouve chez les Vinaigriers, qui l'appellent souvent *gravelle* ; ils la tiennent en pains du poids de fept à huit livres , & la vendent année commune vingt-deux francs le cent. On la fait fécher fur la voûte du four pendant qu'on y calcine l'Antimoine , & on la tamife féparément.

Les creusets étant chargés, on les couvre chacun de fa brique ; on emplit le fourneau de charbons , même par - deffus les creusets ; on donne par ce moyen un bon coup de feu, pendant lequel les *fcories*, (c'eft le nom qu'on donne à la matiere qui furnage le Régule ,) deviennent très-fluides & tranfparentes. On a d'autre part fait rougir autant de chaufferettes de fer qu'il y a de creusets, & on les a graiffées pour recevoir cette matiere bien fondue ; le tout refroidi , on retire les fcories , & on trouve de cinquante à foixante livres de Régule fourni par quintal d'Antimoine crud ; ce qui ne fait prefque pas de différence du poids de la chaux employée.

Pour économiser, quelques Artiftes avoient imaginé un fondant compofé de parties égales d'alkali fixe & de poix-réfine ou d'arcanfon , dont ils mêloient un cinquieme à quatre cinquiemes de chaux d'Antimoine ; ils donnoient à ce mélange une vive chaleur, & lorsque le tout étoit en pleine fonte, ils le verfoient dans les chaufferettes rougies & graiffées ; mais on en eft revenu au premier Procédé, à la lie de vin.

Le Régule d'Antimoine n'eft pas toujours pur dès la premiere fufion ; on reprend les pains défectueux, on les concaffe , on en met deux dans chaque creufet bien rougi, & on y ajoute deux à trois poignées de fcories ; on donne une belle chaude , pendant laquelle une portion des fcories fe vitrifie, ce que les Ouvriers appellent du *Mâche-fer* ; on le retire avec une baguette de fer, & on en projette de nouvelles ; lorsque le Régule eft bien fondu & bien rouge, on le verfe de nouveau dans les chaufferettes, avec la précaution de faire retenir les fcories dans le creufet à l'aide d'une tige de fer, jufqu'à ce que le Régule foit coulé ; puis on verfe ces fcories rapidement, afin de recouvrir le Régule tandis qu'il refroidira. C'eft de ce tour de main bien fimple que dépend la beauté de l'étoile qu'on remarque fur le Régule du commerce ; étoile fur la-quelle les Alchimiftes & les Chimiftes ont tant fpéculé.

Il arrive quelquefois qu'on demande aux Fabriquants du Régule d'Anti-moine martial. Pour le faire , on met dans chaque pot ou creufet à-peu-près trois livres de limaille de fer doux , fraîchement limée ; lorfque le fer eft rougi on y jette douze livres de chaux d'Antimoine ; & lorfque le tout com-mence à fondre, on y projette trois à quatre onces de nitre en poudre. La fu-fion fe fait plus difficilement ; les fcories ne font jamais fluides , & il faut re-fondre ce Régule au moins trois fois avant de l'avoir pur. On croyoit autre-fois que ce Régule martial étoit le feul qui pût avoir fa furface étoilée ; on eft convaincu maintenant que l'étoile eft toujours la marque de l'exacte fufion du Régule d'Antimoine, quel qu'il foit.

Comme les Artiftes Anglois paroiffent confondre ces deux Régules, qui diffé-rent certainement , je crois devoir obferver que le Régule fimple eft en plaques larges , comme feroit le Bifmuth , à la couleur près , & que le Régule martial eft en petits grains d'un brillant argentin.

A R T I C L E   Q U A T R I E M E.

Du Verre d'Antimoine & du Tartre émétique.

Les Traités de Chimie où l'on a décrit la maniere de préparer le Verre d'Antimoine font tous uniformes , & recommandent ou de calciner l'Antimoi-ne au point de répandre des vapeurs arfénicales , ou de calciner fortement fon régule qui augmente fenfiblement de poids durant cette opération , pour mettre enfuite l'une ou l'autre de ces chaux dans l'état de verre , à l'aide d'une chaleur fuffifante. Quelques Auteurs modernes , tels que Lewis & Zimmermann , ob-fervent que plus la chaux eft parfaite , plus le verre eft de difficile fufion , en-forte que pour l'accélérer il faut y ajouter du foufre ou un peu d'Antimoine en poudre ; en un mot tous les Chimiftes ont penfé jufqu'ici que la vitrifica-tion des métaux étoit le réfultat de l'entiere deftruction du phlogiftique au-quel ils doivent leur éclat métallique ; nos Fabriquants d'Orléans vont bien nous détromper.

J'ai déja dit en traitant de la calcination de l'Antimoine qu'il fuffifoit pour la chaux deftinée à faire du verre , qu'elle eût une couleur d'un gris rougeâtre , ce qui a lieu avant qu'elle foit en état pour fabriquer le régule ; & cela fuppofe que cette chaux non-feulement a gardé une portion de fon foufre , mais encore qu'elle a pris avec ce foufre un état approchant de celui de foie de foufre réfultant de la parfufion du foufre avec la chaux , parfufion à laquelle on doit attribuer & la difficulté de défoufrer l'Antimoine , & fa facilité à fe grume-ler.

On charge de cette chaux grife rougeâtre les pots & creufets qui ne fervent qu'à cette opération, de forte qu'ils ne foient qu'à moitié pleins ; on chauffe fortement, même en établiffant le dôme poftiche fait avec d'autres creufets renverfés. Quand la matiere commence à entrer en confiftance de pâte, on donne un dernier coup de feu qui la rend affez tranfparente & fluide pour être prife par cuillerées, & verfée dans les poëlettes de cuivre qu'on a chauffées au préalable.

C'étoit à ce dernier inftant, lorfque la maffe eft pâteufe, que les Auteurs Chimiftes recommandoient d'ajouter, les uns du foufre, les autres de l'Antimoine, ceux-ci du borax, ceux-là l'alkali de la foude ; mais nos Fabriquants s'épargnent cette addition en laiffant dans leur chaux une quantité fuffifante du foufre de l'Antimoine, auquel ils ne font pas difficulté d'attribuer les couleurs de leur verre ; auffi préférent-ils pour cette opération l'Antimoine du Poitou qu'ils trouvent plus difficile à défoufrer. Dans quelques Manufactures, au lieu de poëlettes de cuivre, on verfe toute une venue de Verre d'Antimoine dans une large baffine de cuivre qu'on agite dans tous les fens ; mais l'Ouvrier eft finguliérement incommodé de vapeurs, que je crois arfénicales, qui s'échappent du Verre ainfi agité. Les Chimiftes font la même chofe fur des plaques de cuivre ; mais ils ne travaillent que fur de petites quantités.

On trouve toujours au fond de chaque pot une portion de régule de la plus grande beauté ; j'ai même obfervé qu'en mettant en nouvelle fonte des parcelles du Verre d'Antimoine pour en faire une feule maffe, je trouvois pareillement du régule ; enforte que le foufre furabondant paroît donner occafion à une partie de la chaux de prendre l'état de régule, tandis que la plus grande portion fe réduit en Verre.

Le Verre d'Antimoine du commerce eft de couleur d'hyacinthe, très-caffant & fonore, il fe vend toujours un fol de plus par livre que le régule d'Antimoine, quoiqu'il y ait moins de déchet dans la chaux qui fert à le préparer. Il eft inutile d'avertir qu'avant de verfer le Verre d'Antimoine dans les poëlettes de cuivre, on écarte avec foin le peu d'écume qui peut fe trouver à fa furface dans chaque pot.

Quoique les Artiftes qui travaillent aux préparations d'Antimoine ne foient pas dans l'ufage de préparer le Tartre ftibié ; comme ce font nos Diftillateurs d'Eaux-fortes qui le préparent en grand, & que leur art & fes dépendances font l'objet principal de cet Ouvrage, je vais indiquer la préparation de ce remede important, non pas peut-être comme le préparent tous les Artiftes, mais comme doivent le préparer ceux qui font honnêtes ; il feroit cependant à défirer que dans les Provinces on préférât de le fabriquer foi-même, à l'ufage meurtrier où bien des gens font de l'acheter à des Colporteurs.

Dans la marmite de fer enchaffée dans fon fourneau, & capable de contenir foixante pintes d'eau, on en met quarante pintes & vingt livres de crême de tartre en poudre fine. On chauffe la marmite ; & lorfque la liqueur commence à bouillir, on y jette à diverfes reprifes quatre à cinq livres de Verre d'Antimoine pulvérifé ; on remue le mélange à chaque fois avec une fpatule de bois, & on s'apperçoit, outre le mouvement d'ébullition, qu'il fe fait dans la liqueur une effervefcence fenfible ; la crême de tartre qui n'étoit pas entiérement diffoute, le devient parfaitement ; il ne refte au fond de la marmite que quelques grains de fable & une portion du Verre d'Antimoine. On laiffe ralentir le bouillon pour donner le temps de fe dépofer à la crême de tartre qui ne feroit pas entrée en combinaifon avec le Verre d'Antimoine ; on filtre la liqueur, & du jour au lendemain on trouve dans les terrines une quantité notable de cryftaux jaunâtres & confus; on les lave avec un peu d'eau froide, & on les laiffe égoutter. La liqueur qui n'a pas cryftallifé eft délayée dans de l'eau, évaporée, filtrée & mife à cryftallifer; & les cryftaux qu'on obtient à cette feconde fois, fe mêlent aux premiers pour faire le Tartre émétique.

Les Fabriquants peu délicats ajoutent à l'eau mere incryftallifable une dofe de crême de tartre qu'ils négligent même de pefer, & font évaporer le tout à ficcité, pour avoir une poudre grisâtre, qui s'humecte aifément à l'air, & qu'ils vendent comme étant du Tartre émétique, affez bon, difent-ils, pour les campagnes; comme fi la vie de nos vigoureux Laboureurs n'étoit pas auffi précieufe pour le moins que celle de tant d'oififs citadins. Cet émétique, qu'ils vendent à vil prix, reffemble affez à celui que nous prefcrivoient nos Difpenfaires ou Pharmacopées ; on faifoit bouillir à extinction du Crocus, du Verre d'Antimoine & de la crême de Tartre, & on évaporoit la liqueur jufqu'à ficcité. Il naiffoit delà une telle incertitude que le Médecin étoit toujours obligé de demander à quelle dofe tel ou tel émétique faifoit fon effet.

Les cryftaux obtenus par le procédé que j'ai décrit plus haut, font un vrai fel neutre, toujours également émétique, fur-tout lorfqu'on a eu le foin de mêler & de pulvérifer enfemble toutes les venues de cryftaux d'une même faturation de crême de Tartre & de Verre d'Antimoine.

ARTICLE CINQUIEME.

Du Crocus metallorum.

La même obfervation que j'ai faite en commençant l'Article du Verre d'Antimoine, fe retrouve ici dans toute fa force. On va voir par l'expofé du travail de nos Fabriquants de Crocus en grand, comparé aux prefcriptions de nos Auteurs Chimiques, de quoi l'induftrie eft capable quand il s'agit d'économie.

Le *Crocus metallorum* eft une maffe rouge, opaque, demi-vitrifiée, que les Chimiftes préparent de deux manieres.

La premiere confifte à mettre dans un pot vingt-cinq livres d'antimoine

préparé

préparé pour faire le régule ; lorfqu'il eft près d'entrer en fufion , on y ajoute un tiers environ d'alkali de potaffe , ou de fiel de verre ; on remue le mélange avec une tige de fer , & on donne une bonne chaude pour le faire entrer en fufion , puis on le verfe dans les poëlettes de cuivre. On a trouvé ce procédé trop embarraffant dans nos Manufactures Françoifes , & même chez les Anglois.

Voici comment on prépare le Crocus en Angleterre. On met dans une grande marmite de fer un mélange de feize livres d'antimoine , quatorze livres de nitre & une livre de fel marin , le tout en poudre ; on recouvre la marmite d'un couvercle percé dans fon milieu ; par ce trou on introduit une tige de fer rougie au feu ou un charbon bien allumé ; la matiere fufe violemment , le foufre de l'antimoine fe diffipe en partie , & une autre fe recombine à la partie réguline qui fe vitrifie , ce qui donne douze à quatorze livres de Crocus qu'on trouve au fond de la marmite quand le tout eft refroidi. On trouve à la furface une matiere légere en forme de fcories qu'on fait bouillir dans l'eau , qu'on filtre & qu'on précipite enfuite avec le phlegme d'Eau-forte ; on filtre de nouveau , & le précipité d'un rouge jaunâtre qui refte fur le filtre fe nomme *foufre doré d'Antimoine.*

Mais on ne pourroit pas encore donner un pareil Crocus au prix de douze fols la livre , comme il vaut dans le commerce ; voici donc le procédé de nos Manufactures Françoifes.

Sur cent livres de chaux d'antimoine on ajoute cent-cinquante livres d'antimoine crud , & depuis un quintal jufqu'à cinquante livres pour le moins des fcories retirées de la fabrique du régule ; ce mélange bien pulvérifé , on en charge jufqu'aux trois quarts de leur capacité les creufets ou pots qu'on a placés & fait rougir dans leur fourneau. On chauffe pour faire entrer la matiere en belle fufion ; & lorfqu'elle y eft , on la verfe dans les chaufferettes préalablement rougies & graiffées. Par ce procédé fort fimple on a deux cents cinquante ou trois cents livres de Crocus , parce qu'il n'y a point de déchet. Comme on demande fouvent le Crocus fous des nuances différentes , on varie fa couleur en changeant les dofes. Le veut-on plus brun ? on augmente la proportion de l'antimoine ; le veut-on plus brillant ? on augmente celle de la chaux.

Le Fabriquant qui a beaucoup de fcories provenantes de la fabrication du régule , trouve dans cette occafion une grande économie ; il les met en place de la chaux d'antimoine qui eft toujours l'opération la plus difficile de la fabrique , & il en tire le même avantage. Quand , par hazard , il n'a point de fcories , il met en place la potaffe ou le fiel de verre , à la même dofe qu'il auroit mis de ces fcories. Quoique le fiel de verre porte avec lui l'inconvénient de laiffer fur le Crocus des taches rougeâtres en forme de lentilles , produites par les hétérogénéités contenues dans ce fiel , les Fabriquants le préferent à la potasse qui n'a pas le même inconvénient, parce qu'il coûte un sixieme de ce que coûte la potasse.

ARTICLE SIXIEME.

Fabrique du Kermès minéral.

CE n'est ni à Pontoise ni à Orléans, que s'est établie la Manufacture dont je vais donner le détail ; elle a pour Auteurs quelques Apothicaires de Châlons & de Saint-Dizier ; & le premier Chimiste qui paroisse avoir indiqué le procédé qu'ils exécutent, c'est M. David Gaubius, successeur du grand Boerhaave dans la Chaire de Chimie à Leyde. Mais avant de détailler ce procédé, je crois devoir dire comment Basile Valentin préparoit ce remede, qui doit ses vertus à l'exactitude dans sa préparation, & sa vogue à un Frere Chartreux nommé le *Frere Simon*, auquel la Ligerie, Chirurgien, en avoit confié le procédé, que lui-même avoit trouvé dans le *Currus triumphalis Antimonii* de Basile Valentin, commenté par Kerkringius.

On prépare un alkali extemporané en faisant liquéfier du nitre dans un creuset, & le détonant avec du charbon en poudre. On fait la lessive de ce nitre détoné avec de l'eau la plus pure qu'on puisse avoir. On met cette lessive dans un vase de terre propre, & on y ajoute de l'antimoine bien pur concassé par morceaux de la grosseur d'une aveline. On fait bouillir le tout pendant une couple d'heures à un feu clair. Lorsqu'en y trempant une cuiller d'argent, on la retire teinte d'une forte couleur dorée, on se dépêche de filtrer la liqueur bouillante ; elle passe claire & colorée à-peu-près comme de la petite bierre ; mais en refroidissant elle se louchit insensiblement pour s'éclaircir de nouveau, après avoir déposé une matiere d'un rouge sanguin qu'on verse sur un nouveau filtre pour la laver à plusieurs reprises avec de l'eau très-pure. Lorsque l'eau passe sans saveur & sans odeur, on laisse bien égoutter le filtre ; on le suspend dans un endroit chaud, afin qu'il seche lentement, & on y retrouve une poudre d'une légéreté singuliere, d'un rouge velouté, & qui est le véritable Kermès minéral. On peut répéter plusieurs fois l'ébullition avec les mêmes substances, & à chaque fois on obtient du Kermès ; mais cinquante ébullitions ont épuisé au plus la moitié de l'antimoine qu'on y a fait bouillir. Il est vrai que c'est à cette grande division de ses parties que le Kermès doit les vertus singulieres qu'on lui remarque dans ses plus petites doses, & qu'on ne peut pas mettre de prix à une pareille préparation ; tandis qu'on en va voir une qui fournit du Kermès depuis dix-huit jusqu'à cinq livres la livre. On a remarqué que quelquefois le Kermès, quoique bien préparé, n'étoit pas velouté ; on remédie à cet accident en versant dans la lessive un peu d'alkali phlogistiqué, c'est celui qui a digéré sur du bleu de Prusse.

Il y a dans Paris un homme qui a établi pour l'ufage de la Médecine un Kermès minéral à vingt-quatre francs la livre , & dont le procédé eft fi éloigné de celui que je viens d'expofer, que je me difpenfe de le décrire , ne pouvant l'approuver , ni comme Chimifte , ni comme Commerçant honnête.

Les Champenois préparent leur Kermès pour les Maréchaux & les Teinturiers de la maniere fuivante. Sur vingt livres d'antimoine en poudre on met dix livres de fel alkali de potaffe. Pour cette opération ils ont grand foin de le purifier du tartre vitriolé qu'il contient ; parce que ce dernier fel tache le Kermès , le rend grisâtre & grumeleux au point qu'il n'eft plus marchand. On met le tout dans un vafte creufet , dans lequel, à l'aide d'une chaleur affez douce, la matiere fe trouve réduite en une pâte rouge fpongieufe , qu'on retire avec des cuillers de fer pour la tranfporter & diftribuer dans plufieurs marmites de fer très-grandes & pleines d'eau qu'on tient chaude. Sur quatre-vingt pintes d'eau , on a jetté à-peu-près demi-livre de nitre , & on y délaye au plus quatre livres de la matiere fondue ; elle s'y délaye fur le champ ; au premier bouillon on filtre la liqueur, qui dépofe dans les terrines une quantité furprenante de poudre rouge, qu'on verfe fur de nouveaux filtres, pour la laver , & la fécher enfuite à l'étuve. La dofe que j'ai indiquée fournit en une feule opération jufqu'à quinze livres de ce Kermès, qui différe de l'autre en ce que fon velouté n'eft pas fi fin , qu'il eft plus lourd, & qu'il a un extérieur graveleux ; il faut convenir qu'il eft difficile à diftinguer, & qu'une grande habitude à les comparer eft néceffaire pour n'y être pas trompé. Le moyen indiqué par M. Geoffroy, qui confifte à en revivifier une portion pour juger de la quantité de régule qu'un Kermès contient, eft impoffible dans le négoce ; en voici un plus fimple : dans une once d'huile délayez douze grains du Kermès que vous voulez acheter ; laiffez repofer, & au bout d'une demi-heure, fi votre Kermès eft bon, vous n'y trouverez pas au fond un fédiment plus brun, plus lourd, qui eft un vrai foufre doré d'antimoine, & que contient toujours le Kermès fait fuivant la méthode Champenoife, & fuivant celle du Commerçant de Paris dont je parlois il n'y a qu'un inftant.

En comparant cette méthode avec celle de la Ligerie, pourroit-on imaginer qu'il y ait encore un procédé inférieur & plus vicieux ? Tant que ces préparations ne font deftinées que pour les Teinturiers, qui s'en fervent, dit-on, pour certains bruns ; tant qu'il n'y aura que les Maréchaux qui l'emploieront au lieu du crocus en poudre , ou au lieu du foufre doré d'antimoine, rien de mieux que la préparation dont je vais parler ; mais peut-on , doit-on fouffrir qu'une pareille poudre fe diftribue en médicament pour du Kermès de la Ligerie ? On fait fondre une livre d'antimoine avec demi-livre d'alkali pur de potaffe ; on verfe la matiere fondue dans une baffine de cuivre où elle durcit promptement ; on la pulvérife, & pour la tamifer on place un tamis de crin au-deffus d'une de ces futailles appellées *Pipes à eau-de-vie*, pleine aux trois quarts d'eau prefque bouillante ; on y fait paſſer juſqu'à quatre-vingt livres d'antimoine ainſi fondu, & pulvériſé ; puis on verſe dans l'eau une bonne quantité d'Eau-forte ou de ſon phlegme, qui précipite toute cette poudre, qu'on enleve pour la laver une fois ou deux & la faire ſécher. Un pareil Kermès ne vaut pas même le ſoufre doré; ce dernier ne contient qu'un peu de régule, & la poudre qui réſulte de ce dernier procédé, contient la totalité & du ſoufre & du régule ; en un mot c'eſt un antimoine entier auquel on a ſeulement donné une couleur rougeâtre en mettant par la fuſion ſon ſoufre en état de réagir & de diſſoudre le régule auquel il n'étoit, dans l'état naturel, qu'aſſocié & point combiné ; j'oſerois preſque dire que ce n'eſt qu'un crocus par la voie humide.

SECTION QUATRIEME.

Fabrique de quelques préparations de Mercure.

ARTICLE PREMIER.

Du Mercure.

LONG-TEMPS avant que l'antimoine eût triomphé de ſes adverſaires, une maladie cruelle & trop connue pour la nommer, avoit mis en crédit le Mercure & ſes préparations. Un enthouſiaſte les avoit exaltés avec un excès qui auroit pu nuire à ce médicament, ſi ſes ſuccès variés & toujours conſtants n'avoient, pour ainſi parler, fait l'apologie des propos extravagants de Paracelſe. Ce n'eſt pas qu'on ne connût le Mercure & l'art de l'extraire de ſes mines ; mais l'uſage de ce fluide métallique étoit uniquement deſtiné à l'exploitation des mines d'or & d'argent ; ce n'eſt pas que bien avant Paracelſe les Alchimiſtes n'euſſent tourmenté le Mercure de diverſes manieres, ſoit à deſſein d'en extraire l'*ame des métaux*, ſoit pour en obtenir des médicaments particuliers & ſecrets. On ne peut même diſconvenir que toutes les formes ſous leſquelles on a déguiſé le Mercure, que toutes les préparations mercurielles dont nous allons traiter, n'ayent été, même avec les formes nouvelles qu'on eſſaie de leur donner, connues des premiers Chimiſtes.

Les Hollandois ſe ſont emparé de la fabrication de celles de ces préparations mercurielles devenues d'un uſage plus étendu par l'application qu'en a faite un plus grand nombre d'Artiſtes pour leurs Fabriques particulieres ; tel eſt le cinabre artificiel que les Peintres emploient ſous le nom de *Vermillon* ; le ſublimé corroſif que les Pelletiers font entrer dans quelques-unes de leurs ſauces ; le précipité rouge dont les Maréchaux font leur eſcarotique le plus bannal ; toutes préparations que les Teinturiers, Chaudronniers, Orfevres, & autres connoiſſent & emploient auſſi.

Il s'agira moins ici de décrire les Procédés indiqués par tous les Chimistes, que d'exposer ceux que les Hollandois, les Anglois & leurs imitateurs en France ont imaginé pour traiter ces substances avec plus d'économie. Mais avant de parler de chacun de ces objets, je dois donner un Procédé nouvellement connu par les Entrepreneurs de glaces de S. Gobin, par lequel on retire le Mercure de l'amalgame d'étain après qu'il a servi à mettre les glaces au tain.

Les Miroitiers & les Metteurs au tain, vendent cette poudre métallique depuis vingt-quatre jusqu'à trente sols la livre. La matiere des Miroitiers, qui est la poudre détachée de derriere les miroirs est moins chere que celle des Metteurs au tain, celle-ci contient tout le Mercure écoulé de l'amalgame, tandis qu'on a passé la glace au tain.

On charge de cette poudre une vaste cornue de fer tubulée & fermée par sa tubulure avec un bouchon de fer à vis, laquelle est placée dans un fourneau solide, & qu'on puisse chauffer fortement au bois; on met au col de la cornue pour tout récipient une cruche ou quelque chose d'équivalent, assez rempli d'eau pour que le bout du col de la cornue en soit à quatre travers de doigt de distance; on chauffe fortement; il sort de la cornue des vapeurs qui se condensent dans l'eau, & prennent la forme de Mercure coulant: l'opération est finie lorsqu'il ne passe plus de vapeurs. Si la cornue contenoit soixante livres d'amalgame, on retrouve de trente-six à quarante livres de Mercure crud, & vingt à vingt-quatre livres de l'étain le plus fin & le plus pur. On sait maintenant que l'art de réduire l'étain en feuilles assez minces pour servir au tain des glaces, qui étoit un secret, consiste à battre l'étain le plus fin comme nos Batteurs d'or battent les métaux précieux. Ce Procédé donne, comme on voit, du Mercure à très-bas prix; il est vrai qu'il n'est pas de toute pureté; c'est cependant celui que nos Fabriquants des Barometres, même lumineux, prennent de préférence; voici comme ils le purifient.

Dans un matras où ils auront mis, je suppose, six livres de Mercure, ils versent une demi-livre de bonne Eau-forte & une livre & demie d'eau pure; ils mettent le matras sur des cendres chaudes pour aider l'Eau-forte à travailler, & sitôt qu'ils voient la surface du Mercure, au lieu d'être terne & plombée, avoir un brillant métallique très-éclatant, ils se hâtent de transvaser la liqueur & de noyer le Mercure avec de l'eau qui acheve d'enlever toute la dissolution; & cette pureté du Mercure paroît suffire pour les travaux de ceux qui construisent les Thermometres & Barometres. Je tiens ce Procédé de Toussaint Capy, le premier Ouvrier de son genre, sans contredit, & aussi honnête qu'il est habile.

La nécessité de mettre de l'eau dans le récipient qui doit recevoir tout Mercure coulant qu'on distille, est connue de tous les Chimistes, & est si essentielle, que sans elle tout le Mercure se dissipe dans l'atmosphere, au grand danger des

Ouvriers ; ainfi qu'on m'a raconté qu'il étoit arrivé au fauxbourg Saint-Antoine dans la Manufacture des Glaces , à une efpece d'intriguant qui s'étoit offert de montrer à retirer le Mercure du tain , & qui penfa faire crever l'Ouvrier qui conduifoit fon fourneau , pour ne trouver qu'un peu d'étain volatilifé & réduit en poudre noire , que notre entreprenant vouloit , à toute force , convertir en Mercure. Malheur pour les Compagnies qui fe livrent au premier porteur de projet ; il y a dans ce genre qui nous occupe, trop d'exemples de gens honnêtes trompés par ces beaux difeurs ; mais paffons à des objets plus intéreffants.

ARTICLE SECOND.

Fabrique de Cinabre & de Vermillon.

LE Cinabre artificiel eft une fubftance très-pefante , aiguillée , d'un rouge foncé , brillant , qui paroît compofée au moins de trois rangs d'aiguilles , ce qui annonce que dans le même vaiffeau on a fait fucceffivement plufieurs fublimations avant d'en retirer le produit. On fait auffi que le Cinabre artificiel eft d'autant plus beau que la proportion du foufre qu'on a uni au mercure eft moindre , enforte que fuivant Kunckel & Juncker , un feizieme de foufre fuffit pour quinze parties de mercure. Mais ce feizieme ne pouroit pas s'y mêler facilement ; on en prend donc davantage , on fait liquéfier au feu , par exemple , quatre livres de foufre dans un pot de terre large & plat ; lorfqu'il eft bien fondu , on y fait tomber en forme de pluie , trente-deux livres de mercure , qu'on y incorpore en les remuant avec une fpatule de fer ; fitôt qu'il ne paroît plus de globules mercuriels , on réunit la matiere en un tas , & on la taffe même avec la fpatule ; le feu ne tarde pas à s'y mettre fpontanément , ce qu'on apperçoit à des crevaffes d'où fort une flamme bleuâtre. Lorfqu'on juge qu'il s'eft confumé affez de foufre , on éparpille la matiere , & on recouvre le pot d'un couvercle qui s'y emboîte & qui reffemble affez au pot , à l'exception d'un trou qui eft vers fon milieu. Le couvercle éteint la flamme ; on place le tout dans un fourneau de maniere que le pot foit expofé dans la totalité de fa hauteur à l'action immédiate du feu ; chaque fourneau peut contenir quatre à fix de ces pots rangés deux à deux ; on allume le feu , qu'on augmente infenfiblement au point de donner aux fonds des pots un rouge obfcur ; on l'entretient durant quinze heures ; on laiffe refroidir & on enleve les couvercles chargés du Cinabre fublimé. On fait dans les pots un nouveau mélange , on fuit le même procédé , & on le recommence une troifieme fois ; alors chaque couvercle fe trouve chargé d'un pain rond ; épais comme le couvercle eft profond , divifé en trois couches bien diftinctes , & pefant quatre-vingt à quatre-vingt-dix livres. On obferve que la premiere fublimation dure toujours plus long-temps que les deux fuivantes , parce que les premieres aiguilles ne s'attachent pas aisément au couvercle. Les Ouvriers qui brûlent le soufre, ont sur cet article le coup d'œil si juste, qu'on trouve à peine une légere nuance entre chaque couche.

Le Procédé Hollandois est encore plus économique : ils ont un grand fourneau garni de barres au-dessus de son foyer, sur lesquelles ils placent six ou huit jarres ou vaisseaux de terre plus hauts que larges, entiérement plongés dans le fourneau, & qui contiennent chacun un quintal de mélange fait avec une partie de soufre fondu & huit parties de mercure ; on les couvre, on établit le feu ; on le pousse jusqu'à ce qu'on voie des aiguilles se former au trou des couvercles ; on l'entretient en cet état douze à quinze heures ; on a le soin de déboucher de temps à autre les trous des couvercles, pour éviter que les jarres ne brisent, & après l'opération on trouve des pains de Cinabre du poids de quatre-vingt-quinze livres, quand le feu a été bien administré. On attribue le premier Procédé aux Vénitiens, & M. Lewis décrit le second d'après ce qu'il a lui-même observé à Amsterdam.

Il paroît que la plus grande Fabrique de Cinabre que fassent les Hollandois est pour préparer le Vermillon ; ils le triturent dans des moulins, assez semblables à ceux dont se servent les Faïenciers pour broyer leurs émaux ; ce qu'ils appellent *moudre le Vermillon* ; puis le lavant à grande eau, ils enlévent successivement la poudre la plus fine, qui est d'un beau rouge, & qui se débite sous le nom de *Vermillon*. On a toujours prétendu que durant la mouture, ils arrosoient le Cinabre avec de l'urine, d'autres disent avec de l'Esprit-de-vin, à dessein d'en relever la couleur ; mais on ne peut en rien savoir que par oui-dire, attendu l'attention scrupuleuse qu'ils ont de ne laisser pénétrer aucun étranger dans leurs atteliers.

On les accuse d'autre part de mêler souvent du minium à ce Vermillon ; je sais que la Compagnie d'Amsterdam entre les mains de qui est la Fabrique du Vermillon, est incapable de cette friponnerie ; j'ai vu plusieurs échantillons de leur Vermillon absolument pur & sans mélange.

Le Vermillon mixtionné, qui est reconnoissable à ce que dans l'emploi il seche bien plus vîte que l'autre, est le fruit du travail de certains Juifs établis à Rotterdam, & qui font moudre du Vermillon à tel prix qu'on désire, depuis quatre livres jusqu'à trente sols, ce qu'ils ne peuvent exécuter qu'en mêlant une dose de minium proportionnée au prix que l'acheteur met à leur marchandise. Le vrai Vermillon d'Amsterdam, vaut de quatre livres quinze sols à cent quinze sols la livre, à raison de sa finesse, qui en releve d'autant l'éclat.

J'ai trouvé dans les atteliers des Peintres en Carrosse de ces Vermillons, qui après être délayés dans le vernis à Vermillon, & étendus sur l'ouvrage, nonseulement y séchoient trop vîte, mais formoient des points & se noircissoient, inconvénients qui appartiennent au minium. On ne sera peut-être pas fâché de savoir comment je me suis assuré chimiquement si le Vermillon est ou n'est pas mélangé de minium. J'ai pulvérifé un gros de Cinabre pur ; j'ai fait avec un autre gros le mélange d'un douzieme de minium ; j'ai placé les deux effais chacun dans une cuiller de fer au même feu. Le Cinabre en s'exhalant fe noircit un peu & ne laiffe rien en arriere ; tandis que s'évapore celui qui eft mêlé de minium, cette chaux de plomb prend une teinte jaune très-fenfible : on fera donc fûr qu'un Vermillon eft pur, lorfqu'en le chauffant il ne jaunira point. Cet effai eft fondé fur une obfervation dont on eft redevable à M. Geofroy le fils, dernier Chimifte de ce nom ; c'eft qu'au même degré de chaleur le minium devient mafficot, & le mafficot devient minium ; c'eft-à-dire, que la chaux rouge devient jaune, & la chaux jaune du plomb prend la couleur rouge, & cela alternativement.

Tandis que je recueillois les matériaux de cet Ouvrage, on m'indiqua un Particulier qui fe vantoit de faire à Paris du Vermillon. J'eus occafion de le voir, & il me parut fi peu au fait, que je foupçonnai ce qui m'a été confirmé depuis par les Négociants d'Orléans, où ce même homme avoit voulu s'établir ; c'eft un de ces induftrieux qui cherchent des dupes, & qui manquent rarement d'en trouver.

ARTICLE TROISIEME.

Fabrique du Sublimé corrofif.

ON trouve dans les Mémoires de l'Académie des Sciences une Differtation de M. Boulduc, dans laquelle il expofe une meilleure méthode de procéder à la confection du Sublimé corrofif, dont la fabrication jufqu'alors paffoit pour difpendieufe encore plus que dangereufe.

Barchufen qui vivoit au milieu des Hollandois, a pu entrevoir leur Procédé : mais il ne l'a pas décrit ; il fe contente de reprocher à fes compatriotes une falfification dont on n'a ceffé de les foupçonner : c'eft d'ajouter à leur Sublimé corrofif de l'arfenic ; Barchufen indique pour découvrir cette fraude un moyen dont M. Boulduc démontre la fuperfluité.

Il eft certain toutefois que c'eft le Procédé de M. Boulduc qui eft actuellement en ufage dans les Fabriques d'Amfterdam & dans celles d'Angleterre. Il faut obferver d'abord que les Fabriquants de Sublimé ne font pas en Hollande les mêmes que ceux qui fabriquent le cinabre ; un feul objet fuffit dans chaque Manufacture.

On met dans de vaftes cornues de grès cinquante livres de mercure courant, & vingt-cinq livres d'huile de vitriol ; on place ces cornues dans les pots à fable dont j'ai donné l'idée en commençant la feconde Partie de cet Ouvrage ; on y adapte un ballon, & on pouffe le feu jufqu'à faire rougir le fable. Le mercure ne tarde pas à fe diffoudre dans l'huile de vitriol, & à faire avec elle

une

une maffe faline qu'on deffeche le plus qu'il eft poffible. On fe hâte de la retirer des cornues pour la réduire en poudre dans des mortiers de pierre dure ou de verre ; on a d'autre part cinquante livres de fel marin bien defféché & en poudre impalpable; on fait du total le mélange qui devient bientôt pâteux. On a dans des fourneaux conftruits comme nos galeres à fable , excepté qu'ils font fans bain, douze pots de terre rangés deux à deux ; chaque pot porte quatorze à quinze pouces de diametre fur fix à huit pouces de profondeur , tellement enfin que chacun puiffe contenir la dofe que je viens d'indiquer ; ils font enfoncés jufqu'au collet & pofés fur des barres ; on les recouvre avec des couvercles un peu convexes, troués vers leur milieu , & qui ont deux à trois pouces de profondeur ; puis après avoir luté exactement toutes les jointures & fait un dôme poftiche , on adminiftre le feu en l'augmentant jufqu'à ce qu'il ne forte plus par les trous des couvercles aucune vapeur humide ; on augmente alors confidérablement le feu ; & lorfqu'on apperçoit des aiguilles vers les trous , on les bouche & on répand du fable froid fur les couvercles ; cette manipulation condenfe & fait attacher aux couvercles les premieres aiguilles; on tient le fond des pots d'un rouge obfcur, & on ne ceffe de chauffer qu'après trente à trente-fix heures. Le tout refroidi , on délute ; & en enlevant les couvercles on trouve dans chacun un pain plat d'à-peu-près trois pouces d'épaiffeur , dont les bords font quelquefois tranfparents & rougeâtres, qui eft compofé d'aiguilles brillantes & d'un blanc mat ; il pefe à-peu-près foixante & quinze livres , & fe nomme *Sublimé corrofif*, compofé de deux parties en poids de mercure , & d'une partie d'acide marin.

La maffe qui refte dans les pots contient l'acide vitriolique uni au fel alkali du fel marin ; on en peut obtenir du fel de Glauber en s'affurant toutefois de fa pureté ; mais les Fabriquants de Sublimé ne fe chargent pas de ce travail, ils vendent la maffe telle qu'elle eft à des Juifs qui en font leur affaire.

On nous envoie le Sublimé corrofif dans des boîtes rondes qui ont précifément le diametre du pot , & chaque boîte contient un pain. Le Sublimé d'Angleterre eft en petits pains convexes comme ceux du camphre , & chaque pain pefe ordinairement de douze à quinze livres. La différence du Procédé Anglois, ne tient à rien d'effentiel pour les chofes & leurs proportions , mais pour les vafes dans lefquels fe fait la fublimation ; en Hollande ils font de terre , en Angleterre ils font de verre.

L'ancien Procédé des Vénitiens qui a d'abord été en ufage à Amfterdam, differe beaucoup de celui que je viens de décrire ; on doit la découverte de la réforme actuelle à des Fabriquants éclairés qui y ont trouvé une double économie, dans la capacité des vafes & dans la durée de leur travail ; on en va juger.

L'ancien Procédé qu'il paroît que Tackenius connoiffoit , confifte à mêler avec le plus grand foin , le même que celui qu'on apporte au mélange de la poudre à canon, deux cents quatre-vingt livres de mercure , quatre cents livres de vitriol calciné en rouge, deux cents livres de nitre, deux cents livres de sel marin décrépité, & cinquante livres de réfidu de la précédente fublimation, ou à fon défaut du réfidu de l'Eau-forte faite avec le vitriol; ce qui donne en tout onze cents trente livres de maffe, qu'on diftribue par égales portions dans huit vaiffeaux de verre, larges & affez grands pour n'être pleins qu'à moitié; on ajufte fur ces vaiffeaux, qui ont la forme de cucurbites baffes, des chapiteaux, & aux becs de ceux-ci des ballons. Les vaiffeaux font rangés fur deux lignes dans un bain de fable où ils font plongés jufqu'à la hauteur de la matiere qu'ils contiennent. On commence le feu très-doucement, & on l'augmente peu-à-peu & fans trop fe hâter; l'opération dure ordinairement cinq jours & cinq nuits. Sitôt qu'on voit que le Sublimé eft monté, on enleve les ballons pour en extraire l'Eau-forte qu'ils contiennent, & qui fert aux mêmes Fabriquants à préparer le précipité rouge; on fouleve les vafes pour les refroidir plus vîte, & on trouve que les huit ont donné trois cents foixante livres de Sublimé corrofif. L'embarras de ce Procédé eft aifé à faifir; il faut que chaque vafe puiffe contenir cent quarante & une livres de maffe, qui ne donnera que quarante-cinq livres de Sublimé; dans le nouveau Procédé, au contraire, une maffe de quatre cents quatre-vingt livres au total étant répartie dans un pareil nombre de vafes, il fuffira qu'ils foient de la capacité de foixante livres, & ils fourniront le même poids en produit. En confervant donc aux vafes leur même capacité, on double le produit, fans compter l'épargne du temps, puifque l'opération ancienne dure cinq jours & cinq nuits, & que la nouvelle eft achevée en trente-fix heures.

En commençant cet article, j'ai dit que dès le temps de Barchufen on avoit accufé les Hollandois de mêler de l'arfenic à leur Sublimé; M. Dozi, Auteur Anglois, fait le même reproche à fes compatriotes; mais ni l'un ni l'autre Auteur ne dit comment fe fait ce mélange; il me paroît d'autant plus difficile à croire, que l'arfenic eft plus volatil que ne l'eft le Sublimé, & qu'il ne fe fublime jamais en cryftaux. On trouve dans Pomet que de fon temps il y avoit dans le commerce une efpece de Sublimé venant des mines, qui étoit plus pefant que le nôtre, & qu'on foupçonnoit fait avec de l'arfenic, attendu que fes cryftaux ou aiguilles étoient en miroir.

Pour reconnoître cette falfification en la fuppofant poffible, M. Dozi indique de mêler un effai du Sublimé corrofif foupçonné, avec moitié fon poids de foufre, & de le fublimer de nouveau; alors, dit-il, l'arfenic fublimera en forme d'orpiment, coloré en jaune. Voici un moyen qui eft plus prompt & plus certain, que j'ai éprouvé, & que je propofe. A foixante & quatre grains de Sublimé que j'avois moi-même préparé à la maniere Hollandoife, j'ai mêlé huit grains d'arfenic; & après le mélange j'en ai fait évaporer fur le feu: non-feulement l'odeur d'ail qui caractérife l'arfenic, s'eft développée; mais le Sublimé a répandu des vapeurs blanches, tandis que celles de l'arfenic étoient obfcures.

Si une si petite quantité d'arfenic eft fenfible dans le Sublimé, on peut bien être affuré qu'on la reconnoîtra à l'odeur, de quelque maniere qu'elle foit unie au Sublimé ; mais encore un coup je ne vois pas l'à-propos de cette falfification : on ne peut pouffer plus loin l'économie & la fimplicité dans la fabrique en grand ; & cela fuffit pour établir le Sublimé corrofif à fix livres dix fols dans le commerce ; je puis même affurer que la fabrication établie en France pouroit rendre cette marchandife à un grand tiers au-deffous de ce prix.

Comme les mêmes Fabriquants rendent dans le commerce la panacée mercurielle & le mercure doux à un prix pareillement fort au-deffous de ce qu'il revient à ceux de nos Diftillateurs qui les préparent, on n'a été fûr de la poffibilité de ce prix médiocre que lorfqu'on a pu favoir comment les Hollandois procédent à ces deux préparations médicinales, mais d'une vafte confommation, & en quoi leur procédé différe de celui de nos Diftillateurs.

Ceux-ci croyant avec raifon que la fublimation s'exécute d'autant plus promptement que les furfaces font plus étendues, ne connoiffant pas d'ailleurs les pots larges & peu profonds des Manufactures Hollandoifes, ils prennent des phioles de verre très-mince connues fous le nom de *Phioles à médecine* ; ils les choififfent de verre blanc, parce qu'ils ont remarqué que les maffes fublimées y adhéroient moins après le refroidiffement que fur le verre verdâtre.

Pour épargner d'autre part le travail, & faire également en quatre fublimations, tant la panacée que le mercure doux, quoiqu'on foit dans l'ufage de fublimer l'une douze à quatorze fois, & l'autre cinq à fix, ils font des mélanges différents pour l'une, que pour l'autre ; ainfi pour le mercure doux, à vingt-quatre livres de Sublimé, on ajoute douze livres de mercure ; & pour la panacée au même poids de Sublimé, on ajoute dix-huit livres de mercure.

On triture l'un ou l'autre mélange dans un grand mortier de pierre, en y ajoutant un peu de fel marin décrépité. L'Ouvrier qui triture a grand foin d'éviter une vapeur finguliere qui s'exhale dans le commencement du mélange, & on le fait triturer long-temps pour rendre le mélange plus exact, parce que delà fuit la bonté du Sublimé qu'on doit obtenir.

La matiere bien triturée eft diftribuée dans une fuffifante quantité de phioles, de maniere à ne les emplir qu'à moitié. On les range enfuite dans le bain du fourneau à fable, & on les recouvre de fable jufqu'à la hauteur de la matiere ; on a bouché leurs cols d'un léger bouchon de papier ; on allume le fourneau ; & lorfque la chaleur augmentée peu-à-peu fait commencer à monter quelques flocons blanchâtres dans les cols des bouteilles, on l'entretient dans cet état, ce qui dure trois ou quatre heures. A mefure que le Sublimé d'une phiole eft fini de monter, on la retire du fable & on la pofe deffus ; le tout étant ainfi défablé, on laiffe refroidir, & on tranfporte fur une table chaque phiole, qui ordinairement eft toute fêlée, & le plus léger effort détache les pains ; on met de côté les cols des phioles qui contiennent une poussiere blanche peu consistante. On broye ces pains , & on réitere la même manœuvre jusqu'à quatre fois , en observant les mêmes précautions ; & alors on a des pains de mercure doux ou de panacée , brillants , pesants , comme fondus vers leur base , composés d'aiguilles argentines & comme ramifiées. Il est inutile de dire qu'on sublime à part tout ce qui est tombé des pains ou qui tient aux cols ou aux débris des bouteilles. Il est aisé de voir que l'unique différence entre ces deux préparations vient de la proportion de mercure ajouté au Sublimé corrosif plus grande dans la panacée que dans le mercure doux. Voilà déja un pas vers l'économie de la part de nos Distillateurs ; mais les Hollandois les ont surpassés ; ils font leur panacée & leur mercure doux en une seule sublimation , & ils ont pour y réussir deux Procédés.

Dans le mélange pour le Sublimé corrosif , ils augmentent la dose du mercure dans la proportion nécessaire pour en faire celui des deux Sublimés doux ou panacée qu'ils projettent de faire , puis suivant exactement la même conduite que dans la fabrication du Sublimé corrosif , ils trouvent au lieu de ce dernier un pain de mercure doux ou de panacée.

Leur second moyen consiste à faire triturer ensemble parties égales de mercure & de Sublimé ; le mélange mis dans le sable & dans un pot large , ils chauffent tant qu'il s'exhale du mercure surabondant ; sitôt qu'il n'en passe plus , ils soulévent de dedans le sable le pot pour faciliter la condensation du pain qui va se sublimer , & qui sans cela pourroit se sublimer hors du couvercle ; & ce moyen moins économique que le premier leur donne encore le même produit en une seule sublimation.

Comme ils désirent que la panacée & le mercure doux qu'ils vendent ait un air transparent comme demi-vitrifié , ils les subliment quelquefois une seconde fois , en y ajoutant un peu de sel marin & de colcotar. J'observe que cette transparence est le fruit de la chaleur un peu forte vers la fin de la sublimation , que le sel marin ne fait qu'altérer l'état doux du mercure doux , & que le colcotar , auquel ils pouroient aussi bien substituer le résidu du Sublimé corrosif , ne sert qu'à rendre la sublimation moins facile , & à exiger plus de chaleur.

Si on considere maintenant que le Sublimé corrosif coûtant six livres dix sols , les Hollandois vendent le mercure doux de huit à neuf livres , & la panacée de quinze à seize francs la livre , on verra en comparant la différence des prix avec leur manipulation , combien il seroit avantageux que la fabrication de ces substances pût s'établir en France.

ARTICLE QUATRIEME.

Fabrique de Précipité rouge.

Soit que l'espece de poudre talquéuse, rouge, pesante, en masses très-friables, connûe sous le nom de *Mercure précipité rouge*, serve à quelques Artistes pour des opérations secretes, qu'on n'a pas encore reconnues, ou que sa consommation comme médicament escarotique soit devenue un objet considérable de commerce, les Hollandois sont encore les Fabriquants de cette poudre, & la débitent dans presque toute l'Europe. Ceux d'entr'eux qui suivent encore la méthode Vénitienne pour fabriquer le sublimé corrosif, sont dans l'usage de fabriquer aussi le Précipité rouge, parce que l'Eau-forte nécessaire pour ce travail est un des produits de leur Fabrique de sublimé.

Pour faire le Précipité rouge, on met dans une jarre cent livres de Mercure & cent cinquante livres d'Eau-forte : on chauffe le vase pour faciliter la dissolution du mercure, & lorsqu'elle est achevée on continue de chauffer pour faire évaporer toute l'humidité. Il reste une masse blanche qu'on met dans des pots de terre de quatorze à quinze pouces de diametre sur six à huit au plus de profondeur ; ces pots sont fermés par des couvercles peu convexes troués vers le milieu du bouton qu'ils ont pour les saisir plus commodément ; on lute les jointures, à l'exception du petit trou. On place les pots au nombre de huit dans un fourneau, comme on a placé ceux du cinabre ; on sent que ces pots étant moins hauts la partie du fourneau où ils posent sera pareillement plus basse ; on allume un feu assez vif, le reste de l'humidité se dissipe, & lorsqu'il ne sort plus de vapeurs par les trous, on les bouche avec de la terre détrempée ; on donne une derniere charge de tourbe au fourneau, & on laisse le tout s'éteindre : on trouve alors dans chaque pot une masse peu liée à la vérité, mais brillante, micacée, d'un rouge un peu pâle, dont la superficie est toujours jaunâtre, & qui est augmentée du neuvieme de son poids ; c'est-à-dire que cent livres de mercure fournissent cent onze livres de Précipité rouge.

On a cru pendant long-temps que cet extérieur micacé étoit le résultat d'un tour de main secret ; j'ai donné au Précipité rouge que je fais pour mon usage la même forme, en ayant soin de mettre en poudre la masse avant de la calciner, & en couvrant de sable jusqu'à leur col les phioles dans lesquelles je fais cette calcination, si on doit donner ce nom à la préparation du Précipité rouge. Je crois que c'est un mercure dont chaque molécule, pour avoir été dissoute par l'acide nitreux, conserve une portion très-concentrée, très-corrosive par conséquent de cet acide ; & qu'il ne doit pas sa causticité à un air fixe, ou à un *acidum pingue*, qu'on vient gratuitement & à l'envi rendre garants de tous les phénomenes Chimiques, dont l'explication ou l'*ætiologie* n'est pas encore bien connue , connoiſſance à laquelle ne concourra pas ſûrement l'enthouſiaſme de tout fauteur d'hypotheſes.

On a quelquefois mêlé du minium au Précipité rouge , & ce mélange n'eſt pas ſi aiſé à reconnoître que dans le vermillon , parce que le Précipité rouge lui-même ſe colore en jaune par l'action du feu. Voici comment on le reconnoîtra. Dans un charbon creuſé on met du Précipité rouge empâté dans de la cire ; on expoſe le tout à l'action du feu de la lampe rendu actif par le chalumeau d'Emailleur ; par ce moyen tout le mercure ſe diſſipe , & s'il y a du minium , on voit le plomb reſter ſur le charbon après y avoir repris ſa forme métallique.

A R T I C L E   C I N Q U I E M E.

Fabrique du Précipité blanc.

Il eſt arrivé à Lémery pour le Précipité blanc ce que j'ai remarqué qu'avoit fait M. Boulduc pour le ſublimé corroſif ; ils ont l'un & l'autre décrit le Procédé le plus économique , ſans ſe douter peut-être qu'un jour il ſeroit adopté par les Fabriquants en grand.

Je n'examine point ici ſi le Précipité blanc qui réſulte du Procédé de Lémery eſt fautif ou non : j'ai entendu dans un lieu public déclamer avec indécence contre le Précipité blanc fait à la maniere Hollandoiſe ; j'avoue que je n'ai pas été bien pénétré par la force des raiſons qu'on alléguoit pour convaincre l'auditoire , parce que ce furent elles préciſément qu'on oublia.

Le Précipité blanc eſt toujours du mercure qui ayant été diſſout par un acide , eſt précipité de ſa diſſolution par l'acide marin. Une grande partie de ce Précipité eſt rediſſoute dans le Procédé ordinaire , par l'eau qui ſert à l'édulcorer; & c'eſt ce qui rend ce Précipité d'un prix ſi énorme , par comparaiſon à celui du commerce. Voici le Procédé Anglois imité de Lémery. On prend vingt livres de ſublimé corroſif , & autant de ſel ammoniac ; on les diſſout enſemble dans une ſuffiſante quantité d'eau , ſur laquelle on verſe de l'alkali fixe diſſout , juſqu'à ce qu'il ne ſe faſſe plus de Précipité ; on décante la liqueur , & on verſe une ſeule fois de nouvelle eau qu'on laiſſe s'éclaircir; on la verſe encore par inclination , & on fait ſécher le Précipité ſur du papier , à l'abri de l'air qui le jauniroit , & d'une chaleur trop vive qui le rougiroit. Le produit en Précipité eſt , à peu de choſe près , celui du mercure contenu dans le ſublimé corroſif , augmenté d'un neuvieme de ſon poids. Mais je crois que ce Procédé , tant vanté par les Anglois , n'eſt pas auſſi économique que celui dont on fait un ſecret en Hollande ; il ſeroit même aiſé de voir qu'attendu la quantité de ſel ammoniac , ce Procédé coûte plus cher que celui que font dans l'uſage d'exécuter les Chimiſtes.

En publiant le Procédé ſuivant , je crois devoir avertir que je l'ai trouvé dans un Ouvrage Allemand fait à deffein de démontrer de plus en plus l'*acidum pingue* de M. Meyer, & dont M. Weglieb Apothicaire de *Langenfatza* eft l'Auteur.

On fait une diffolution de deux livres de mercure dans fuffifante quantité d'Eau-forte pour avoir une diffolution faturée; c'eft le point effentiel : on y ajoute une demi-livre de fel ammoniac, & on précipite le tout avec une livre & demie de liqueur alkaline faite avec deux parties d'eau & une partie d'alkali fixe; on la verfe peu-à-peu, & on ceffe fitôt qu'elle ne précipite plus rien; on lave & on feche comme ci-deffus. Ce Procédé fournit trente-fix onces de Précipité blanc, dont le prix eft autant médiocre qu'il eft poffible. Je crois avoir remarqué plus de légéreté dans ces Précipités faits avec le fel ammoniac que dans ceux faits au fel marin.

On a dit que les Négociants augmentoient le poids de leur Précipité blanc, avec de l'amidon ou avec de la cérufe ; quoique je doute de la vérité de l'accufation, on peut s'en affurer en faifant rougir une fpatule de fer, fur laquelle on jettera un effai du Précipité blanc; s'il contient de l'amidon, il brûlera en faifant un charbon; s'il y a de la cérufe, elle y jaunira, & le mercure fera diffipé.

Les Chimiftes ont demandé fi le Précipité blanc étoit comparable au mercure doux ou à la panacée. Je ne parle pas de ceux qui ont douté que ce Précipité fût fufceptible de fublimation. D'autres demandent s'il y a en effet une différence entre le Précipité blanc fait par le fel marin, & celui fait avec le fel ammoniac. Pour réfoudre ces queftions importantes, j'ai mis dans deux phioles à médecine deux onces de chacun de ces deux Précipités, & les ai mis à fublimer ; ils ont donné un produit de poids égal, à deux grains près, & qui pefoit pour chacun une once fix gros & quelques grains.

Dans autant de petites cornues, j'ai mis une once fix gros tant de fublimé corrofif, que de mercure doux, de panacée, & de nos deux Précipités mêlés chacun féparément avec le double de fon poids de limaille de fer ; à chaque cornue étoit un récipient plein d'eau comme il convient, & je les ai diftillés à un feu convenable. Le fublimé corrofif a donné près de neuf gros de mercure, j'ai eu dix gros & demi pour le mercure doux, & quelques grains de plus pour la panacée & pour mes deux Précipités ; & dans tous les cas, la différence entr'eux deux étoit fi légere que je n'héfite pas à affurer que le Précipité blanc a beaucoup de conformité avec la panacée, & que de quelque maniere qu'on le prépare, il ne conferve pas plus d'acide d'une façon que de l'autre.

SECTION CINQUIEME.

Fabrique de quelques préparations de Plomb.

Article Premier.

Fabrique du Minium & du Massicot.

De toutes les préparations Chimiques dont les Artistes peuvent avoir besoin, les plus anciennement connues par ces Artistes, sont celles que fournit le Plomb. Orfevres, Raffineurs d'or & d'argent, Potiers de terre, Faïenciers, Verriers, Emailleurs, sans oublier les Peintres, tous sont usage de Minium, de Céruse, de Litharge, &c. Ce n'est pas à dire pour cela que la fabrication de ces différents objets soit plus connue ; ce sont presqu'autant de secrets épars, comme sont la plûpart des Fabriques particulieres que j'ai réunies dans cet Ouvrage.

Pour avoir le Minium, il faut au préalable convertir le Plomb en chaux, & cette premiere opération ne peut s'exécuter comme celle de l'antimoine. Il ne s'agit pas ici de dissiper du soufre, (le Plomb n'en contient pas,) mais de lui ôter cette substance particuliere appellée *Phlogistique* ; on y procede de diverses façons. Pomet en indique une fort simple. Sur du Plomb fondu on jette force charbon en poudre, & on remue continuellement ; quand on juge le plomb assez divisé, on lave, le charbon surnage l'eau, & le Plomb se trouve en poudre au fond ; mais ce n'est pas là une calcination, non plus que l'action de le pulvériser dans une boîte ronde, à l'aide de la craie & d'une agitation précipitée.

Pour calciner le Plomb, on le tient dans des têts plus larges que profonds, qu'on chauffe autant qu'il le faut pour fondre ce métal ; on l'agite continuellement avec un rable de fer, & il se convertit insensiblement en chaux grise. Ceux qui ont observé que la calcination alloit plus vîte quand on y mêloit un quart du Plomb déja calciné, parce que la poussiere grise séparant les molécules fondues leur donne plus de facilité à exhaler leur phlogistique ; ceux-là, ont soin d'ajouter au Plomb, sitôt qu'il est fondu, un quart de son poids de chaux grise déja faite, & à son défaut du blanc de Plomb. D'autres croient rendre cette calcination plus prompte en y ajoutant un dixieme d'étain. Toujours est-il vrai que cette chaux est longue & difficile à préparer, à cause de la fusion à laquelle est sujette la chaux du Plomb, pour peu qu'elle chauffe au-delà du degré nécessaire pour calciner ce métal.

Les Anglois, (c'est leur travail que je décris,) prennent cette chaux & la broyent sous des meules comme les Faïenciers traitent leurs émaux ; & lorsqu'elle est bien fine, on la porte sous le four de réverbere, dont on aura une idée juste en se rappellant la construction du four à calciner l'antimoine ; on

le

le tient feulement plus bas, & les chambres à feu font plus larges, parce qu'elles doivent contenir plus de matiere combuftible; on y brûle du bois bien féché & mis en très-petits morceaux.

Ce four n'eft pas le feul fourneau bon à faire le Minium; toute autre conftruction fera fuffifante, pourvu que la chaux foit chauffée fuffifamment & conftamment par une flamme vive qui la leche. Cette derniere précaution eft même fuperflue; il eft indifférent que le fourneau à Minium foit chauffé avec du bois, de la tourbe, du charbon de terre, pourvu qu'il chauffe fuffifamment; la converfion en Minium dépendant plus de l'intenfité de la chaleur que de la préfence de la flamme. Le premier qui, je crois, a montré cette vérité eft M. Geofroy le jeune, dans un Mémoire qu'il a fait pour comparer le Plomb & le Bifmuth: mais je décris ici le Procédé Anglois.

Dans ce four donc, allumé comme je viens de dire, on met deux ou quatre quintaux de chaux de plomb; on attend que la flamme foit bien vive pour re-muer toutes les heures la poudre, qui devient infenfiblement d'un blanc fale, puis jaunâtre; quand la couleur jaune eft devenue foncée, on retire ce qu'on a deffein de mettre dans le commerce fous le nom de *Maſſicot*, à l'ufage des Peintres & des Potiers de groffe poterie.

On continue le feu fans l'augmenter; & l'opération ayant duré deux ou trois jours, on trouve la chaux ayant dans l'intérieur du four la couleur du kermès, & prenant à l'air libre une belle couleur rouge. On fe dépêche de la retirer du four, parce qu'il eft de fait que fi on la laiffoit trop long-temps elle redevien-droit jaune, & qu'il faudroit attendre qu'elle eût repris la couleur rouge. Ce paffage fucceffif du jaune au rouge, & du rouge au jaune, ne dépend que de la durée & non de l'intenfité plus grande de cette chaleur.

Dans cet état, fi on a mis quatre quintaux de chaux de Plomb, on retrouve cinq quintaux de Minium. La difcuffion de la caufe de cette augmentation de poids feroit déplacée ici; il fuffit qu'on fache que ces cinq quintaux de Minium remis en Plomb métallique, ne donneront plus que quatre quintaux de ce mé-tal. En comparant le prix du Plomb en faumon, & celui du Minium, & y ajoutant l'augmentation finguliere du poids, on pourra fpéculer quel bénéfice il y auroit à faire dans cette entreprife.

Jufqu'ici j'ai donné le Procédé Anglois pour fabriquer le Minium. On dit que les Vénitiens & après eux les Hollandois en préparent de trois qualités, le furfin, avec la vraie cérufe ou le blanc de Plomb, le moyen avec les écail-les reftantes, & le plus commun avec la litharge. Je doute que l'écaille reftan-te du Plomb foit propre à fournir du Minium; car, à la rigueur, en la broyant la litharge peut fervir à faire Minium, & certainement celui qui en naîtra fera fort beau, & plus promptement fait.

Nous avons vu dans Paris une tentative de Fabrique de Minium; différents obftacles qui ne tenoient pas à la chofe ont nui à cet établiffement qui a fourni du Minium de la plus belle qualité, dont on dépofa dans le temps un échantillon à l'Académie des Sciences. Ainfi on n'accufera pas celui-ci de s'être détruit par lui-même, comme tant d'autres dans lefquels on débute par confommer toute une mife en acceffoires, ou en prétendus effais infructueux, avant d'avoir en magafin un atôme de la matiere qu'on fe propofe de fabriquer & de vendre. Ces cataftrophes trop ordinaires découragent les intéreffés, & font culbuter une Manufacture, & l'Auteur du projet retombe dans l'oubli jufqu'à ce qu'un nouveau projet lui donne occafion de trouver de nouvelles dupes. La fabrique du Minium à Paris n'avoit aucun de ces inconvénients, & méritoit un meilleur fort.

Il faut choifir le Minium en poudre fine d'un rouge à-peu-près velouté & finguliérement pefant, fans grumeaux jaunâtres lorfqu'on les écrafe.

ARTICLE SECOND.

Fabrique de la Litharge.

LES Effayeurs des Monnoies, ceux qui affinent l'or & l'argent, les Métallurgiftes qui les retirent des autres fubftances avec lefquelles ils font ou joints ou minéralifés, ceux qui exploitent des mines de plomb riches en argent, font tous & connoiffent depuis long-temps l'efpece de récrément demi-vitrifié appellé *Litharge*; mais les uns en préparent à la fois une trop petite quantité, les autres réfervent celle qui réfulte de leurs travaux pour d'autres opérations métallurgiques. Il n'en paffe pas dans le commerce; toute celle qui s'y vend fe fait uniquement à ce deffein.

On établit une bâtiffe folide quarrée, haute de deux pieds & demi, & large de fix en tous les fens; le plancher de cette bâtiffe eft en briques; fur ces briques on pofe un cercle ou cage de fer, qui a trois pieds de diametre fur douze pouces de hauteur; on emplit l'intérieur de ce cercle avec une pâte bien corroyée faite à volonté de cendres lavées, de craie, d'os calcinés ou de chaux éteinte. Quand le tout eft bien lié & que le cercle eft exactement & uniformément rempli, avec une lame de couteau, large & un peu courbe, on enleve ce qu'il faut de cette terre pour donner un creux de fix pouces de profondeur dans fon centre, le creux repréfente affez bien le fond concave d'un mortier; on y faupoudre de la terre non humectée, & on polit en y roulant une boule de fer, à mefure que feche la *coupelle*; c'eft le nom que porte cet appareil; on bouche les crevaffes, s'il s'en forme. On enleve l'anneau ou cercle de fer, & on la recouvre d'un dôme, qui, fuivant la volonté du Fabriquant, eft quelquefois de briques à demeure, & affez haut pour y contenir un Ouvrier, ou bien eft compofé de cercles de fer & de tôle, dont on remplit l'épaiffeur avec de bonne terre à four. Ce dernier eft attaché par des chaînes de fer qu'on réunit à un seul anneau , pour accrocher cet anneau en cas de besoin à un levier ou à une poulie , & enlever à leur aide le dôme ; ceux de cette espece sont plus bas & consomment moins de bois. On observera que le dôme porte au moins cinq pieds de diametre en dedans œuvre ; il a une ouverture ronde à son sommet , une porte sur un de ses côtés , & un trou au côté opposé de la porte ; c'est par la porte qu'on introduit le bois qui doit échauffer la coupelle & le plomb; on introduit ce métal par la même porte pour le placer sur la coupelle ; c'est encore par cette porte que l'Ouvrier avec son rable retire à lui la Litharge à mesure qu'elle se forme ; le trou du sommet sert de cheminée, & le trou latéral sert à recevoir la tuyere d'un soufflet placé derriere le dôme , dont le bout est à fleur de la coupelle. On peut voir dans l'Ouvrage de M. de Gensanne , intitulé , *Traité de la fonte des Mines par le Charbon de Terre,* pag. 198 & 226, des détails très-circonstanciés sur cette manipulation.

Quand le bois est allumé au point d'avoir fait rougir la coupelle, on y fait entrer par parties , saumon à saumon , ce qu'elle peut contenir de plomb, qui ne tarde pas à se fondre ; on augmente un peu le feu, le plomb devient brillant , & on voit se former à sa surface une espece d'écume qui a l'air d'huile surnageante , dont on augmente la quantité en faisant agir le soufflet à petits coups. Alors avec un rable court l'Ouvrier fait tomber devant lui cette écume au pied de la coupelle & même sur le sol , & l'y laisse refroidir.

L'opération se continue de la même façon , en ajoutant du plomb autant qu'il le faut pour tenir la coupelle également pleine; vers la fin, il faut chauffer un peu davantage ; mais on recule ce petit inconvénient le plus qu'on peut ; parce que comme la bâtisse de cette coupelle est longue , on la fait travailler le plus long-temps possible.

Cette Litharge est quelquefois en masse , & alors l'intérieur de la masse devient rougeâtre ; on l'appelle *Litharge d'or* ; d'autres fois aussi l'Ouvrier l'a éparpillée avec son rable , & en refroidissant elle devient blanchâtre , elle se nomme alors *Litharge d'argent* : voilà tout le mystérieux de ces deux dénominations , qui ont fait tant d'impression sur certaines cervelles Alchimiques.

Le plomb qui reste au fond de la coupelle , si on ne l'a pas lithargiré jusqu'à la fin , est très-riche en argent, sinon c'est un vrai bouton d'argent plus ou moins pesant suivant la quantité de plomb qu'on a lithargiré & le degré de richesse de ce plomb , parce qu'il est d'observation constante qu'il n'y a pas de plomb qui ne contienne plus ou moins d'argent. Lorsque la coupelle trop fatiguée est dans le cas d'être détruite , on en réserve les débris pour le traitement de certaines mines ; ou bien on la met avec du flux noir dans des fourneaux pour la faire ressuer le plomb dont elle est imbibée.

Quatre quintaux de plomb rendent ordinairement quatre quintaux & demi de litharge, qu'on envoie en poudre grossiere , micacée , jaunâtre ou blanchâtre, & dont les usages dans les autres Arts sont presqu'innombrables.

ARTICLE TROISIEME.

Fabrique de la Céruse.

POUR débiter ce qu'on appelle *Céruse*, il eſt néceſſaire de ſe procurer au préalable du blanc de plomb, parce que la Céruse n'eſt point une chaux pure de plomb ; c'eſt le mélange de blanc de plomb & de craie ou d'une terre qui lui eſt analogue, mélange qui ſe fait en broyant enſemble ces deux ſubſtances, les mettant ſous la forme de pâte qu'on verſe dans des eſpeces de moules faits en côîe, puis on les jette chacun ſur une demi-feuille de papier griſâtre, dont on releve les bords pour achever d'envelopper le pain coniforme, & on maintient le tout en cet état avec un peu de fil blanc qui paſſe en croix double ſur le papier. De la proportion de craie avec le blanc de plomb, de la fineſſe de l'un & l'autre avant d'être mis en pain, réſultent la bonté & le prix de la Céruse dans le commerce.

M. Watin, Peintre Verniſſeur, auquel la ſociété eſt redevable de la deſcription auſſi claire & méthodique que détaillée & fondée ſur l'expérience, des trois Arts du Peintre, du Doreur & du Verniſſeur, M. Watin m'a montré pluſieurs échantillons de Céruse qu'il avoit faite, & qui ne le cédoient, ni pour le poids, ni pour la fineſſe, ni pour la blancheur, à la Céruse de Hollande.

Puis donc qu'on ne peut faire la Céruse qu'avec du blanc de plomb, voici comme on ſe procure ce dernier.

On a des pots de terre d'un pied à-peu-près de profondeur ſur huit pouces de large ; on place dans chaque un rouleau de plomb, fait avec une planche de plomb de trois pieds de long ſur ſix pouces de large, & de l'épaiſſeur d'une ligne au plus ; on ne fait pas ces planches par le moyen du laminoir, il applatit trop & liſſe trop le métal ; c'eſt en les coulant ſur le ſable à la maniere des Plombiers ; on roule cette planche de maniere à ce qu'entre chaque révolution il reſte un vuide d'un bon démi-pouce ; on place ce rouleau ſur une croix poſée un peu au-deſſous du milieu de chaque pot ; cette croix eſt en bois, poſée ſur quatre autres petits piedeſtaux de bois, placés au bout de chaque croiſillons, & aſſez longs pour tenir la croix à la hauteur indiquée ; le rouleau eſt poſé ſur l'un de ſes bouts, & non à plat ; on recouvre chaque pot d'une plaque de plomb de même épaiſſeur, & plus large que n'eſt l'orifice du pot.

On n'eſt pas d'accord ſur l'eſpece de liqueur qu'on met au fond de ces pots, de maniere que la petite croix de bois en ſoit diſtante d'un bon pouce. Les uns prétendent qu'en Angleterre & en Hollande, on met du marc de bierre arroſé avec de la petite bierre ; & qu'à Grenoble, c'eſt du marc de raiſin arroſé de vinaſſe ; ils prétendent que l'opération de la corroſion du plomb, n'a lieu

que

que par les vapeurs acides qui s'exhalent dans l'intérieur du pot par la fermentation acéteuse qui s'y excite durant le séjour des pots dans le fumier.

Ceux qui pensent au contraire que la corrosion du plomb se fait par le vinaigre lui-même, & tout formé, qui circule dans les pots à l'aide de la chaleur du
fumier, disent qu'on charge les pots avec du vinaigre de bierre ou de vin selon
les pays où s'établit la Manufacture.

Quoi qu'il en soit, les pots chargés de vinaigre, ou de matiere propre à devenir vinaigre, & du rouleau de plomb posé sur la petite croix de bois, comme
il a été dit, recouverts enfin de leur lame de plomb, ces pots se placent dans
une fosse, sur un premier lit de fumier, & on connoît telle Fabrique où on
en place vingt de front sur vingt de profondeur. On étend du fumier sur ce
premier lit, pour ranger un second lit pareil, enfin jusqu'à quatre, recouvrant
chacun de bon fumier, & sur-tout le dernier ou le plus supérieur ; dans cet ordre on fait travailler cent soixante pots à la fois. La propriété du fumier mis
en tas est comme on sait de s'échauffer ; on empêche la chaleur qui naît de s'exhaler au dehors, en le couvrant au besoin de fumier plus frais. Au bout de trois
semaines on découvre les pots, on retire chaque rouleau qu'on déploye sur
une table de bois longue & étroite, pour ratisser avec un couteau peu tranchant
le plomb corrodé qui a acquis beaucoup de volume ; il n'est guere possible qu'en
raclant ainsi on ne détache des portions de plomb qui passent avec le blanc de
plomb, aussi en trouve-t-on souvent dans celui qui n'a pas été broyé : on
fait la même chose sur les lames qui ont servi de couvercle, & on croit même
que le blanc de plomb en est plus fin.

Un Fabriquant de Grenoble m'a dit que dans cette opération l'argent dont
le plomb est plus ou moins riche n'étoit jamais corrodé, & qu'ainsi le plomb
restant le dédommageoit souvent par l'argent qu'il contenoit presqu'à nud, de
tous les frais de l'opération. Je le souhaite pour lui ; mais outre le défaut de
vraisemblance, puisque la partie non corrodée n'est pas éparse, mais occupe
toujours le centre de la lame de plomb, ce qui supposeroit que l'argent se ras-
semble vers ce centre durant la calcination du plomb ; outre cela, dis-je, j'ai
moi-même fait plusieurs essais de ce plomb que je n'ai pas trouvé plus riche.

On broye sous des meules le blanc de plomb qui doit être converti en cendre, & alors on en retire par la lotion le peu de plomb qui s'y rencontre ;
on mêle au blanc broyé depuis parties égales jusqu'à un quart de son poids de
craie pareillement broyée & lavée, & on en forme les pains de Céruse dont
il a été question au commencement de cet article.

Si l'on a fait le blanc de plomb avec le vinaigre, ce qui reste dans les pots
sert à faire du sucre de Saturne.

Les Commerçants qui débitent la Céruse ont coutume de la tenir dans un
endroit un peu humide, parce qu'on est dans l'usage de choisir les pains les
plus lourds sous la main ; mais les gens honnêtes se dispensent de ce soin, &

vendent plus cher la Cérufe où il y a le moins de craie ; ils la vendent feche, lourde, bien blanche, s'écrafant en une poudre peu liée & point pâteufe, & ayant dans fa caffure une efpece de ton velouté.

A R T I C L E   Q U A T R I E M E.

Fabrique du Sucre de Saturne.

R I E N n'eft plus facile que la Fabrique du Sucre de Saturne, fi l'on en croit ceux qui en ont écrit jufqu'à ce jour. Lorfqu'on met la main à l'œuvre, on eft étonné du nombre d'obftacles qui s'oppofent à ce qu'on obtienne ce produit Chimique avec les qualités qu'on en exige dans le commerce. La fabrique de Grenoble elle-même a été pendant long-temps à n'avoir que très-peu de ce Sel de Saturne blanc ; le refte étoit jaunâtre, & les Entrepreneurs ne vendoient jamais l'un fans l'autre. Les Vénitiens, les Anglois & les Hollandois ont préparé & débitent cette marchandife dans des boîtes garnies de papier bleu pour faire fortir davantage la blancheur de leur fel.

Le premier obftacle qui fe préfente eft la très-petite quantité de chaux de plomb qui fe diffout dans le vinaigre diftillé ; car il ne faut pas parler du plomb lui-même, à peine s'en diffout-il un fcrupule dans deux livres de ce vinaigre ; huit onces de ce diffolvant prennent un gros & demi de litharge, près de deux gros de cérufe & un demi-gros de minium.

La feconde difficulté confifte dans le befoin qu'on a d'une très-grande quantité de vinaigre diftillé, qui foit le plus blanc poffible ; s'il contient un peu de matiere capable de fe brûler, le Sel de Saturne eft jauni.

Enfin, on ne fauroit croire combien la cryftallifation du Sucre de Saturne demande de précautions pour s'exécuter.

Quel que foit le lieu où eft établie une Manufacture de Sucre de Saturne, il faut fe pourvoir de fubftances propres à former du vinaigre. En Angleterre c'eft de la bierre ; on dit, qu'outre la bierre, les Hollandois ont un fecret pour faire du vinaigre artificiel : j'ai efpéré jufques ici de voir ce vinaigre pour l'examiner & en découvrir, s'il fe peut, la nature ; mais j'ai été trompé dans mes efpérances ; je fais qu'ils font dans les pays d'Artois, & même dans le Bordelois, des levées de marcs de raifins ; & comme les moyens les plus économes font connus & préférés par des Artiftes auffi intelligents que les Hollandois, je ne ferois pas furpris quand leur fecret confifteroit à faire du vinaigre avec ces marcs. A Grenoble on fe fert & de ces marcs & du vin qui y eft très-abondant ; par toute Fabrique de Sucre de Saturne on établit donc une Vinaigrerie, & on fuit pour cette portion du travail, les précautions qu'on trouvera décrites fans doute, dans l'Art du Vinaigrier.

On diftilloit autrefois le vinaigre dans de grandes cornues de grès, & on remarquoit que ce vinaigre avoit toujours un goût de feu ; les Fabriquants y ont substitué les cucurbites de cuivre surmontées d'un chapiteau de terre, vaste & à deux becs ; enfin on suit la méthode indiquée dans la premiere Partie de cet Ouvrage au Chapitre septieme.

On met dans un grand jarre de terre vingt-cinq livres de blanc de plomb, ou à son défaut de litharge, & on verse dessus depuis cent jusqu'à cent cinquante pintes de vinaigre distillé ; le jarre est placé dans un endroit chaud près des fourneaux qui servent à la distillation du vinaigre ; on agite ce mélange avec un long bâton, & lorsqu'on ne voit plus naître d'effervescence, on laisse déposer ; on puise la liqueur claire avec de grandes cuilliers en bois, & on emplit une chaudiere de plomb encadrée dans son fourneau comme les cuves des Teinturiers ; on allume un feu doux, & on laisse évaporer lentement jusqu'à ce qu'une goûte de la liqueur mise sur un lieu frais s'y congele sur le champ ; alors on a des especes de formes ou auges quarrées de la grandeur & de la forme des poids de fer d'un demi quintal ; ces auges sont de terre cuite & vernissée, & ont vers le fond un trou qu'on tient bouché avec un petit tampon de bois ; on emplit ces formes, on les range dans l'étuve, & on verse sur chaque forme un poisson au plus ou quatre onces de forte Eau-de-vie ou d'Esprit-de-vin ; cet esprit fait sur chaque forme un limbe qui empêche l'évaporation. Au bout de huit à dix jours, ou plutôt dès qu'on voit les formes pleines de crystaux, on les retire de l'étuve ; on ôte les bondons, & on laisse écouler ce qui est liquide dans des cuvettes de plomb ; on verse encore un peu d'Esprit-de-vin sur les formes, & on acheve de laisser égoutter ; on retrove le Sel de Saturne en aiguilles déliées, confuses ; on les met à sécher un peu à l'étuve, & on le serre dans ses boîtes.

Ce qui est égoutté est ordinairement épais comme de l'huile ; c'est un dissolution de plomb qui n'a pas assez de vinaigre ; en la délayant dans de nouveau vinaigre, la filtrant & la mettant à évaporer, on en retire jusqu'à la fin du Sucre de Saturne, dont à la vérité les crystaux sont un peu jaunâtres.

Avant d'avoir ce Procédé pour l'Eau mere, les Fabriquants de Ginoble la faisoient évaporer fortement, la mettoient dans les formes à l'étuve jusqu'à ce qu'elle fût entiérement desséchée ; c'est ce qui leur donnoit tant de Sucre de Saturne jaune & sale.

ARTICLE CINQUIEME.

Fabrique du Verd diſtillé.

JE ne me propoſe pas d'expoſer ici le travail par lequel les habitants de Montpellier préparent le Verdet, autrement *Ver-de-gris*. Ce travail a été ſupérieurement développé par M. Montet, dans les volumes de l'Académie des Sciences ; il ſuffit qu'on ſache que le Verdet eſt le réſultat de la corro-ſion du cuivre, par les vapeurs acides qui s'exhalent durant le temps que les marcs de raiſin & la vinaſſe tournent à l'aigre ; & que ce Verdet ſe détache en ſe gonflant de deſſus le cuivre, lorſqu'on l'expoſe à la chaleur du ſoleil. Il y a dans le commerce pluſieurs Verds-de-gris ; le premier & le plus beau eſt en poudre groſſiere, d'un verd velouté, & ne blanchit jamais en ſéchant. Les autres eſpeces ſont plus ou moins mêlées de ſubſtances étrangeres qui pâliſ-ſent leur couleur ; elles ſont ordinairement en groſſes maſſes dures & difficiles à rompre ; on les laiſſe de côté quand il s'agit de procéder à la fabrique du Verd diſtillé.

Depuis long-temps les Hollandois venoient acheter à Montpellier, le plus beau Verd-de-gris ſur le pied de dix-huit à vingt ſols la livre, puis remettoient dans le commerce le Verd diſtillé, c'eſt-à-dire, le réſultat de la diſſolution complete du Verdet dans le vinaigre diſtillé ; réſultat grouppé en pyramide compoſée de pluſieurs cryſtaux amoncelés, d'un beau verd velouté, obſcur, & de forme à-peu-près quadrilatere.

Je fus conſulté il y a vingt ans à-peu-près par un Particulier de Grenoble, le même qui fabrique le ſel de Saturne, ſur les moyens économiques de pré-parer le vinaigre, de le diſtiller, d'y diſſoudre le Verdet, & d'en faire des cryſtaux qui fuſſent en concurrence avec le Verd diſtillé de Hollande. Je ne puis aſſurer ſi mes conſeils ont contribué en quelque choſe à l'établiſſement de cette nouvelle Fabrique ; j'oſe le ſoupçonner, fondé ſur le refus que m'a fait depuis le même Particulier de me donner aucune inſtruction, & ſur l'attention qu'il a priſe de détruire l'opinion où j'aurois pu être de lui avoir ſervi. C'eſt une maniere de reconnoiſſance plus commune qu'on ne penſe. Au reſte voici ce que je ſais poſitivement de la Fabrique du Verd diſtillé, & je le ſais tant par le récit d'un Ouvrier de Vienne en Dauphiné, que l'Entrepreneur de Grenoble a fait venir dans ſa Fabrique, & qui eſt mort après l'avoir inſtruit à fond de ce qu'il regardoit comme un ſecret, que par ma propre expérience, ayant, autant que je l'ai pu, vérifié les récits d'opérations de ce genre que je n'ai pu voir dans les Fabriques elles-mêmes.

On ſe procure par les moyens indiqués à l'article précédent, du vinaigre diſtillé, qui ne ſente pas le brûlé, & on met dans des jarres vingt-cinq livres,

par

par exemple, de beau Verd-de-gris, & jufqu'à vingt-huit fois fon poids de vinaigre diftillé ; ce qu'on fait à plufieurs reprifes, en tenant le jarre dans un lieu chaud & agitant la matiere avec un long bâton de bois. Au bout de quatre ou cinq jours, on verfe la liqueur, qui eft d'un verd obfcur, qu'on met à dépofer, & on met en fa place de nouveau vinaigre ; il fe diffout ainfi à la longue, & fucceffivement vingt livres de Verdet des vingt-cinq mifes en diffolution. On a dit que les cinq livres reftantes donnoient par la fonte un métal d'une nature particuliere ; pour moi je n'y ai vu que du cuivre.

La liqueur bien éclaircie, on la met évaporer dans de grandes chaudieres de cuivre qu'on chauffe, comme les chaudieres à teinture ; & on réduit la liqueur en confiftance de firop un peu épais.

On a des pots de grès, plus hauts que larges, & de la continence de douze pintes au plus : on y place des tiges de bois blanc d'un pied de long, fendues par un de leurs bouts prefque jufqu'à l'autre bout qui demeure entier ; on infere dans les fentes de petits dés de bois qui tiennent écartées les portions fendues ; on en met au plus trois dans chaque pot, & on les emplit de la liqueur évaporée ; on recouvre d'un limbe de bonne eau-de-vie cette liqueur portée à l'étuve ; quelques-uns prétendent qu'on doit ajouter de l'urine à l'eau-de-vie. On laiffe les pots pendant près de quinze jours dans l'étuve médiocrement chaude ; c'eft de cette derniere précaution que dépendent l'abondance & le volume des cryftaux qui s'amoncelent autour des tiges de bois, & forment des pyramides qu'on met à fécher légérement à l'étuve pour répandre dans le commerce fous le nom de *Verd diftillé en grappes.* On dit que ces tiges de bois concourent à conferver la beauté aux cryftaux par la facilité qu'elles ont d'attirer un peu d'humidité : je n'y vois autre intention que celle de préfenter, comme font les Confifeurs au fucre à candir, plus de furfaces au Verd diftillé pour fe groupper ; car le poids de ces tiges ne doit pas entrer en confidération, il eft de trop petite conféquence ; une pyramide pefant une livre & demie, n'a peut-être pas une once de bois.

Il y a dans les pots contre les parois d'autres cryftaux, dont les uns font fort petits & peu confiftants ; on les enleve à l'aide d'un peu de vinaigre diftillé, qui rediffout auffi quelques portions de Verdet qui fe précipite durant la cryftallifation. Les autres cryftaux, gros & grouppés en plaques, fe détachent pour être féchés à l'étuve & vendus dans le commerce.

L'Eau mere qui refte fe délaye dans une Eau de chaux légere ; puis on effaye s'il lui manque du Verdet ou du vinaigre, on lui en rend & on la fait cryftallifer jufqu'à la fin, enforte qu'il n'y a rien de perdu de ce côté. On a voulu me perfuader qu'à Grenoble ils clarifioient leur Eau mere avec du blanc-d'œuf, comme nous faifons nos firops ; je crains bien que ce ne foit une de ces propofitions jettées en avant pour empêcher l'Obfervateur d'aller droit à fon but.

Il s'étoit établi à Paris une Fabrique de Verd diſtillé , qui ne prétendoit à rien moins qu'à culbuter la Fabrique de Grenoble. Le Verd diſtillé fourni à bien plus bas prix , ſelon l'uſage, par cette Fabrique de Paris, noirciſſoit à l'emploi , & on l'a abandonné en le ſoupçonnant d'être mixtionné avec l'acide vitriolique , pour épargner les frais du vinaigre diſtillé. Le ſoupçon eſt fondé ſur ce qu'en général cet acide vitriolique a la propriété de faire tourner au noir les couleurs dans leſquelles il ſe trouve ; l'Eau-forte vitrioliſée noircit l'écarlate ; le vitriol de Chypre concourt à noircir , quoi qu'on en diſe , la teinture des Chapeliers. Le bleu d'Indigo diſſous dans l'acide vitriolique eſt plus noir que toute autre maniere d'employer cette fécule.

Le Verd diſtillé vaut dans le commerce de dix à douze francs la livre ; il faut le choiſir en cryſtaux bien conformés , ni trop ſec ni trop humide ; n'ayant ſur-tout point de pouſſiere d'un verd pâle ſur ſa ſurface. Le Fabriquant de Grenoble m'a dit que cette Fabrique ne valoit pas la peine d'être cultivée , à cauſe de la petite quantité qui ſe conſomme de Verd diſtillé ; il n'a cependant pas encore abandonné ſa Fabrique ; il cherche même à l'étendre , & il eſt occupé à trouver à Paris une Société pour y faire le Verdet ou Verd-de-gris plus beau & à meilleur compte que celui de Montpellier : il faudra voir.

ADDITIONS & corrections ſurvenues durant l'Impreſſion.

ALUN CALCINÉ , *premiere Partie , après la diſtillation du Vinaigre ,* à la page 37.

L ES Diſtillateurs d'Eaux-fortes préparent encore l'Alun calciné ; c'eſt le ſel dont nous avons fait mention dans le Chapitre ſecond de la premiere Partie. Ce ſel appellé *Alun* eſt en maſſes informes tranſparentes , blanches , ayant une ſaveur ſucrée d'abord , puis ſinguliérement acerbe ; il vient en tonneaux , & dans le commerce il ſe nomme *Alun de roche* , pour le diſtinguer d'une eſpece rougeâtre appellée *Alun de Rome* , & qui ne vaut rien pour l'objet dont il s'agit ici.

Tout Alun a la propriété de ſe tuméfier ſinguliérement au feu , & de prendre un volume conſidérable en perdant un phlegme ou eau ſi peu acidule qu'on ſe diſpenſe de la recueillir , à moins que quelque Alchimiſte n'en ait la fantaiſie.

On met dans autant de cuines que peut en contenir une galere , cinq livres d'Alun pour chaque cuine, ce qui fait cent ſoixante livres d'Alun pour trente-deux cuines. On garnit la galere comme pour les Eaux-fortes , avec cette différence qu'on ne met ni goulot ni récipient.

On établit d'abord un feu beaucoup plus lent que pour le travail des Eaux-

fortes, on l'entretient ainſi juſqu'à ce qu'on voie que l'Alun ceſſe de ſe gonfler ; il ſort pendant ce temps des vapeurs, rarement ſuffocantes ; on donne un
dernier coup de feu aſſez bruſque, & on le laiſſe éteindre ; l'Alun ſe trouve
avoir pris la forme intérieure des cuines, qu'il faut caſſer pour l'en retirer, &
il eſt en pains d'un blanc éblouiſſant, d'une légéreté & d'une friabilité ſingu-
lieres ; c'eſt ce qu'on nomme *Alun brûlé*, *Alun calciné*, & qui n'eſt autre
choſe que l'Alun privé de ſon *eau de cryſtalliſation* ; c'eſt ainſi qu'on nomme
tout phlegme qui concourt à la formation & à la tranſparence de tous cryſtaux
ſalins.

L'Alun dans cette opération a perdu les deux cinquiemes de ſon poids, &
on trouve pour cent ſoixante livres d'Alun de roche, quatre-vingt ſeize livres
d'Alun calciné. Il eſt d'un grand uſage pour les Maréchaux, pour les Chirur-
giens, qui s'en ſervent pour brûler ou détruire des excroiſſances charnues dans
le traitement des plaies, ulceres, &c.

Noir de fumée, *à la ſuite des huiles eſſentielles, ſeconde Partie*, page 83.

On connoît dans le commerce deux eſpeces de Noir de fumée, le premier,
Fabrique d'Allemagne, eſt en eſpeces de tablettes plates, très-friables, d'un noir
velouté quand on le briſe, & eſt appellé *Noir à noircir*, *Noir d'Allemagne*,
Noir en pierre. Le ſecond, Fabrique de Paris, eſt d'une légéreté ſinguliere,
d'un noir rougeâtre à l'emploi, & ſe nomme *Noir de fumée léger*, *Noir de
Paris*.

L'exiſtence de ces deux Noirs eſt également dûe à la combuſtion des matieres réſineuſes que fourniſſent abondamment les Pins & leurs analogues ; mais
la différence dans la fabrication eſt cauſe de celle qu'on reconnoît dans leur
texture.

En Allemagne on établit en planches une chambre obſcure de cinq à ſix
pieds de dimenſion dans toutes ſes parties, calfeutrée avec la plus grande exactitude par les dehors, & n'ayant que deux ouvertures, l'une vers une de ſes
faces latérales, au niveau du ſol, & l'autre au centre du plancher ſupérieur ou
plafond. La premiere ouverture eſt occupée par une eſpece de fourneau quarré
de trois pieds de long ſur deux de hauteur & autant de largeur. La porte de
ce fourneau & la moitié de ſa longueur ſont hors de la chambre obſcure, &
l'autre portion eſt dans l'intérieur. Cette portion n'a pas de mur de fond, &
reſte ouverte dans toutes ſes dimenſions. Le trou ménagé au plafond a deux
pieds de diametre en rond, & eſt bouché entiérement par un cône fait d'une
étoffe de laine ſerrée, & qui peut porter trois à quatre pieds de hauteur. Ce
cône eſt ſoutenu vers ſa pointe qui eſt ouverte, par deux bouts de bois poſés
extérieurement ſur le plafond, & qui ſe rencontrent vers une de leurs extrêmités.

Un enfant feul gouverne le travail ; il allume dans le fourneau & fur la partie de devant des morceaux de bois réfineux bien fecs ; il y jette de temps à autre des morceaux de réfine trop chargés d'ordures , & il a feulement foin que la flamme ne foit pas trop abondante , parce que la flamme n'a lieu qu'aux dépens de la fuie qu'on défire ; la fumée s'échappe dans la chambre obfcure & va gagner le cône ; lorfque le Directeur de la Fabrique s'apperçoit que le cône eft affez chargé , il quitte un inftant fon fourneau , & avec une longue gaule il va frapper par dehors le cône dans tous les fens ; la fuie retombe dans la chambre obfcure fur le plancher , que le fourneau entretient dans une efpece de chaleur qui permet à cette fuie de s'amonceler & de prendre corps. C'eft ainfi que nous voyons dans l'hiver ceux qui ramonnent nos cheminées chauffer fortement un âtre , y étendre la fuie volumineufe telle qu'ils la retirent des cheminées , la laiffer prendre corps , la retourner pour la fondre également , & réduire en maffes folides , peu volumineufes , faciles à arranger en forme de briques , cette pouffiere embarraffante par fa légéreté & fon peu de confiftance.

On fabrique autrement le Noir de fumée dans Paris. On choifit dans un endroit ifolé , une chambre dont on ferme exactement toutes les ouvertures à l'exception de la porte ; on garnit les murailles de cette chambre & fon plafond avec des peaux de mouton bien tendues , & dont la laine eft en dehors ; au milieu de cette chambre on met une marmite de fer fondu , dans laquelle on a mis tous les rebuts des produits du Pin , Poix-réfine , Arcançon , Galipot , Poix de Bourgogne , &c. on y met le feu à l'aide de quelques morceaux de bois léger qu'on a enduits de ces matieres ; on ferme la porte , & on peut regarder de temps à autre par un trou fait à cette porte fi la matiere brûle toujours ; comme on fait ce qu'on a mis de matiere combuftible , & le temps que doit durer fa deftruction par la flamme , fi on s'apperçoit que cette flamme ait ceffé trop-tôt , on y remédie en allumant de nouveau ce qui refte ; fi elle eft éteinte faute d'aliment , on retire cette marmite & on lui en fubftitue une autre toute chargée des mêmes matieres allumées. Le tout fe fait fans entrer dans la chambre ; on a des crochets , des pelles ou autres inftruments affez longs pour exécuter ces petites manipulations du feuil de la porte.

Lorfqu'on juge que le Noir de fumée eft affez abondant , on a au bout d'une gaule , des brins de balai bien éparpillés ; on fait paffer ce balai fur toutes ces peaux , & on fait par ce moyen tomber tout le Noir de fumée fur le fol de la chambre , d'où on le recueille pour le mettre dans des boîtes rondes de dixhuit pouces de haut fur douze pouces de diametre appellées des *Galons* , & qui tiennent quatre onces de Noir de fumée , que le Fabriquant vend quatorze fols , ce qui fait cinquante-fix fols la livre. Il eft aifé , en comparant ce travail avec celui des Allemands , de voir pourquoi le Noir d'Allemagne a plus d'éclat que le nôtre , & comment on pouroit donner à celui-ci la même perfection.

La

La chaleur dans le travail Allemand en donnant à l'huile empyreumatique une certaine liquidité , lui permet de fe parfondre plus uniformément dans toute la maffe , qui prend par-là un ton de couleur homogène.

Addition fur la fabrication de l'Huile de Vitriol par le Soufre, à la pag. 41.

ON trouve dans un Ouvrage de Chimie affez volumineux , une efpece de critique du travail de M. Dozie pour la fabrication de l'Efprit de Vitriol , tiré du Soufre. On y annonce que cette pratique n'eft pas la meilleure ; que corps inflammable pour corps inflammable , le charbon eft préférable à la filaffe qu'on eft dans l'ufage d'interpofer dans les cuillers. On y dit qu'on préfere les cornues de fer tubulées dont on fait rougir le fond , parce que les acides en vapeurs ne corrodent pas ce métal ; on y voit que les cuillers doivent être de fer-blanc qu'on rougit à chaque fois , à l'aide d'un réchaud roulant , que l'Ouvrier promene avec lui ; on y apprend que c'eft avec des efpeces de mefures de fer-blanc qu'on puife l'acide vitriolique formé dans les balons. On y paroît donner la préférence aux récipients de terre fur ceux de verre. Tant de chofes nouvelles m'ont paru mériter une attention fcrupuleufe de ma part , afin d'enrichir d'autant ma defcription d'un Art peu connu , & de faire hommage à leur Auteur des corrections utiles que j'aurois rencontrées.

Comme l'Auteur , tout en prefcrivant les cornues de fer tubulées , de maniere à faire croire qu'il les a mifes en expérience , dit cependant quelques lignes plus loin qu'il ne s'en eft pas fervi , & ajoute que les cornues de terre lui ont paru les unes trop poreufes , les autres trop fragiles ; on pouroit croire que l'expérience qu'il annonce eft encore à faire. J'ai fait un mélange de huit parties de foufre , une de charbon & une de nitre ; avant de m'expofer à aucune explofion , danger que la nature des ingrédients indique , fur-tout en fe fervant d'une cornue tubulée , j'ai cru plus prudent de faire rougir obfcurément une piece de fer fondu ; j'y ai projeté mon mélange peu-à-peu. Le foufre s'eft enflammé tout d'abord , puis le furplus s'eft liquéfié , a fait une pâte fentant le foie de foufre ; il n'y a eu que très-peu de nitre qui ait fufé , & on ne voyoit pas le charbon fcintiller ; au bout de deux minutes la flamme étoit éteinte ; le vafte récipient de machine pneumatique dont j'avois recouvert le total , étoit parfemé d'une humidité point acide , fentant le foie de foufre , & d'une légere pouffiere. Ce fut bien pis lorfque j'examinai le morceau de fer ; l'endroit où le foufre s'étoit fondu étoit rongé au point de montrer une cavité fenfible ; & cependant il n'y avoit pas eu une once de mélange mis fur ce fer rouge.

Cette expérience, qui m'a difpenfé de la répéter dans une cornue de fer tubulée, démontre clairement , 1°. Que l'appareil d'une cornue de fer rougi , loin d'être préférable , feroit une perte réelle pour l'Artifte , puifque tôt ou tard il s'enfuivra la deſtruction, la perforation du métal à l'endroit de la projection. 2°. Que le charbon, loin d'être préférable à la filaſſe, doit être rejetté, puiſqu'il ſe mêle avec le ſoufre liquéfié, & forme avec lui une pâte incapable de ſcintiller. 3°. Que cette manipulation au total eſt impoſſible à exécuter, puiſque loin d'en obtenir un acide, on n'en retire qu'un peu de ſoufre ſublimé, & un phlegme ſentant l'œuf couvi.

C'eſt bien autre choſe encore ſi on ſubſtitue les vaſes de terre à ceux de verre. J'ai eu la curioſité de faire ſous une cloche de verre, & ſous une très-vaſte cucurbite de grès, bien cuite & bien ſonore, l'expérience ſuivant le Procédé de M. Dozie, c'eſt-à-dire, en mettant à brûler peu-à-peu un mélange de ſoufre quatre parties, nitre une partie, & de l'étoupe éparpillée dans le petit teſt de terre qui recevoit le mélange. Le tout mis à brûler, j'ai eu ma cloche de verre pleine de vapeurs d'un blanc épais & obſcur, (& non rouge, comme il eſt dit par erreur dans le texte du préſent Ouvrage,) qui ont fourni une liqueur très-acide. La cucurbite au contraire n'a donné qu'un phlegme très-peu acide, & ſenſiblément fade, comme eſt preſque toute diſſolution d'une terre par un acide délayé. Il y a au-deſſous du nouveau Pont de Neuilly une maiſon où j'ai eu occaſion de voir un appareil tout en terre imaginé pour établir une Fabrique d'Huile de Vitriol ; l'appareil n'a travaillé qu'une fois, & on a retiré ſi peu d'acide que le découragement a pris les Entrepreneurs, qui ont abandonné tout au Propriétaire.

J'ai eu le plaiſir de remarquer dans l'expérience que j'ai détaillée il n'y a qu'un inſtant, la rénovation de l'air dans l'intérieur de la cloche de verre par le petit artifice que voici. J'ai placé mon appareil ſur un plateau de verre dans lequel j'avois verſé de l'eau en aſſez grande quantité pour couvrir les bords de la cloche ; au premier inſtant de l'inflammation du ſoufre l'eau s'eſt introduite dans la cloche beaucoup au-deſſus de ſon niveau ; puis à meſure que le nitre fuſoit, l'eau baiſſoit, pour remonter & baiſſer ainſi alternativement tant qu'a duré la combuſtion du ſoufre ; avec cette différence que lorſque la cloche étoit gorgée pour ainſi dire de vapeurs, cette eſpece d'oſcillation n'étoit preſque pas ſenſible.

J'ai verſé un peu de cet acide obtenu ſur des échantillons de fer-blanc de toute eſpece ; aucun n'a réſiſté, ils ont tous été corrodés ; il n'y a eu que les morceaux plongés dans l'acide qui ayent été plus long-temps ſans être altérés ; mais le plus long-temps n'a pas été d'une heure. J'ai fait chauffer ſucceſſivement le même morceau de fer-blanc ſur des charbons, ſans le faire même rougir ; dès le troiſieme chauffage, tout l'étain étoit écoulé, & au ſixieme la tôle s'effeuilloit.

De tout ce qui précede, il s'enſuit que les uſtenſiles de fer-blanc ſont incompatibles avec la manipulation de M. Dozie ; que ceux de terre quand ils ſervent de récipient, abſorbent trop d'acide pour être préférés ; que la filaſſe eſt eſſentielle dans l'opération, en ce que brûlant ſucceſſivement, elle ne procure pas la liquéfaction totale du foufre , liquéfaction qui en combinant le mélange en empêche le développement fucceffif, en ce que le peu de charbon fcintillant qu'elle fournit, fuffit pour faire fufer le peu de nitre qu'il avoifine ; que la chaleur procurée aux cuillers , eft non-feulement inutile , mais même dangereufe au fuccès de l'opération ; que par conféquent on peut laiffer de côté la correction que l'Auteur de la Chimie en queftion annonce dans fon Ouvrage , & qu'on retrouve dans le Dictionnaire des Arts & Métiers; & que la manipulation indiquée par M. Dozie eft la feule bonne , parce que l'expérience la confirme dans tous fes points , & que dans tout fon Ouvrage M. Dozie s'énonce avec la clarté , la candeur , la droiture qui conviennent à tout Ecrivain qui veut inftruire & être compris.

On m'a appris que les Anglois, pour abréger la concentration de leur acide , faifoient cette concentration dans des terrines de grès placées dans un vafte bain de fable , & fous une grande cheminée ; comme la chofe ne porte avec elle que l'inconvénient de répandre au loin des vapeurs fuffocantes , je ne la crois pas impoffible. Je l'ai exécutée en petit , & j'ai remarqué que la concentration devient difficile vers la fin ; que les vapeurs font très-incommodes, & fulphureufes pendant tout le temps de l'opération , & que l'acide qu'on en obtient n'eft jamais blanc; d'ailleurs on peut voir ici & dans le corps de l'Ouvrage combien il eft à craindre que les vafes de terre n'alterent l'acide vitriolique.

CONCLUSION.

Lorsqu'on réfléchit fur les révolutions qu'ont éprouvé la plupart des Fabriques dont il eft parlé dans cet Ouvrage , on fe demande naturellement : Pourquoi Venife a perdu prefqu'entiérement fes Fabriques anciennes ? Pourquoi les Fabriques Angloifes fe foutiennent avec plus de fuccès qu'en France ? Pourquoi , malgré la rivalité , celles de Hollande , bien loin de fe détruire , fe perfectionnent journellement ? Et enfin quels obftacles s'oppofent à l'établiffement de nouvelles Fabriques en France ?

Venife , poftée avantageufement avant la découverte du Cap de Bonne-Efpérance & de la nouvelle route qui mene aux Indes , étoit le feul Port où abordaffent les productions étrangeres de tout genre. Venife étoit riche , & fes Fabriques employées feules fe foutenoient par l'activité qu'animoit l'efpoir de vendre ce qu'elles produifoient. Les Portugais , qui ne firent, pour ainfi dire , que montrer la route du Commerce aux autres Nations de l'Europe , les Portugais , plus belliqueux que commerçants , plus avides de découvertes qu'intelligents à trafiquer , porterent atteinte au Commerce des Vénitiens , & ne profiterent pas de leur avantage. L'Angleterre a feule profité de leurs découvertes , au point que toute induftrie dans cette Nation eft endormie ; je dis endormie , parce qu'aux atteintes meurtrieres d'un fommeil léthargique fuccédera fans doute, fous le Souverain qui la gouverne, une activité, une induftrie d'autant plus vives, que la Nation eft naturellement faite pour les grandes chofes. L'Anglois donc, fûr d'être le fourniffeur général de tous les befoins d'une autre Nation, l'Anglois a établi fes Fabriques avec la certitude de confommer leurs productions, & ce motif eft le feul aiguillon qui l'excite à continuer de les faire valoir. Le Vénitien, de fon côté, voyant fon Commerce diminué, partagé, prefqu'anéanti, a voulu jouir de fa fortune acquife; il a fallu fe procurer des dignités; la Magiftrature a pris la place du Commerce, & l'on a joui du fruit fans plus fonger à cultiver l'arbre.

La richeffe eft la premiere récompenfe du Commerce; l'augmenter eft fa jouiffance. Dans un pays où le Commerce donne la premiere confidération, où les découvertes des peres ne font pas perdues pour les enfants, parce que c'eft pour ceux-ci un honneur, le premier de tous, de fuccéder à leurs peres; eft-il furprenant que les Manufactures s'y établiffent, y fleuriffent, s'y perfectionnent journellement; jufqu'aujourd'hui voilà les Hollandois: aucune dignité, aucune charge publique n'eft incompatible avec le négoce; celui-ci ajoute pour ainfi dire un luftre aux autres honneurs. Point d'inconftançe, d'ailleurs: le Marin voit fes enfants profpérer dans la Marine, les enfants du Banquier font la banque; c'eft de temps immémorial une feule & même famille qui rafine le Borax, une autre qui traite le Sublimé, & ainfi de fuite.

Dans d'autres pays on fait par goût ce qu'à Venife on a fait par néceffité; les enfants de Fabriquant enrichi courent au-devant des moyens de s'illuftrer; le métier du pere fait rougir le fils; envain celui-ci a-t-il dans les commencements luté contre la fortune, les mauvais fuccès & les pertes; envain a-t-il contraint le fort à lui être favorable, & les richeffes à venir le récompenfer; fes découvertes, fon établiffement pafferont en d'autres mains. Un Ouvrier, va fuccéder à fon Maître, & le fils brillera dans un rang fupérieur, fi c'eft briller que quitter la voie de fes peres.

Pourquoi au milieu de la France les Fabriques de Vanrobais & de Paignon fe foutiennent-elles dans leur premiere vigueur? Ces dignes Citoyens font Fabriquants de Draps de pere en fils; & toute la famille bornant à ces Fabriques fon ambition & fon bonheur, fe perpétue & multiplie en jouiffant d'une profpérité que rien n'a encore altérée. Citoyens riches & utiles, ils font demeurés dans l'état fimple, mais honnête dont font fortis tant d'autres fils de Fabriquants qui ont confommé la fortune de leurs peres, deshonoré le rang qu'ils ont voulu occuper, & qui fouvent font retombés au-deffous de leur origine.

Mais fi les principes Hollandois font incompatibles avec le génie des habitants de quelques contrées, ces derniers ont la reffource des compagnies, des conceffions, des affociations: en deux mots, en voici l'hiftoire. Un homme hardi, plus éloquent qu'Artifte, propofe un établiffement avec cet enthoufiafme qui gagne les efprits, avec cette affurance de fuccès qui détermine à

le

le partager, tandis qu'elle devroit produire l'effet contraire. On l'écoute, &
voilà les premiers fonds assurés. Au lieu d'employer modestement & avec
économie les premiers deniers pour fabriquer les choses projetées, on ne
fait qu'imaginer pour faire des dépenses ; bâtiments superflus, essais infructueux
& toujours volumineux, faste déplacé ; on a bientôt épuisé les premieres
avances ; on en demande de nouvelles ; elles sont données avec peine ; le découragement gagne les intéressés ; ils cherchent ou à retirer leur mise, ou à la cé-
der à perte, & l'entreprise est décriée avant même d'avoir été en état de
montrer de ses productions.

J'ai cependant essayé dans cet Ouvrage de faire sentir à mes Concitoyens
combien il seroit avantageux que les Fabriques Etrangeres dont j'y traite, s'é-
tablissent en France. Le produit de la plupart d'entre elles est acheté beaucoup
plus qu'il ne reviendroit dans une Fabrique Françoise ; quelques-unes sont
soupçonnées de n'être pas fideles. Qui que vous soyez que prendra le désir
d'essayer de pareils établissements, daignez écouter ce qui suit, & vous pouvez espérer de ne pas courir le risque de vous voir ruiné.

Plus celui qui propose un projet paroît enthousiaste, plus il faut s'en dé-
fier ; & pour le juger, il faut le faire converser avec les hommes les plus ex-
perts dans la partie qu'il veut établir ; en prenant garde toutefois que ces derniers n'ayent des motifs particuliers d'être trop indulgents.

J'ai vu plusieurs de ces grands projets, qui se donnoient pour les meilleurs
Chimistes, & qui ne savoient pas distinguer l'acide du vitriol de celui du
nitre.

Quelques essais qu'on vous propose, ne souffrez jamais, quoi qu'on en dise,
qu'ils se fassent en trop grande dose ; on sait bien qu'il y aura des différences
dans le travail en grand ; mais des essais dispendieux sont presque toujours en
pure perte, même en réussissant ; & avec les frais d'un seul essai en grand,
vous pouvez souvent en faire six en dose suffisante, avec lesquels vous consta-
terez leurs succès, vous les améliorerez s'il est possible, & le tout sans faire
plus de dépense.

Entre tous les moyens qui se présenteront pour l'établissement d'une Fabrique, choisissez les plus simples ; jugez par les Procédés de l'Antimoine, du
Cinabre, &c, si la simplicité & l'économie ne sont pas les premiers soutiens
d'une entreprise.

Rejettez toute espece de projet qui, sous prétexte de commodité, ne vise
qu'à l'embellissement. On n'a pas besoin de Palais pour travailler ; & un Entrepreneur n'est pas assez souvent hors de ses Atteliers, pour avoir besoin de
grands appartements & de meubles magnifiques : attendez le succès, & vous
trancherez du Vénitien si bon vous semble.

Ne permettez jamais qu'on prépare plus de marchandise que vous n'avez

DISTILLATEUR, &c.   **Y y**

de fonds : quand le premier fruit de votre entreprise sera vendu, augmentez votre second travail par le produit du premier ; par ce moyen, qui est lent, vos fonds ne rentrent pas encore, il est vrai ; mais sans débourser rien, votre Fabrique s'augmente, & prend consistance.

Enfin gardez-vous de donner à ceux que vous chargerez de perfectionner votre Fabrique des récompenses précoces ; promettez, tenez vos promesses ; si vous payez d'avance, votre besogne se ralentira. J'ai connu un prétendu habile homme qui, pendant six ans, a soutiré une rente considérable d'une Compagnie, qui a fini par le prier de se retirer : il n'avoit rien fait ; si on lui eût promis de ne payer sa rente qu'après ses succès, & fondée sur la vente, il auroit été plus vîte, en supposant toutefois qu'il en eût été capable.

Je me suis permis ces réflexions à la fin d'un Ouvrage où sont décrits les différents procédés exécutés dans des Fabriques connues, parce que je crois qu'il ne suffit pas d'indiquer comment on doit travailler dans une Fabrique, il faut encore apprendre comment on peut se hazarder à l'établir sans risque.

Fin de la troisieme & derniere Partie.

EXPLICATION DES PLANCHES.

Comme je me fuis difpenfé de renvoyer aux Planches dans le texte, j'ai eu foin de marquer ici à quelles pages de ce texte on pourra trouver la defcription des chofes figurées dans les Planches dont je donne l'explication.

PLANCHE PREMIERE.

Elle repréfente un Laboratoire garni de fix Galeres, dont deux font actuellement en travail : le deffein a été fait fur le Laboratoire de M. Charlard, *pages* 3--8.

A, vue du Laboratoire, en fuppofant qu'on foit placé fur le feuil de la porte.

B, charpente formant le toît du Laboratoire. Elle eft recouverte en tuiles, dont quatre douzaines de l'efpece de celles qu'on nomme *faîtieres* font quelquefois diftribuées aux deux extrémités du toît, *page* 3.

C, fenêtres très-larges ordinairement fans vitraux ; elles éclairent le laboratoire, & donnent iffue à la fumée, *ibid.*

D, *D*, *D*, Galeres de relais, ou qui ne travaillent pas. La *Galere* eft le nom du fourneau propre à la diftillation des Eaux-fortes, *ibid.*

E, Galere que l'on prépare pour travailler le lendemain ; elle eft garnie de fes *Cuines* ou *Bêtes*, noms que portent les vaiffeaux de terre qui contiennent les matieres qu'on doit diftiller, *page* 6.

F, Galere travaillante : le dôme cache les cuines, on ne voit que les *Pots*, vafes deftinés à recevoir le fluide qui diftille, *page* 7.

G, Ouvrier occupé autour de la Galere qui travaille ; il répare les fentes du dôme, &c. *pages* 14 *& fuiv.*

H, feconde Galere qui finit de travailler ; on n'y touche plus.

I, *I*, cheminées poftiches ménagées fur le dôme pour donner iffue à la flamme, *page* 15.

K, *K*, *K*, *K*, *K*, contre-cœurs ou contre-murs des Galeres, adoffés contre les murs latéraux du laboratoire, *page* 5. On a oublié dans le texte de dire que ces contre-cœurs s'élevent de trois à quatre pieds en forme de pyramide tronquée, au-deffus de la Galere.

L, *L*, manteaux de cheminée avec leurs tuyaux, que quelques Artiftes conftruifent au-deffus de leurs Galeres, *page* 3.

M, *M*, deux auges creufes, dont l'une reçoit les teffons des cuines caffées, & l'autre l'argile du dôme lorfqu'on le défait.

N, lampe de cuivre à deux mêches fufpendue au milieu du laboratoire, pour éclairer l'Ouvrier lorfqu'il commence fon travail avant le jour, ou qu'il ne le finit qu'à nuit clofe, *ibid.*

O, tas de bois tout fendu & féché, pour le fervice des Galeres allumées, *pages* 12, 15 *& fuiv.*

P, rable de fer pour attifer le bois dans la Galere, *pag.* 6.

PLANCHE II.

O N y a repréfenté la Galere fous différentes coupes, avec les vafes & uf-tenfiles qui lui appartiennent effentiellement.

Nota. Dans cette Planche & les fuivantes, on n'a deffiné qu'une partie de la Galere prife dans fa longueur.

FIGURE I. *Coupe tranfverfale d'une Galere.*

A, maffif établi en moëlons fur le fol, & terminé par un lit de briques pofées debout, *page* 6.

B, *B*, premiere portion des murs latéraux conftruits en briques; ils font élevés jufqu'à la hauteur où pofent les cuines, *ibid.*

C, *C*, feconde portion des mêmes murs, diminuée d'épaiffeur, *page* 7.

D, *D*, on a coupé deux cuines repréfentées avec la matiere à diftiller.

E, *E*, pareille coupe de deux pots contenant le fluide diftillé, *page* 15.

F I G. 2. *Tête de la Galere.*

A, maffif vu en plein.

B, porte de tôle, avec fon cadre, fes gonds & fon loquet, *page* 5.

C, mur de face bâti en plein, *ibid.*

D, tête du dôme qui recouvre les cuines, *page* 15.

E, vue des deux premiers pots, comme on les voit lorfque la Galere eft garnie, *ibid. & fuiv.*

F I G. 3. *Galere chargée de fes cuines, pages* 14, *& fuiv.*

A, murs latéraux, dans leurs épaiffeurs. *B*, contre-mur de la Galere, oppofé à fa tête.

C, foyer ou efpace qui reçoit le bois lorfqu'on chauffe la Galere.

D, chaffis de fer fondu & mobile, fur lequel pofent les cuines : *voyez fig.* 6.

E, cuines en place, & prêtes à être recouvertes par le dôme.

F I G. 4. *Commencement de la conftruction du Dôme.*

A, murs latéraux de la Galere ; *B*, fon contre-mur ; *C*, fol ou foyer.

D, chaffis de fer qui foutiennent les cuines *E*.

F, *F*, teffons placés fur & entre les cuines, pour donner appui à la terre détrempée qui doit les recouvrir, *page* 15.

G, *G*, *G*, *G*, quatre tuiles quarrées placées fur les dernieres cuines, de maniere à ne fe toucher chacune que par deux de leurs angles, d'où réfulte le trou quarré *H*, qui fert de cheminée poftiche.

F I G.

F I G. 5. Chevrette de fer qui se pose sur le devant du sol, pour soutenir en l'air les morceaux de bois qu'on introduit dans le foyer ; elle est compo-sée d'une forte tige *A*, soutenue sur deux pieds *B*, *B*, *pages 6 & 16.*

F I G. 6. *A*, anciens chassis de fer fondu composés de deux barres qui ont en longueur le diametre intérieur de la Galere, d'un mur latéral à l'autre, & d'une traverse qui les tient unies dans le milieu de leur longueur, *page 6.*

B, les mêmes plus modernes, & plus solides en ce qu'ils ont trois traver-ses, une au milieu & une à chaque extrémité.

F I G. 7. Cuine ou Bête, en grès de Savigny. On y remarque son corps *A*, & son collet *B*.

F I G. 8. Goulot de pareil grès, ou espece d'entonnoir qui sert à réunir les cols des cuines avec le trou des pots ; il est composé de deux parties distinctes, une large & évasée formant le godet *A*, & une plus étroite en forme de tuyau *B*, *page 15.*

F I G. 9. Pot ou Récipient : il différe des cuines en ce qu'il a son corps *A* plus étroit, & qu'il a un trou *B*, au lieu de collet.

P L A N C H E I I I.

E L L E acheve de démontrer la construction du dôme, commencée à la *Pl.* II, *Fig.* 4.

F I G. 1. *Galere avec son dôme, les Cuines & les goulots.*
A, murs latéraux. *B*, dôme reparé avec de la terre à four qui a déja servi.
C, cheminée postiche. *D*, collet des Cuines à fleur du dôme. *E*, goulots enfoncés dans la terre molle du dôme pour embrasser les collets des Cuines *F*, posées sur le chassis *G*, *page 15.*

F I G. 2. *Galere toute garnie.*
A, murs latéraux. *B*, dôme. *C*, pots ou récipients placés de maniere que le bout étroit des goulots entre dans les trous de ces pots, *ibid.*

D, les mêmes pots revêtus d'argille nouvelle, pour être bien lutés. *E*, trou quarré ou cheminée postiche. *F*, cuines posées sur le chassis *G*.

F I G. 3. *La batte du Distillateur*, page 8.
A, est le bout équarri de la batte ou tige de fer. *B*, est le bout finissant en pied de biche.

F I G. 4. Mesure de tôle ou de bois garnie en tôle, qui sert à charger éga-lement les cuines, *page 14.*

DISTILLATEUR, *&c.* Z z

F I G. 5. Entonnoir de fer-blanc pour charger les cuines. *A* , eſt ſon ventre ; *B* , ſon goulot ; & on voit ſa coupe en *C* , *page* 14.

F I G. 6. *Méthode pour emplir* ou *charger les Cuines.*

A , Cuines panchées pour tenir leur collet droit , afin de recevoir l'entonnoir *B* , dans lequel on verſe la meſure du mélange *C* , qui eſt contenu dans le baquet *D*.

PLANCHE IV.

U S T E N S I L E S & premiere main-d'œuvre du Diſtillateur d'Eaux-fortes , *page* 14 , *& ſuiv.*

La Vignette repréſente comment ſe fait le premier mélange.

A , Ouvrier qui écraſe avec la batte *B* les mottes d'argille *C* , après les avoir dépiécées avec la pioche *D* , & ſéchées dans la Galere (*voyez page* 9) , pour les réduire en poudre groſſiere *E*.

F , autre Ouvrier qui paſſe au crible d'oſier *G* , le mélange d'argille & ſalpêtre *H* , pour en former un tas *I* , *I* , qu'il acheve de mêler avec la pelle *K.*

L , Tonneau défoncé & mis debout ſur un banc pour leſſiver le ciment , *page* 102.

M , Baquet qui reçoit la leſſive coulante du tonneau défoncé.

F I G. 1 & 2. Rables pour attiſer le feu , enlever la braiſe & les cendres , *page* 16 *& ſuiv.*

A , tige de fer ; *B* , ſon crochet fait en demi-cercle applati ; le tout emmanché dans un manche de bois *D*.

E , *F* , autre Rable fait comme le rateau du Jardinier ; on a ſupprimé ici le manche de bois.

F I G. 3. Pelle à braiſe en tôle ; *A* , eſt ſon corps large & à rebords qui vont en adouciſſant juſque vers la partie tranchante ; *B* , eſt la douille qui reçoit le manche de bois *C* , *page* 17.

F I G. 4. Pelle à ciment ; elle eſt toute en bois, large , & un peu creuſe en *A* , arrondie en *B* qui eſt ſon manche , *page* 15 ; elle ſert à remuer le mélange d'argille & ſalpêtre.

F I G. 5. Batte à ciment , qui ſert à écraſer l'argille ſéchée , *ibid. A* eſt une piece de bois ronde , cerclée en fer, garnie ſur une de ſes faces de têtes de clous. *B* , qui eſt ſon manche eſt placé ſur le côté d'une des faces , enſorte que lorſque la face chargée de clous eſt d'à-plomb , le manche fait un angle preſque aigu avec le ſol.

F IG. 6. Marmite de fer de fonte pour leſſiver les leſſives , *page* 109 , & ailleurs.

A, eſt le corps de la marmite; *B*, *B*, en ſont les oreilles, auxquelles eſt attachée l'anſe *C*.

F I G. 7. Tamis de crin pour piler le ſalpêtre, *page 15. A*, eſt la toile en crin. *B*, eſt la carcaſſe en bois ou monture du tamis.

F I G. 8. Crible d'oſier, *ibid. A*, en eſt le tour. *B*, les poignées. *C*, le fond à claire-voie; on y paſſe l'argille & le mélange de la même argille avec le ſalpêtre.

F I G. 9. Panier d'oſier quarré, long & étroit, qui ſert à tranſporter le ciment & l'argille; il eſt étroit pour paſſer plus commodément entre deux Galeres. *A*, eſt ſon corps. *B*, ſes poignées; il eſt à mailles ſerrées dans ſa totalité.

F I G. 10. Etouffoir à braiſe, *page 17.* C'eſt un cylindre de tôle *A*, que ſon couvercle. *B*, ferme exactement.

P L A N C H E V.

On a réuni dans cette Planche, deux appareils particuliers pour diſtiller l'Eau-forte, & ceux qui ſont d'uſage pour la diſtillation du vinaigre, de l'eſprit-de-ſel & de l'huile de vitriol par le ſoufre, *pages 27 - 41.*

F I G. 1. *Appareil uſité à Roubais pour l'Eau-forte*, pag. 27.
A, vaſte cheminée ſous laquelle on conſtruit les fourneaux.

B, vue d'un fourneau entier. *C*, le même fourneau juſqu'à la hauteur du foyer. *D*, le même coupé à la hauteur du cendrier.

E, eſt le cercle de fer deſtiné à porter les cucurbites de fer.

F, barres quarrées de fer faiſant fonction de grille, & ſéparant le cendrier *G*, *G*, *G*, du foyer *H*, *H*, *H*.

I, Cucurbites de fer qu'on nomme auſſi *Potins*, poſées à demeure dans la bâtiſſe du fourneau, juſqu'au tiers de leur hauteur, formant la partie étranglée *L*, *L*, *L*, *L*, ou collet de la Cucurbite. *K*, *K*, *K*, *K*, chapiteaux de terre cuite, qui ſe placent ſur les Cucurbites; ils ont deux becs pour recevoir cha-cun deux matras *M*, *M*, *M*, *M*. Chaque fourneau a ſa cheminée particu-liere *N*, *N*, *N*, *N*. Ces fourneaux s'échauffent avec de la tourbe; & peu-vent ſervir pour comprendre la conſtruction des fourneaux dont il eſt parlé dans la quatrieme Section de la troiſieme Partie, *page 148 & ſuiv.*

F I G. 2. *Appareil de Kunckel*, page 43 & ſuiv.
A, fourneau à bain de ſable *B*, avec ſa cucurbite de verre *C*, & ſon chapiteau *D*. Le bec *E* du chapiteau communique par une tubulure à la cornue *F*, laquelle eſt ſoutenue ſur un eſcabelle *G*.

Le col *H*, de cette cornue entre dans le col très-long du matras *I*.

F I G. 3. *Esquiſſe du travail pour l'eau de départ* , page 25.

A , Fourneau de maçonnerie ayant un bain *B*, plein de fable *D* , dans lequel eſt enſablée une cucurbite *C* , qui contient l'Eau-forte de départ. On l'y fait évaporer juſqu'à ce qu'elle donne des vapeurs rouges ; alors on met les chapiteaux pour recevoir ce qui diſtillera.

F I G. 4. *Cette figure & les ſuivantes juſqu'à la ſeptieme , montrent l'appareil pour diſtiller l'Eſprit de ſel ou celui de nitre fumants* , pages 20 & 31.

A , dôme de terre cuite avec ſa cheminée *B* , & ſon échancrure demi-circulaire latérale *C*.

F I G. 5. Laboratoire portatif en terre cuite , connu par les Chimiſtes ſous le nom latin d'*Ergaſtulum* ; il ſert à recevoir une cornue de grès qui entre dans ſa capacité ſans la remplir exactement , & qui repoſe ſur deux barres tranſverſales poſées entre le foyer & cette piece amovible ; on en voit l'épaiſſeur en *B* , & elle a une échancrure demi-circulaire *C* , qui dans l'appareil correſpond à celle du dôme , & fait avec elle un trou rond par lequel paſſe le col de la cornue.

F I G. 6. Cornue de grès *A* , dont le col *C* , eſt recourbé en *B*.

F I G. 7. *A* , ballon ou récipient de verre deſtiné à recevoir les vapeurs très-élaſtiques qui s'échapperont de la cornue ; c'eſt pour cela qu'ils ſont toujours d'un grand volume ; ſon col très-court commence en *B* , & eſt ouvert en *C*: on poſe ordinairement ces vaiſſeaux & leurs pareils ſur des ronds de paille *D* , qu'on nomme *valets*.

F I G. 8 & 9. *Appareil pour diſtiller le Vinaigre* , page 35 & ſuiv.

A , Cucurbite de cuivre étamé. Son orifice *B* eſt très-large , & on ménage ſa tubulure pour reverſer de nouvelle liqueur dans la Cucurbite.

On voit dans la figure 9 , la même Cucurbite *A* , ſurmontée de ſon chapiteau de verre *B*.

F I G. 10 , & ſuivantes. *Appareil pour brûler le Soufre à deſſein d'en obtenir l'acide* ou *huile de vitriol* , pages 37 -- 41.

A , eſt un ballon de verre de la plus grande capacité ; on en a vu qui tenoient près d'un muid ; il a un col *B* très-court & d'un large diametre ; on voit hors de ce col le manche extérieur *C* de la cuiller de terre *D* , dont le ſurplus eſt pointé & tel qu'il ſe trouve dans le ballon durant l'opération.

E , eſt une forte eſcabelle de bois, dont la planche ſupérieure *F* eſt échancrée en talus dans ſon centre pour recevoir une partie du ballon ; elle tient au reſte de l'eſcabelle, par un de ſes côtés ſeulement, par les couplets *G*,*G*, ce qui permet de ſoulever cette planche , & par conſéquent de vuider le ballon qui y eſt aſſujetti, ſans crainte de caſſer ce dernier, que ſon volume rendroit incommode à toucher ſans cette précaution.   *H,*

H, eft une planche pofée fur les traverfes inférieures de l'efcabelle , & elle eft deftinée à porter le petit fourneau *I*.

F I G. 11. *Vue du même appareil en face.*

A, eft le vafte ballon de verre , & fon col *B*. *C*, indique l'eau qu'on a befoin de mettre dans ce ballon pofé fur l'échancrure *D D*.

E , eft la planche inférieure fur laquelle pofe le petit fourneau *E*, repréfenté en coupe afin de voir fon cendrier *F* , & le foyer *G* , chargé de charbon allumé *I*, & de fon bain de fable *K*, dont l'ufage eft de recevoir la portion du ballon qui paffe par l'échancrure , & de chauffer l'eau qu'elle contient.

F I G. 12. *Développement de la cuiller de terre.*

A, portion creufe ou cuiller proprement dite qui reçoit le mélange de nitre , foufre & étoupes , qu'on doit allumer avant de placer la cuiller dans le ballon , comme on le voit en *D*, *fig.* 10.

B, manche de la cuiller ; fa longueur doit être telle que le creux de la cuiller fe trouve au centre du ballon lorfqu'elle eft en place.

C, bouchon de terre cuite tenant au manche , & qui doit boucher exactement le col du ballon quand la cuiller eft introduite ; pour rendre cette clôture plus exacte , on y ménage en *D* , un rebord plus large. *E*, eft la poignée ou partie du manche de la cuiller qui doit toujours être hors du ballon.

PLANCHE VI.

L E Laboratoire expofé dans cette planche , eft propre à la diftillation des Efprits ardents ; & pour éviter les répétitions , on y a joint beaucoup des chofes néceffaires pour les travaux décrits dans la feconde & la troifieme Partie de cet Ouvrage.

F I G. 1. *Laboratoire garni de toutes fes pieces ; le deffein , quoique corrigé , eft pris fur le Laboratoire de M. Charlard , pages* 47 -- 61.

A , *B*, fourneaux à alambic , avec les portes *a* , *a* , des foyers , & *b* , *b* , des cendriers.

C, *C*, alambics dont on trouvera le développement dans la Planche fuivante ; ils font ici tout montés & mis en appareil de diftillation. Leurs becs *E*, *E*, font abouchés aux tuyaux du ferpentin *D* , monté fur une efcabelle de bois *b* ; on voit en *a* , *a* , les deux bouteilles de verre qui fervent de récipient. *F*, eft un tuyau qui amene d'un réfervoir l'eau qui fert à rafraîchir les alambics , à l'aide des deux robinets *c* , *c* , qui font au-deffus de chaque alambic , *page* 61 & *fuiv.*

G, fourneau à bain de fable , avec fon foyer & cendrier *a* , *b* , fon bain de fable *H* , & fa cheminée *I* , *page* 51.

DISTILLATEUR , *&c.* A a a

K, fourneau à marmite demeurante ; il n'a point de cendrier, mais feulement un foyer *a*. *L*, repréfente la marmite encadrée ; c'eft la même que celle repréfentée *Pl.* IV. *Fig.* 6. Il a fa cheminée *I*, commune avec celle du fourneau précédent.

M, fourneau à baffine, *page* 53. L'efpace *N*, eft vuide pour recevoir les baffines, marmites & autres vafes qu'on veut y placer ; il a un foyer *a*, & un cendrier *b* ; on pofe fur ce fourneau le cercle *X*, garni de trois oreillons *a*, *b*, *c*, ou le triangle *Y*, fur lefquels s'appuie entr'autres la baffine de cuivre *Z*, qu'on déplace en la faififfant par fes deux poignées *a*, *a*, & qu'on pofe fur le rondeau *b*, quand on l'enleve du feu. On a placé ces trois pieces, le cercle, le triangle & la baffine au bas des fourneaux, comme fi elles étoient prêtes à y fervir.

O, fourneau de fufion avec fon dôme garni d'une large porte *P*, & fon vafte cendrier marqué *a*, *page* 54.

Q, fourneau de forge, *ibid.* *R*, eft la voûte de deffous, qui fert à contenir la provifion de charbon pour l'ufage de la forge. *S*, fer à cheval qui forme la cafe du fourneau de forge ; cette piece mobile eft tantôt faite en terre cuite & tantôt en fer ; on en voit deux de relais au bas du fourneau en *U* & *V*.

T, eft le contre-cœur de la forge, derriere lequel eft la tuyere du foufflet *O O* ; cette tuyere aboutit par un coude & une efpece d'ajutage au-devant de ce contre-cœur. Le foufflet eft attaché en *h*, par la chaîne *a*, à la bafcule *b*, foutenue en *c* ; cette bafcule, à fon autre extrêmité, a une chaîne & une poignée *e*, qui defcend jufqu'à la portée de l'Artifte. Il eft mobile & libre par fa partie fupérieure *f*, qu'on charge de poids à volonté, & eft affujetti en *g*, par une barre de fer *d*, qui eft attachée au plancher, *page* 56, *& fuiv.*

A A, eft un eftagnon ou vaiffeau de cuivre qui fert à tranfporter plufieurs marchandifes fluides, que préparent les Provençaux, *pages* 82 & 85.

B B, manteau de la cheminée du Laboratoire, fur lequel on place différents vaiffeaux chimiques de verre, & notamment les fuivants, dont l'ufage eft décrit d'une maniere éparfe dans le corps de l'Ouvrage, fur-tout dans la feconde Partie.

C C, ballon à deux becs *a* & *b* ; il fert d'allonge, c'eft-à-dire, à éloigner du vafe diftillant le vafe récipient, dans tous les cas où les liqueurs font très-volatiles, & leurs vapeurs très-dilatables.

D, *D*, deux matras fimples propres pour les teintures, &c. *E E*, ballon à deux becs *b* & *c*, & une tubulure *a*, ménagée vers le milieu de fa capacité ; cette tubulure tournée en bas dans un appareil, donne iffue à une portion du produit de la diftillation ; tournée en haut elle donne iffue à l'air ou aux vapeurs trop abondantes.

F F, bouteille de cinq à fix pintes fervant de récipient, ou à conferver les produits de certaines diftillations.

G G, *K K*, matras à long col. *H H*, ballon pouvant fervir aux fublimations du camphre & du fel ammoniac ; il eft très-renflé en *b* , & a fon col *a* , très-long.

I I, ballon à un bec *b* , & une tubulure *a* : *voyez* l'explication du bal-lon *E E.*

L L, cornue de verre ; *b* indique l'endroit de fa courbure , & *a* fon col ou bec.

M M, ballon fimple ; *a* , eft fa voûte ; *b* , fon col très-court & large , ce qui le diftingue du matras qui a le col long & étroit.

N N, entonnoir de verre ; *a* eft le cône ; *b* eft la tige ou queue de l'en-tonnoir.

F I G. 2. *Coupe perpendiculaire des fourneaux décrits dans la Fig.* 1.

Coupe des deux fourneaux à alambics. *A* , lieu où plonge la cuve de l'a-lambic. *B* , foyer. *C* , foupirail ou ouverture inférieure de la cheminée. *D* , grille. *E* , cendrier. *F* , cheminée. *G* , mur commun. *H* , mur qui fépare les deux fourneaux ; il eft arrondi en creux dans fa partie antérieure *I*.

Coupe du bain de fable en tôle *K* , vue du foupirail *L* , du foyer *M*, de la grille *N* , du cendrier *O* , & de la cheminée *P*.

Coupe du fourneau à marmite. *Q* , place de la marmite ; *R* , barres qui la foutiennent ; *S* , foupirail latéral ; *T* , foyer ; *U* , porte du foyer ; *V* , cheminée.

Coupe du fourneau à baffine : *X* , eft le foyer ; *Y* , la grille ; *Z* , la porte du foyer.

Coupe du fourneau de fufion. *A a*, foyer à demeure ; *B b* , grille ; *C c* , cen-drier ; *D d* , fa porte ; *E e* , coupe du dôme ; *F f* , cheminée de ce dôme.

Coupe du fourneau de forge. *G g* , fol du fourneau. *H h* , capfe ou creux formant la cafe ; *I i* , contre-cœur de la forge ; *K k* , voûte fous la forge ; *L l*, tuyere du foufflet.

Nota. On n'a pas renvoyé aux pages de l'Ouvrage pour cette feconde figu-re , parce que chaque coupe a rapport avec le fourneau plein décrit dans la premiere figure , où on a indiqué ces mêmes pages.

PLANCHE VII.

E L L E tient le développement de l'Alambic , & quelques autres uftenfiles propres à la diftillation des fluides , *pages 57 -- 61.*

F I G. 1. *Coupe d'un Chapiteau & de fon réfrigérant* , page 57.

A , eft un cône d'étain évafé appellé *Chapiteau* , & dont la bafe *B* doit emboîter de deux pouces dans la cucurbite d'étain ou dans la chaudiere étamée des figures 3 & 4. *C*, eft le bec d'étain placé à la bafe du cône , à l'endroit où cette bafe forme une gouttiere avant de prendre la forme marquée en *B*.

E , eft un feau de cuivre foudé par fa bafe au cône ou chapiteau , & qui l'entoure exactement ; on le nomme *Réfrigérant* ; il a un robinet D, qui sert à changer l'eau lorsqu'elle est trop chaude, & on y a figuré vers le haut un dégorre *F*, ou petit tuyau ouvert qui sert à la même fin dans les cas où on peut faire tomber continuellement un filet d'eau froide dans le réfrigérant, *page 59.*

F I G. 2. *Coupe du Chapiteau réformé*, page 58.

A, est le cône ou chapiteau d'étain ; on a marqué en *B* la gouttiere ménagée à sa base, & en *C* son bec pareillement d'étain. *D*, est la base dont une partie se doit emboîter dans les autres pieces de l'alambic *F*. *G*, est le tuyau d'étain qui traverse le cône par sa pointe ; il est ouvert des deux bouts, dont un est à fleur du réfrigérant *E*, & l'autre à fleur de la gouttiere *B* ; & c'est ce tuyau qui établit l'espece de réforme annoncée dans la figure. *H* est le robinet du réfrigérant.

F I G. 3. *Coupe de la Cucurbite d'étain*, page 58.

D, est la Cucurbite d'étain avec un collet *E*, qui a le double d'épaisseur que le reste de la piece, pour poser sur le rebord de la piece de la figure suivante. Comme cette Cucurbite peut servir à autre chose qu'à distiller, & que souvent avant de distiller on fait macérer les substances, on y fait toujours faire un couvercle d'étain *B*, & sa poignée *C*, qui ferme bien exactement la Cucurbite en *A*.

F I G. 4. *Coupe de la Chaudiere de cuivre*, page 57.

A, Chaudiere de cuivre étamé. *B*, son collet fait ordinairement en cuivre jaune, fini au tour pour être plus exactement clos par le chapiteau ou par la cucurbite ; elle va en s'élargissant en *C*, & on la garnit d'une tubulure *D*, & de deux poignées de cuivre *E*, *E*.

F I G. 5. *Coupe de l'Alambic tout monté*, page 61.

A, représente le réfrigérant de cuivre. *B*, le chapiteau d'étain. *C*, le robinet du réfrigérant. *D*, le collet du chapiteau. *E*, la cucurbite d'étain. *F*, la chaudiere de cuivre étamé. *G*, le bec du chapiteau. *H*, l'extrémité supérieure du serpentin d'étain *I*, placé dans son seau de cuivre *K*, monté sur l'escabelle de bois *M*, & à l'extrémité inférieure *L*, est adaptée une bouteille *N*, servant de récipient.

F I G. 6. *Serpentin double d'étain, vu hors du seau de cuivre*, page 60.

A, *B*, orifices supérieurs des deux tuyaux d'étain. *C*, *D*, orifices inférieurs des mêmes tuyaux dont on voit en *E* la marche en spirale.

F I G. 7. *Ancien Serpentin à colonne*, page 59.

A, alambic ; *B*, sa tubulure ; *C*, son réfrigérant ; *D*, chapiteau d'étain avec son bec *E* ; *F F F*, colonne d'étain de plusieurs pieds de haut, autour de laquelle serpente le tuyau *G G G*, qui d'une part est ouvert dans l'alambic

pour

pour recevoir les vapeurs, & de l'autre s'ouvre dans le chapiteau pour y porter ces mêmes vapeurs.

F I G. 8 & fuiv. *Pefe-liqueurs*, pages 94 & fuiv. *& d'abord celui de
Fahrenheit*, page 96.

A, corps du pefe-liqueurs; il eft léger, & très-volumineux. *B*, eft fon
left chargé pour l'ordinaire en mercure. *C*, eft un cul de balance, placé fur la
tige *D*, deftiné à recevoir ce qu'il faut de poids pour faire plonger jufqu'au
point *E*, marqué par une goutte de verre coloré, l'inftrument qui eft tout
de verre.

F I G. 9. *Eprouvette des Marchands*, page 95.

A, eft une bouteille de verre ronde, longue, dont le fond *C*, eft arrondi, &
le goulot *B* eft renverfé pour le boucher plus facilement avec le pouce.

F I G. 10. *Aréometre de Homberg*, page 96.

A, eft une petite phiole de verre, légere & faite ordinairement à la lampe
de l'Emailleur, qui a le foin d'en renfoncer la bafe pour y faire un pontis, afin
qu'elle fe tienne droite. Son col *B* a quelques lignes de diametre; mais fon
tuyau latéral *C* eft très-capillaire, ne monte pas auffi haut que le col, & fa
hauteur eft marquée fur ce col avec une goutte d'émail coloré.

F I G. 11. *page 95.*

Elle repréfente la taffe ou nacelle d'argent dont on fe fert pour éprouver
les Efprits avec la poudre à tirer.

F I G. 12. *Pefe-liqueurs ordinaire*, pages 97 & fuiv.

A, eft le corps du pefe-liqueurs. *B*, eft fon left. *C*, la tige inférieure qui
le tient éloigné de ce corps. *D*, tige fupérieure très-longue & creufe pour y
pouvoir inférer l'échelle particuliere à chaque pefe-liqueurs, qu'on trace fur
un papier fin & qu'on fait gliffer dans l'intérieur de cette tige.

On a une idée de ces échelles par les quatre qu'on a fait tracer en déve-
lopement autour de la figure.

L'échelle *E*, eft l'échelle de M. Azema, pour les Eaux-fortes: voyez *page
22*; chaque chiffre en indiquant les degrés de force de l'Eau-forte en indique le prix.

L'échelle *F* & l'échelle *G*, font les deux échelles que j'ai imaginées propres, l'une, c'eft *F*, à donner les différences entre le volume de fluide déplacé
& le pouce cube que le pefe-liqueurs déplaceroit s'il plongeoit entiérement;
l'autre, c'eft *G*, à indiquer par grains les différences entre le poids fpécifique
d'un pouce cube d'eau diftillée, & le même poids d'un pareil pouce du meilleur Efprit-de-vin, *pages 98 & 99.*

L'échelle *H*, eft la divifion du pefe-liqueurs adopté dans le pays de Coignac;
chacun de fes degrés eft divifé en deux, & leur indique la différence que

doit marquer la même Eau-de-vie dans les grands froids & dans la chaleur d'été, *page 98.*

F I G. 13. *Appareil Anglois, pour fabriquer l'Æther*, page 72 & fuiv.

A, eft une vafte cornue de verre ; on y a figuré une tubulure *B* , avec fon bouchon *C* , parce qu'on s'eft apperçu que cette forte de cornue tubulée manquoit dans la Planche 6 ; on n'a de même repréfenté qu'une cornue , quoique on fache par le texte , & le nombre de cornues qu'on fait travailler en même-temps , & l'efpece de fourneau qui convient à ce travail.

D , bec de la cornue entrant dans le col *E* , du ballon tubulé *F* ; fa tubulure *G* , plongée dans un vafte flacon *I* , fur l'extérieur duquel eft une bande de papier divifée de maniere à indiquer le produit par pintes. Ce flacon fe pofe ordinairement pour la diftillation de l'Æther , dans un feau , dont on voit la coupe *H*. On fent que dans ce cas la bande de papier peut fe détacher : aufli y a-t-il un moyen plus fûr de marquer les hauteurs qu'occupe chaque pinte ; c'eft de tracer l'échelle fur le verre même avec une pointe de diamant.

F I G. **14.** *Raffinerie Hollandoife du Camphre* , pages 78 -- 81.

A A, *A A*, Fourneaux vus en plein, & dont on voit la coupe intérieure en *B* , *B* , qui en montrent le foyer ; *C*, *C*, qui en marquent le cendrier : *D*, *D*, font des voûtes ménagées fous chaque fourneau ; elles ferventà ferrer le peu d'outils dont le Raffineur a befoin ; *E* , eft un bain de fable deftiné à recevoir un ballon , comme on le voit en *F F F* ; chaque fourneau a fon bain , & chaque bain un feul ballon ; *G*, *G* , font les tuyaux propres à chaque fourneau & dont plufieurs fe réuniffent en *H* ; *I*, *I*, *I*, font de petits thermometres placés vis-à-vis les fourneaux contre le mur du Laboratoire , pour indiquer le moment où il faut rafraîchir l'atmofphere en ouvrant les fenêtres *K*, *K*.

Nota. On n'a repréfenté qu'une portion du Laboratoire Hollandois , pour éviter la confufion & la profufion des Planches.

PLANCHE VIII.

Ustensiles pour filtrer, broyer, fécher, &c. pour la troifieme Partie , & une portion de la feconde.

Fig. 1 & fuiv. *Filtration* , pages 138 & fuiv.

A, *A*, font deux pieces de longueur affemblées par quatre traverfes *B*, *B*, *B*, *B* ; outre les chevilles d'affemblage, on voit en *C*, *C*, *C*, *C*, d'autres chevilles de fer dont la pointe eft faillante , & qui font deftinées à foutenir les linges fur lefquels on filtrera.

F I G. 2 *ibid.* Filtre fait d'une feuille de papier gris , plié avec un certain ordre qu'on a essayé de faire sentir en marquant par 1 , les premiers plis , par 2 , les seconds , & par 3 les derniers dans l'ordre où on doit les faire , de maniere cependant que tous se réunissent vers le centre commun *A* ; il est bon d'observer encore , que ces plis doivent être alternes.

F I G. 3. Terrine de grès dont la forme & capacité est visible en *A* ; on est dans l'usage d'y tenir sur le rebord un bec *B*.

F I G. 4. *Chassis à filtrer tout monté.*

Le chassis *A*, de la premiere figure , est sur une table à jour composée de deux pieces longues *B* , *B* , de quatre montants *a* , *a* , *a* , *a* , & des traverses inférieures *b* , *b* , sur lesquelles est la planche amovible *G* , qui sert à poser les terrines *F* , *F* , *F*.

Les filtres *C* , *C* , sont censés chargés de liqueur à filtrer ; ils sont assujettis par les chevilles *D* , *D* , *D* , *D* , & on a laissé l'espace du milieu *E* , sans filtre pour montrer comment ces filtres remplissent les deux autres espaces.

F I G. 5 & 6. *Poëles pour le Crystal minéral* , page 114.

La figure 5 , est un petit bassin de cuivre rouge *A* , avec ses deux poignées *B* , *B*.

La figure 6 , est une poële de fer *A* , avec sa queue très-courte *B*.

On fait chauffer l'un ou l'autre avant d'y verser le nitre fondu.

F I G. 7. Poche ou cuiller creuse & ronde *A*, de fer ou de cuivre , *page 111.* Elle est emmanchée en *B* , dans un manche de bois *C* ; son usage est de puiser les liqueurs à filtrer, &c.

F I G. 8. *Porphyre* , page 107.

La pierre à broyer appellée *Porphyre A*, est encadrée sur une table *D*, dans une planche épaisse *C* ; on voit dessus cette pierre la molette *B* ; l'une & l'autre doivent être de la dureté la plus grande parmi les pierres connues.

F I G. 9. *Instrument à trochisquer* , page 107.

Un entonnoir de fer-blanc *A* , est fixé par la tige *B* dans une piece de bois *C* ; près du trou où cette tige traverse dans son épaisseur la piece de bois, il y a un petit montant ou pied *D* , toujours plus long que n'est la tige de l'entonnoir.

F I G. 10. *Étuve chauffée par un Poële* , page 139.

A , *A* , les deux montants ou murs latéraux ; *B* , mur de fond ; ils peuvent être de maçonnerie ou en planches revêtues de plâtre. Le long de ces murs sont plusieurs rangs de tablettes *C* , *C*. Le toît ou plancher *D* , & le sol *E* sont pareillement de maçonnerie.

Le poële *F* est en dehors , & son tuyau de tôle traverse l'étuve dans sa hauteur pour en sortir en *H*. On a supposé la face où est la porte , détruite pour voir l'intérieur.

F IG. 11. *Étuve baſſe chauffée par la braiſe* , page 139.

A , eſt le deſſus de l'étuve , qui peut reſſembler au-deſſus d'une commode ; *B* & *C,* en ſont les deux portes dont une eſt repréſentée ouverte , afin de montrer que tout l'intérieur eſt garni de tôle & de tablettes *D , D , D* ; le fonds *E* eſt poſtiche : c'eſt une ſimple tôle percée de pluſieurs trous , & l'é‑ tuve reçoit à ſa baſe un tiroir pareillement garni de tôle , & dans lequel ſe met la braiſe allumée.

PLANCHE IX.

F A B R I Q U E du ſel Ammoniac, & raffinerie du Borax, *pages* 120 *& ſuiv.* 132 *& ſuiv.*

F I G. 1. *Coupe horiſontale du fourneau, pour diſtillèr les chiffons ,* pages 121 & 122.

A , A , A , A , murs en briques du fourneau long en forme de Galere ; *B ,* indique la place où eſt la porte du fourneau qui n'a pas de cendrier , & on voit en *C,* la cheminée qui doit ſortir hors du fourneau.

D, D, D, D, D , pieces de fer fondu faiſant fonction de cornues ; elles ont cinq pieds de long ſur deux de diametre , & le fourneau peut en recevoir douze , qui ont chacune un récipient de grès *E , E , E , E.*

Ces eſpeces de cornues *D ,* ſont garnies par un bout d'une plaque quarrée *F , F,* & de quatre broches de fer *G , G , G , G,* dans leſquelles paſſe par autant de trous , une autre piece quarrée qui tient un tampon de fer pour clore exactement ce bout ; on l'aſſujettit avec des chevilles qu'on introduit dans les broches *G , G.*

L'autre extrémité des cornues *D ,* eſt arrondie en *I ,* & ſe termine par un tube de fer *H,* de ſix à huit pouces de diametre ſur deux pieds de long.

F I G. 2. *Coupe tranſverſale du même Fourneau ,* ibid.

A , A , A , indiquent l'eſpace vuide du fourneau ; *B* en eſt la porte ; *C , C ,* ſont deux contre-murs pour y poſer les récipients *E* ajuſtés aux cornues *D ,* dont le petit tuyau traverſe en *F* le mur latéral du fourneau pour ſaillir au dehors , & la partie *G,* eſt appuyée ſur le mur oppoſé , de maniere à laiſſer au dehors les pieces néceſſaires pour l'ouvrir & la fermer. On obſervera que le dôme *H ,* de cette eſpece de Galere eſt en briques & à demeure , & que dans la figure on a pointé en *I,* le récipient qui eſt cenſé appartenir à la ſeconde cornue placée derriere la ſeule qu'on puiſſe voir.

F I G. 3. *Sublimation du ſel Ammoniac ,* page 122.

A, eſt la coupe d'un fourneau long , dont les dimenſions varient à raiſon du nombre de matras ou ballons de verre *E ,* qu'on met à ſublimer en les plaçant dans le bain de ſable *D.* Ce fourneau a foyer *B ,* & cendrier *C.*

F I G.

F I G. 4. *Raffinerie du Borax*, page 132 & fuiv.

A, eft le foyer du fourneau ; *B*, en eft la porte ; *C*, ouverture inférieure de la cheminée *D* ; *E*, cuve ovale de cuivre rouge placée à demeure dans le fourneau, en y tenant par fes oreillons *F*, & par fon rebord *G*, qui pofe fur la bâtiffe en *H*.

F I G. 5. *A*, petite baffine de cuivre peu convexe dans fon fond, avec fes poignées *B*, *B* ; c'eft cétte baffine pleine du mélange propre à la raffinerie, qu'on plonge dans la cuve *E* de la figure précédente.

F I G. 6 & 7. L'une eft une écumoire *A*, de cuivre jufqu'en *B*, emmanchée en bois *C* ; l'autre eft un pot d'étain pour puifer dans la cuve.

F I G. 8. *Tine à raffeoir le Borax*, page 134.

A, eft une tine de bois bien cerclée & très-haute, montée fur un pied *B* ; elle eft percée de plufieurs trous bouchés par des bondons comme en *C*, on les ôte fucceffivement pour tirer la liqueur éclaircie, & la recevoir dans le vafe *D*.

P L A N C H E X.

F A B R I Q U E d'Antimoine, *pages* 136 -- 148.

F I G. 1. *Vue intérieure du Four à calciner l'Antimoine*, page 137.

A, fol de la chambre du milieu ou à calciner, dont le pied droit ou fond *B*, eft en pente.

C, *C*, petits murs qui coupent en trois parties le four dans fa longueur ; ils ne touchent pas à la voûte *D*.

E, fol d'une des chambres à feu dont on voit en *F*, une des portes.

G, eft le rable qui fert à remuer l'Antimoine ; il eft fufpendu par la chaîne *H*, attachée fous le manteau de cheminée *I*.

Le four eft affis fur une forte bâtiffe *K*, dont on a diminué la maffe en y pratiquant la voûte *L*.

F I G. 2. *Coupe tranfverfale du Four.*

A, chambre à calciner ; *B*, *B*, chambres à feu féparées de la premiere par les deux petits murs *C*, *C* ; la voûte *D D D*, eft baffe, & bâtie en briques debout ainfi que le fol *E* ; le refte de la bâtiffe *F F*, eft en moëllons.

F I G. 3. *Le Rable*, page 139.

A, piece de fer fondu demi-circulaire, & épaiffe, tenant à un manche de fer *B*, qui lui-même eft emmanché dans du bois *C* ; on voit en *D*, l'anneau & la portion de la chaîne qui rendent la manœuvre de ce Rable très-lourd plus commode pour l'Ouvrier.

F I G. 4. *Fourneau de fufion pour l'Antimoine*, page 138.

DISTILLATEUR, *&c.* Ccc

A, *A*, font fes murs ; *B*, *B*, *B*, les portes du cendrier ; *C C*, fol un peu creux de ce cendrier ; *D*, *D*, barres de fer fcellées dans le fourneau fur lefquelles fe verfe le charbon autour des creufets *E*, *E*, *E*, qu'on y a placés, & recouverts de leurs pieces quarrées *F*.

G, *G*, donnent l'idée de l'efpece de dôme qu'on fait lorfqu'on a befoin de chauffer plus fort ; ce font, comme on voit, deux creufets renverfés qu'on incline jufqu'à ce qu'ils fe rencontrent.

F I G. 5 , 6 & 7. La figure 5 montre le couvercle du creufet marqué dans la figure 6 , & la figure 7 donne l'idée du culot ou fromage de terre cuite fur lequel on pofe chaque creufet.

F I G. 8. *Chaufferettes de fer fondu* , page 139.

A, eft le corps de la chaufferette , avec trois petits pieds *B*, *B*, *B*, & fes deux poignées *C*, *C* : on y verfe le régule d'Antimoine.

F I G. 9. *Poëlettes de cuivre* , ibid.

A , eft le baffin fans pieds, & *B*, *B*, font fes anfes: on y verfe le verre d'Antimoine.

<h2 style="text-align:center">P L A N C H E X I.</h2>

T R A V A U X fur le Mercure , *pages* 148 -- 159.

F I G. 1. *Travail du Cinabre* , page 150.

A , corps du fourneau ; *B*, eft fon foyer , & *C* fon cendrier ; *D*, eft la cheminée , & *E*, *E*, *E*, *E*, indiquent les pots plongés dans le fourneau jufqu'au niveau de leurs couvercles.

F I G. 2. *Coupe du Fourneau précédent.*

A, eft la capacité du fourneau ; *B*, indique le foyer , & *C* le cendrier ; *D*, barres de fer fur lefquelles on verfe la Tourbe ou Charbon de terre ou le Bois pour chauffer ; *E*, murs latéraux. On voit en *F*, un pot à Cinabre entier & en place ; & en *G*, le même coupé pour en montrer l'intérieur *e*, *e*, fur-tout comment le couvercle *H* s'y emboîte.

F I G. 3. *Appareils Anglois & Vénitien, pour le Sublimé corrofif*, page 153.

A, bain de fable ; *B*, vafte cucurbite de verre ; *C*, fon chapiteau auffi de verre , bas & large , dont le bec *D* s'abouche avec le récipient *E*, qui reçoit l'Eau-forte qui paffe durant la fublimation qu'on opere par cet appareil.

Nota. On n'a figuré ici qu'un bain de fable , quoique le fourneau en tienne fix au moins ; on a pareillement fupprimé le fourneau, comme n'ayant rien de particulier.

F I G. 4. *Appareil Hollandois , pour le Sublimé corrofif*, page 152 & fuiv.

A, eft le corps du fourneau ayant foyer *B*, & cendrier *C*.

D, Jarre ou pot de terre soutenu par son colet *G*, sur les barres *H* ; son couvercle *E*, est bas, & peu convexe ; il a un trou *F* à son bouton.

Nota. Le même appareil sert pour la fabrique de la Panacée & du Mercure doux.

Fig. 5. *Sublimation de Panacée, par les Distillateurs d'Eau-forte*, page 155.

A, portion du bain de sable : ils se servent volontiers de la galere à sable ou du fourneau à-bain de sable, décrits, la premiere dans la premiere Partie, *page* 30, & le second à la *page* 52, seconde Partie, suivant la quantité de matiere qu'ils veulent sublimer, & qu'ils distribuent dans des phioles à médecine *B*, dont le col *C* est court & étroit.

Fig. 6. *Préparation du Vermillon*, page 151.

Meule à broyer. *A*, est la meule dormante ; *B*, la meule mouvante, un peu moins large que la premiere ; *C*, trou au centre de cette meule pour recevoir le cinabre à broyer ; *D*, caisse qui emboîte le tout qui est posé sur un établi *E*.

F, bâton dont un bout est attaché au plancher *H*, de maniere à ne pas se déplacer & à tourner à volonté ; l'autre extrémité tient en *G* à la meule mouvante ; à l'aide de cet appareil, un ou deux Ouvriers font mouvoir la machine en tournant le bâton.

Fig. 7. *Autre maniere de broyer le Vermillon.*

A, est un mortier de pierre ; *B*, une meule arrondie qui en occupe presque toute la capacité. On la meut à l'aide d'un axe *C*, sur lequel s'ajuste la manivelle *D*, qu'on tourne par la poignée *E* ; le tout est sur un établi solide *F*.

Fig. 8. *Appareil Hollandois, pour le Précipité rouge*, page 157.

A, intérieur du fourneau avec son foyer & son cendrier *B*, *C*.

D, est un pot de terre, large & bas, qui contient le Mercure à calciner ; il est bouché par un couvercle plat *E*, à l'aide de son rebord *G* ; & ce couvercle est troué en *F*.

PLANCHE XII.

Appareils pour la Litharge, le Blanc de plomb, le Verdet, &c. *pages* 160 -- 169.

Nota. Comme le Four à calciner l'Antimoine peut, à la rigueur, servir à la fabrication du Minium, *page* 160, on renvoie, pour prendre l'idée de ce Four, à la Planche 10.

Fig. 1. *Appareil pour la Litharge*, page 162.

A, *A*, bâtisse solide en moëllons ou pierres de taille dont le sol est en briques debout ; sur ce sol est construit en briques le dôme *B B*, dont on voit la porte en *C*; il a une fenêtre en *D*, qui fe ferme avec le tampon de terre cuite *M*; c'eft par cette fenêtre que fe range le bois, & qu'on porte les faumons de plomb dans la coupelle. Ce dôme a encore à fon fommet un trou rond *E*, qui fait fonction de cheminée, & à l'endroit oppofé à la porte, un trou *F*, exactement rempli par la tuyere *G* d'un vafte foufflet. *H* Tuyere dont la direction eft inclinée, afin que le vent qui en fortira leche la furface du plomb fondu dans la coupelle qu'on voit en *I*, avec fon creux *K*, & un petit canal *L*, pour faciliter l'écoulement de la Litharge, qu'on enleve quelquefois auffi avec le rateau plat de fer *N*, emmanché en *O* dans une piece de bois *P*.

F I G. 2. *Appareil pour le Blanc de plomb*, page 164.

A A A, foffe quarrée revêtue en pierres, pour placer & enfouir dans le fumier *B*, plufieurs rangs de pots de terre *C*.

F I G. 3. *Coupe des pots à Blanc de plomb.*

A, intérieur d'un pot; *B*, petite croix de bois qui pofe par quatre petits pieds fur le fond *C*; *D* eft toujours une lame de plomb qui bouche l'orifice des pots, & non un couvercle tel qu'on l'a figuré ici.

F I G. 4 & 5. *Rouleau de plomb.*

A, *Fig.* 5, eft un rouleau de plomb, dont on voit les hélices en *B*, & le trait dans la figure 4.

F I G. 6. *Développement de la petite croix de bois.*

A, eft la petite croix, dont chaque croifillon eft attaché à autant de petits pieds *B*, *B*, *B*, *B*.

F I G. 7. *Moule à cryftallifer le fucre de Saturne*, page 166.

A, eft une efpece d'auge quarrée en terre cuite qui a vers fon fond un petit trou ou canal *B*, par lequel on égoutte le fel avant de le tirer du moule.

F I G. 8 & 9. *Appareil pour le Verd diftillé en grappes*, page 168.

A, bout de bois qui n'eft pas fendu; *B*, petits morceaux de bois qui tiennent écartés les bouts fendus *C*, *C*, *C*, *C*, du même morceau de bois.

On voit dans la *Fig.* 9, comment ces tiges de bois fendu *B*, *B*, *B*, *B*, font arrangées dans le jarre *A*, pour fe charger des cryftaux de verd diftillé.

Fin de l'Explication des Planches.

DE L'IMPRIMERIE DE L. F. DELATOUR. 1773.

SUPPLÉMENT

Important à la Raffinerie du Borax ; page 132.

M. Bomare ayant recouvré depuis que tout cet Ouvrage eſt imprimé le Mémoire dans lequel il traite de la raffinerie du Borax par les Hollandois, il me l'a communiqué, & je crois devoir ajouter ici les points eſſentiels qui différencient le Procédé Hollandois, uſité entr'autres dans la Fabrique de M. Smidt, de celui que j'ai expoſé, & de la réuſſite duquel ma propre expérience & celle de M. Model, Chimiſte de Peterſbourg, & de pluſieurs Chimiſtes François me font garants.

1°. Il vient du Borax en Europe, ſoit par le commerce maritime, ſoit par les caravanes ; ces dernieres tirent leur Borax brut & leur Tincal du Mogol & de la Perſe ; il arrive à Peterſbourg, d'où il eſt tranſporté à Amſterdam.

2°. La ſolution du Borax brut eſt très-lente, exige ſouvent d'être répétée juſqu'à huit fois avant qu'il ſoit entiérement diſſous, & exige à chaque fois le double de ſon poids d'eau bouillante.

3°. La liqueur ſaturée de Borax ſe paſſe par des tamis de fil de laiton ſur leſquels on étend des toiles.

4°. Les vaſes qui ſervent à la ſolution du Borax ſont de plomb, ainſi que ceux où l'on met cryſtalliſer la liqueur ; ces derniers ſont maintenus dans un degré de chaleur aſſez ſenſible, par de la paille & des roſeaux dont ils ſont environnés, & par du fumier dont on le recouvre.

5°. La dépuration ou rectification ſe fait ſans intermedes, & eſt dûe à la longueur du temps, qui eſt quelquefois de quinze jours ; enſorte que la patience ſupplée ici à l'induſtrie.

6°. On obtient de la même liqueur des Cryſtaux de pluſieurs ſortes, & dont la pureté n'eſt ni la même, ni dans l'ordre des cryſtalliſations ; c'eſt-à-dire, qu'après des Cryſtaux jaunes, on retire des Cryſtaux blancs, & ſouvent après ceux-ci d'autres Cryſtaux bruns, puis des blancs ou des jaunes.

7°. Les Hollandois ont fait un ſecret à notre Obſervateur, de ce qu'ils diſent être eſſentiel à la purification.

Enſorte qu'en comparant les deux Procédés, celui que jai décrit d'après l'expérience, & celui dont M. Bomare a vérifié de ſon côté l'exactitude,

DISTILLATEUR, &c.　　　　　　　　　　　　　　　Ddd

on eſt à portée de voir ſi l'induſtrie Françoiſe n'a pas pour cette fois l'avantage ſur celle des Hollandois.

Je ne quitterai pas cet objet ſans obſerver que M. de Rœdern eſt d'autant moins blâmable de ne m'avoir pas envoyé d'autres échantillons de ſa Terre d'Halberſtadt , que ce Seigneur eſt dans l'uſage d'entreprendre beaucoup de grandes exploitations.

J'obſerverai encore à l'occaſion de la raffinerie du Camphre, que l'expoſé du laboratoire & des fourneaux eſt extrait du Journal manuſcrit des Voyages de l'Auteur que je cite , & que j'ai oublié de faire mention de calottes de fer-blanc trouées dans leur centre , dont eſt revêtu chaque ballon au commencement du travail ; calottes qu'on enleve dans le même-temps qu'on procure le frais dans la raffinerie.

Fig. 1.re
C
E
K
N
M
A Paris.
M

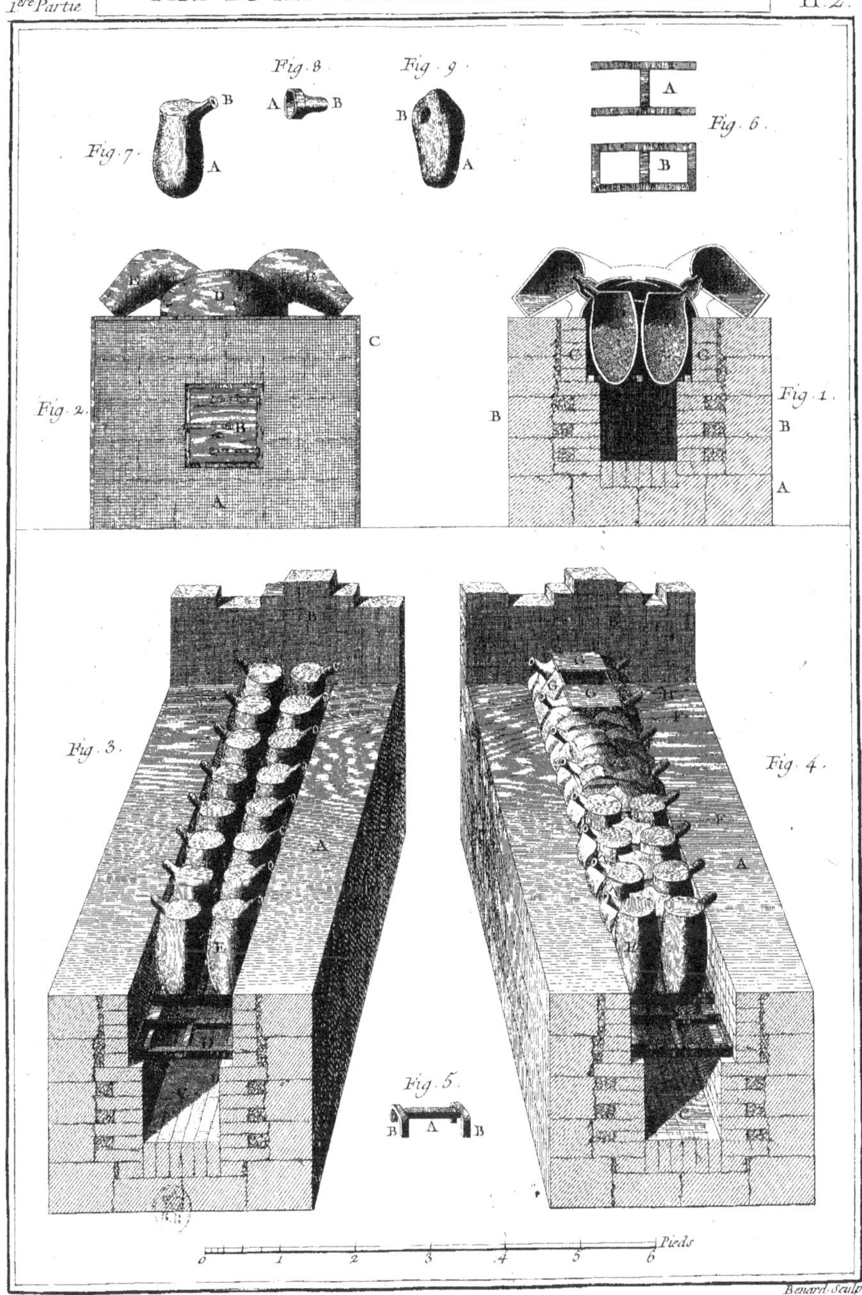

Fig. 7.
A B
Fig. 8.
A B
Fig. 9.
B A
A
B
Fig. 6.
Fig. 2.
C
B
A
Fig. 1.
B
C
B
A
Fig. 3.
b
c
A
E
Fig. 4.
A
Fig. 5.
B A B
0 1 2 3 4 5 6 Pieds
Goussier Del.
Benard Sculp.

Art du Distilateur d'Eaux Fortes &c.

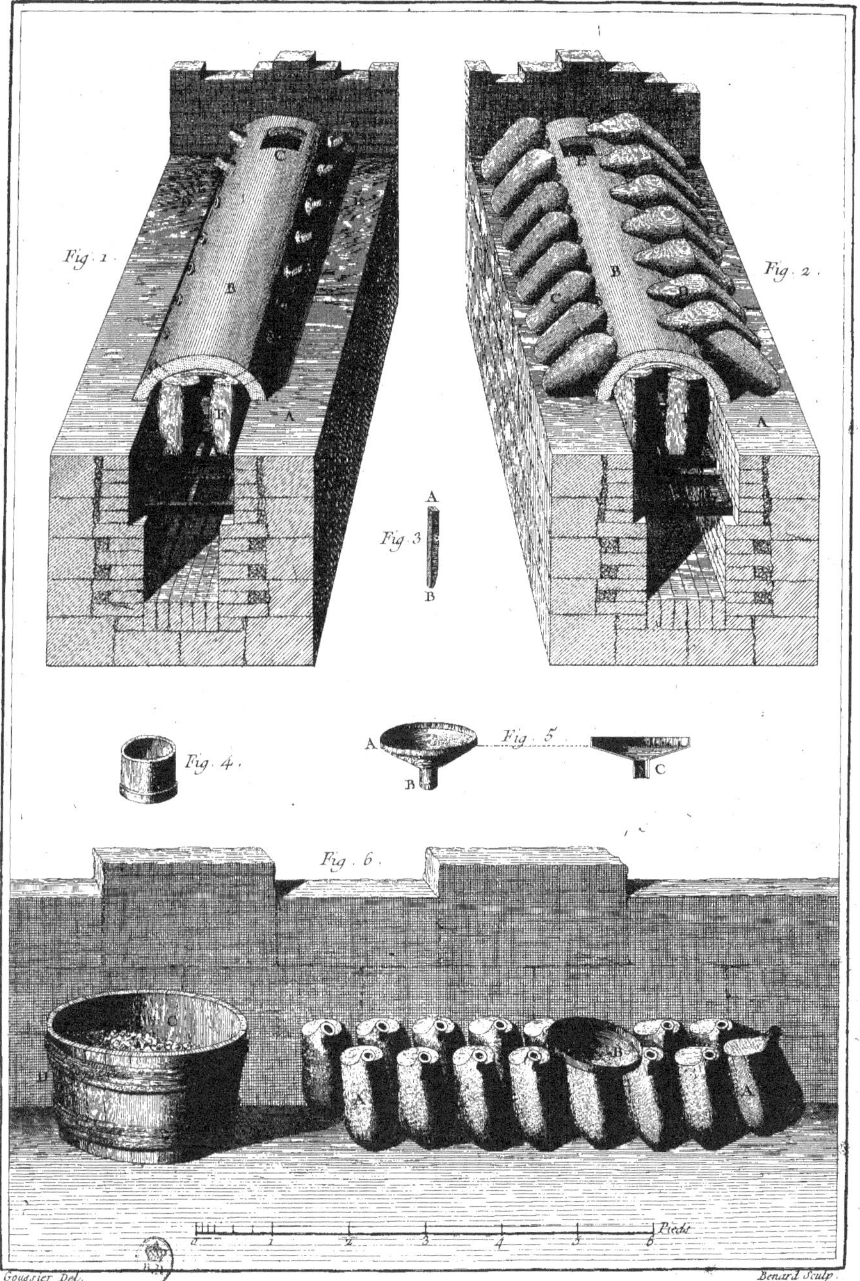

Goussier Del.

Benard Sculp.

Ire Partie
ART DU DISTILATEUR D'EAUX FORTES &c.
Pl. 4
Fig. 1
Fig. 2
Fig. 3
Fig. 4
Fig. 5
Fig. 6
Fig. 7
Fig. 8
Fig. 9
Fig. 10
Pieds
0 1 2 3 4 5 6
Goussier Del.
Benard Sculp.

Fig. 1.
Fig. 2.
Fig. 3.
Fig. 4.
Fig. 5.
Fig. 6.
Fig. 7.
Fig. 8.
Fig. 9.
Fig. 10.
Fig. 11.
Fig. 12.
Goussier Del.
Benard Sculp.

Lucotte Del.
Benard Fecit.

ART DU DISTILATEUR D'EAUX FORTES &c.

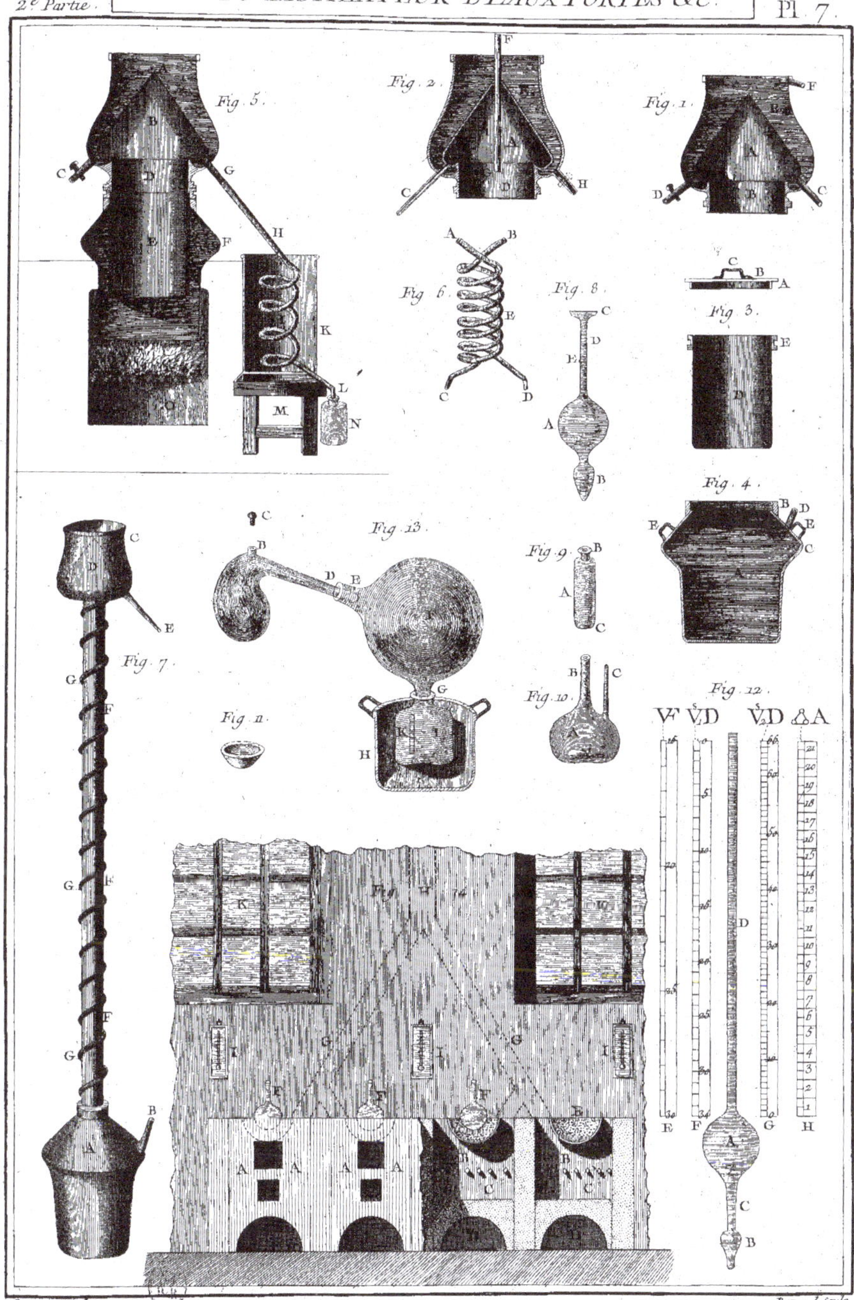

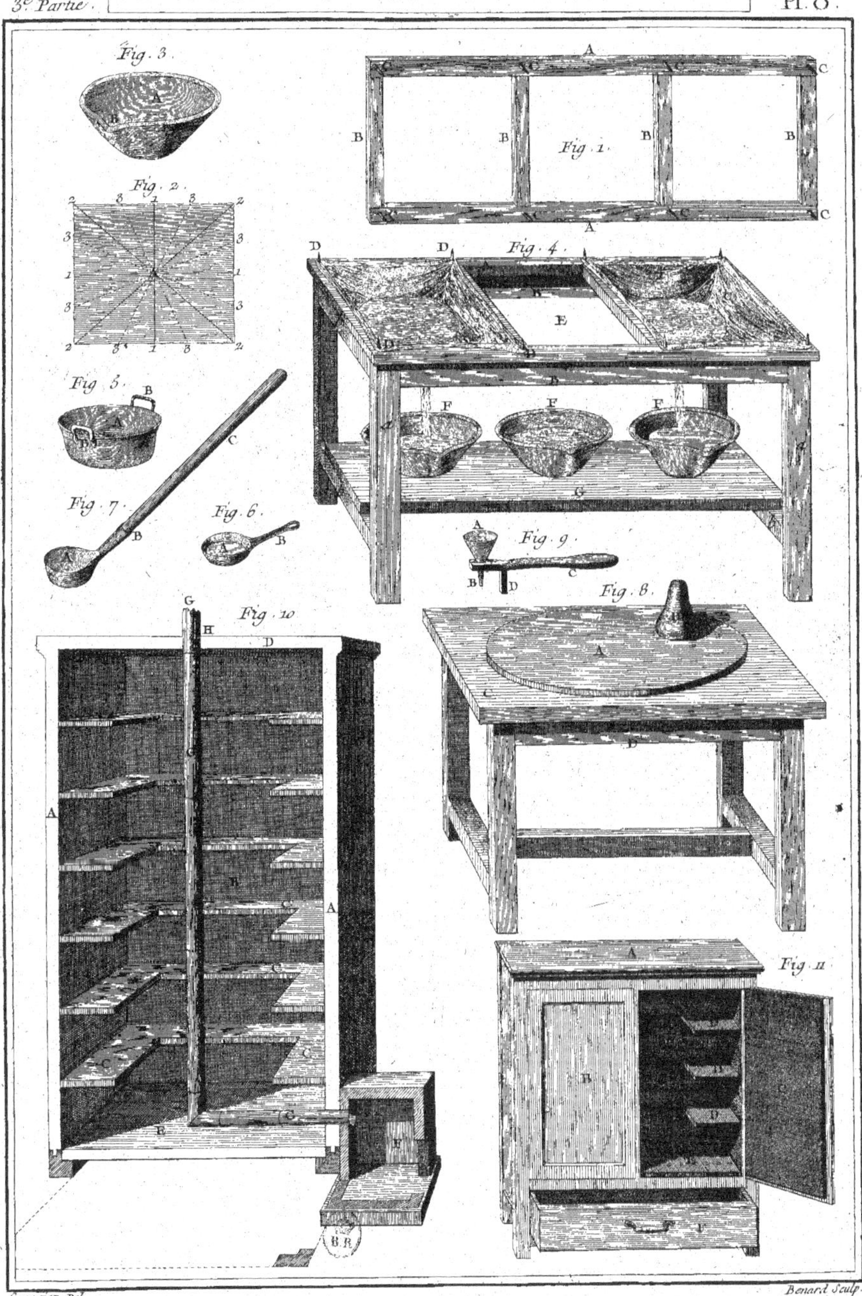

Fig. 3.
Fig. 2.
Fig. 5.
Fig. 7.
Fig. 6.
Fig. 1.
Fig. 4.
Fig. 9.
Fig. 8.
Fig. 10.
Fig. 11.
Goussier Del.
Benard Sculp.

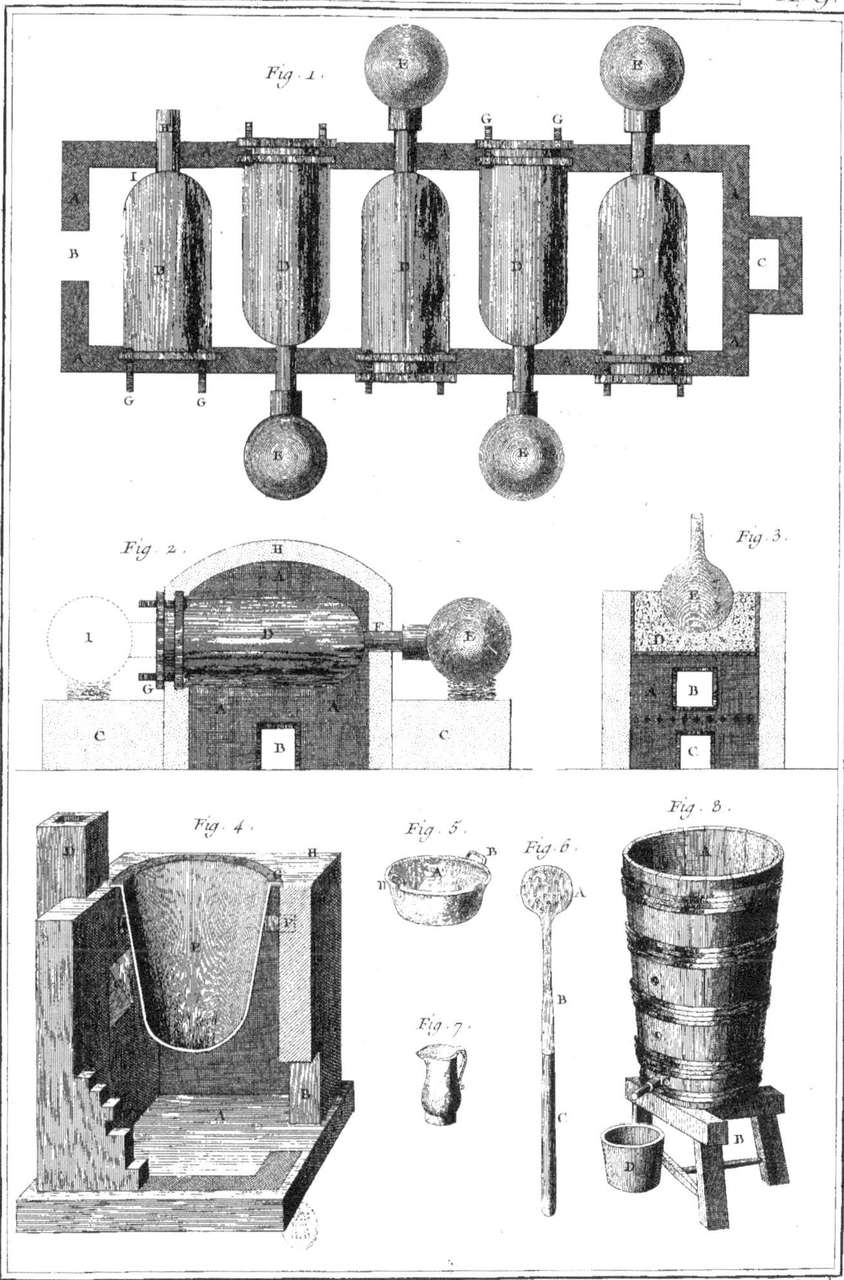
Fig. 1.
Fig. 2.
Fig. 3.
Fig. 4.
Fig. 5.
Fig. 6.
Fig. 7.
Fig. 8.

Goussier Del.   *Benard Sculp.*

ART DU DISTILLATEUR D'EAUX FORTES &c.

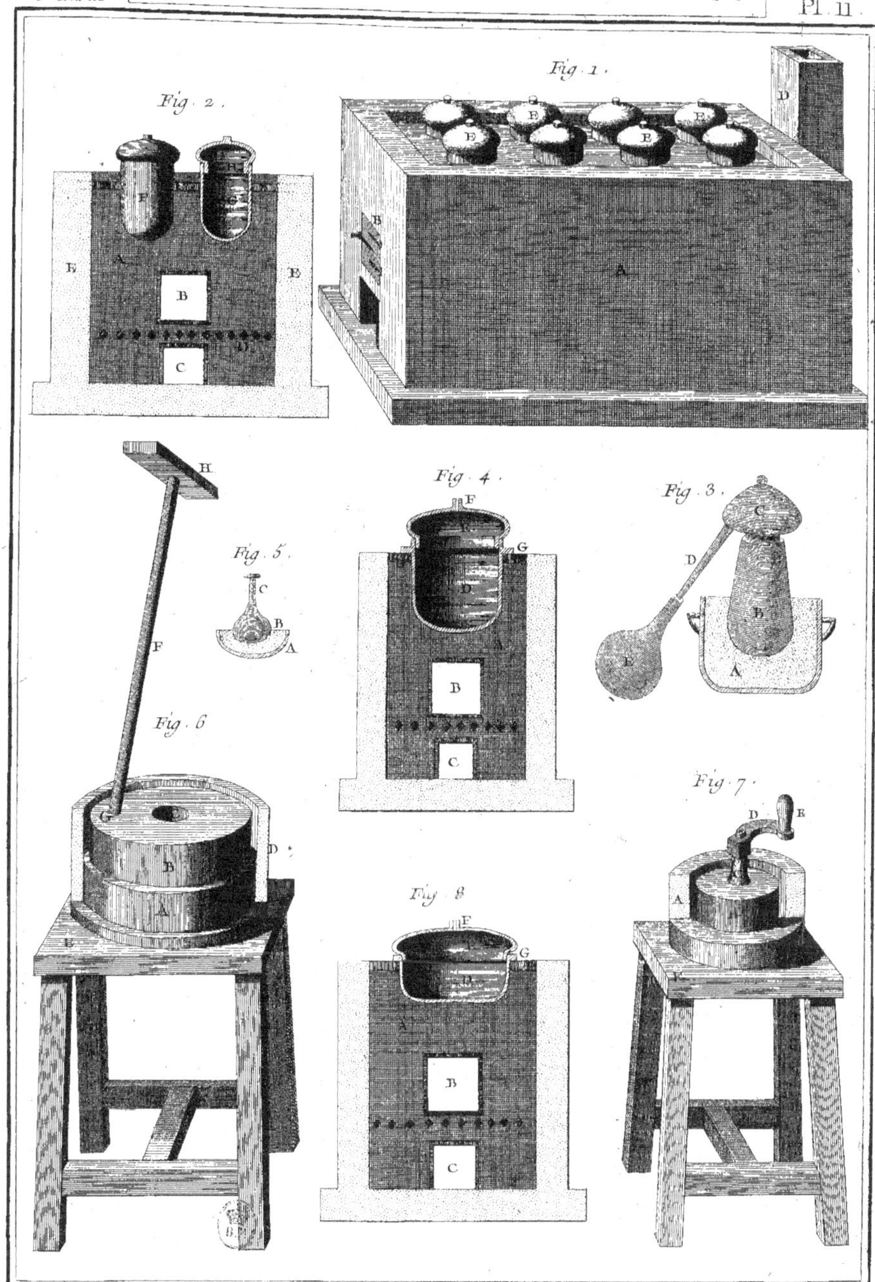

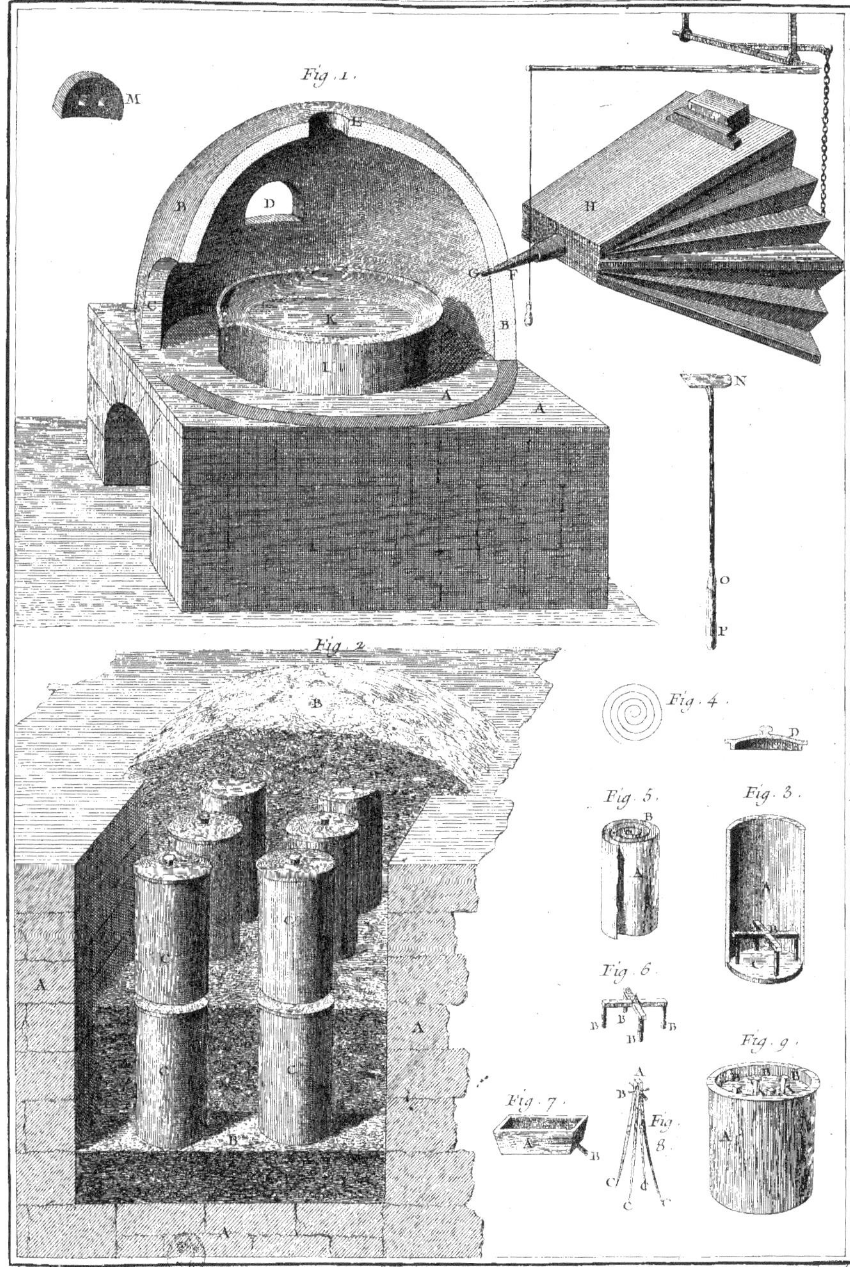

Fig. 1.
Fig. 2.
Fig. 3.
Fig. 4.
Fig. 5.
Fig. 6.
Fig. 7.
Fig. 8.
Fig. 9.